本书是国家社会科学基金项目"劳动迁移与农民工回流动态决策机制研究"（项目编号：10CJL029）研究成果。

该课题成果的出版得到了"广东工业大学 2015 年创新强校项目"（技术创新与经济转型研究团队）资助。

劳动迁移
与农民工回流动态
决策机制研究

明 娟 王子成／著

社会科学文献出版社
SOCIAL SCIENCES ACADEMIC PRESS (CHINA)

　　本书是国家社会科学基金项目"劳动迁移与农民工回流动态决策机制研究"（项目编号：10CJL029）研究成果。

　　该课题成果的出版得到了"广东工业大学2015年创新强校项目"（技术创新与经济转型研究团队）资助。

摘　要

　　20 世纪 90 年代以来，农村劳动力大规模从中西部地区向沿海发达城市流动，成为推动中国经济发展的新兴力量。根据国家统计局的抽样调查结果，2013 年全国农民工总量达到 26894 万人，农民工已成为推进工业化和城市化进程不可或缺的重要力量。不过，受制于户籍等约束，农民工很难在城市安家定居，也难以与城市居民享有同等的养老、教育、医疗等基本保障，形成了独特的往返于城乡之间的循环流动模式。这种模式具有明显的暂迁特性：有流动无迁移或迁移很少，且外出、回流和留城过程分割，这也使得农民工把外出视为一种增加家庭收入的策略，更多地选择往返于城乡之间进行循环流动。不过，国内现有农民工问题的研究大多采用新古典分析框架，以迁移个体的效用最大化为假设，从劳动力供需差异特别是工资差异方面探讨迁移动因及其影响效应，而没有考虑家庭在迁移决策中的作用，也无法解释以家庭收益为目标的暂时性迁移行为。以 Stark（1991）为代表的新迁移经济学理论（New Economics of Labor Migration，NELM），为此提供一个较好的分析视角：主张家庭而不是个体为劳动迁移的主要决策单元，劳动力迁移是在农村信贷、保险等市场缺失或无效率的情况下，农户实现收入来源多元化的主要工具，而家庭成员的迁移行为取决于家庭预期收入和预期风险。新迁移经济学在诠释暂时性迁移行为特别是劳动力外出、回流等动态方面具有较强的适用性，如从家庭联合决策入手探讨迁移动因，以汇款为轴心研究迁移的影响效应等。因此，在新迁移经济学的框架下，探讨农民工迁移与回流动态决策机制及其影响效应，从理论和实证两方面探讨农村劳动力外出、回流与城乡经济发展的互动机理，无疑在理论上具有一定的创新性和突破性。

　　本研究试图在新迁移经济学的分析框架下，利用实证计量方法，以家庭劳动力最优配置决策与家庭资金最优配置决策为核心，探讨农民工迁移与回流的动态决策及其影响效应，重点对农民工迁移模式的动态决定、农民工收入与城市消费行为、汇款与农民工回流、农民工家乡住房投资行为、迁移与农户发展、回流职业选择与创业等几个问题进行探讨，最后构建农民工城乡迁移政策的联动机制，为统筹农村劳动力城乡配置和劳务输出地与劳务输入地经济协调发展提供政策建议。研究内容主要以家庭劳动力配置决策和家庭资金配置决策为核心，在七个方面展开研究，分别为：农民工迁移模式的动态决定机制；农民工工资收入决定与城市消费结构；汇款与农民工返乡；农民工家乡住房投资行为研究；农村劳动力外出与农户发展；农民工回流职业选择与创业行为研究；农民工城乡迁移政策的联动机制设计。

研究的实证分析及结论主要体现在以下六个方面。

第一，农民工迁移模式的动态选择及其决定因素。假定农民工外出就业依次经历外出、回流与再迁移三个次序决策，纠正选择性偏差后的估计发现：常年在外务工已经成为农民工迁移的主要模式之一，而回流是暂时性的，大部分回流农民工会选择再迁移，留乡发展的概率并不高；年龄、受教育程度、婚姻状况、家庭劳动力禀赋等对外出和回流决策均有显著影响，不过土地资源禀赋仅影响劳动力的外出决策；外出务工特征如外出持续时间等对回流和再迁移有显著影响，务工收入占家庭总收入的比重越高，再迁移的可能性也越高，而失败的回流者再迁移的可能性更低。

第二，农民工工资决定与城市消费行为研究。在城市农民工劳动力市场，人力资本已成为决定农民工工资收入的关键影响因素，文化程度、技能水平、工作经验直接影响农民工工资水平。以亲友关系为基础的社会网络、中介与职介搜寻、工作满意度都无助于提升农民工工资。处于次要劳动力市场的新生代农民工，跳槽无助于提升他们的工资水平，特别是频繁跳槽，跳槽次数越多，工资反而显著降低。农民工家庭城市消费显著低于城镇住户，Oaxaca-Blinder 分解进一步揭示，农民工家庭与城镇住户消费差异大部分是不可解释的，不可解释部分主要是户籍歧视。对农民工消费结构的分析发现，农民工家庭食品、医疗保健、教育文化支出比例显著低于城镇住户，家庭设备和交通通信支出比例显著高于城镇住户，不过在衣着支出上两者的差异并不显著。

第三，农民工汇款的关键影响因素及汇款动机。迁移目标是农民工汇款量的核心决定因素，有回流意愿农民工的汇款明显高于没有回流意愿的农民工。有回流意愿农民工和无回流意愿农民工的汇款动机有较大差异，有回流意愿农民工汇款的利己动机更强，而无回流意愿农民工汇款更多地表现为利他主义动机以及部分偿贷动机。居留时间与农民工汇款量之间呈倒"U"形关系。在初期，农民工的汇款量会随着当地工作时间的增加而增加，当达到峰值后，当地工作时间再增加，农民工的汇款反而出现递减趋势，不支持"汇款衰退"假说。工资、当地生活成本是影响农民工汇款的关键因素。工资越高，农民工的汇款能力越强，对家乡的支持力度越大。但这种支持随着当地生活成本的上升，受到较大削弱。

第四，农民工家乡住房投资。由于外出农民工的工资水平普遍偏低，大多数农民工在务工城市很难买得起房，大部分人会选择在家乡进行住房投资。成员权利、身份认同与留守家庭福利提升等是农民工家乡住房投资的主要原因，而农民工家乡住房投资与务工地就业状况、务工地生活成本显著相关，务工地就业状况越好，生活成本越高的农民工进行家乡住房投资的可能性越低。

第五，农民工流动模式对中西部地区农户生产经营活动的影响。劳动力外出对农业生产和非农经营活动具有负面影响，不过对非农经营活动的影响并不显著。农民工流动模式不同，对农户生产经营活动产生的影响差异较大。具体来说：常年在外会带来较强的劳动力流失效应，对农业收入和非农经营活动的负面冲击都强于循环流动；跨省流动对农业生产的负面影响高于省内流动，不过，跨省流动对非农经营活动产生的负面效应小于省内流动带来的负面效应。迁移在家庭投资和消费中充当了比较复杂的角色，农村劳动力外出模式的差异造成了农户支出结构的差异，劳动力外出对农户家庭生产性支出有显著负效应。与无外出农户相比，常年外出农户其家庭生产性支出的边际份额会显著降低13.15%，而循环流动农户其家庭生产性支出份额会降低2.57%。相反，参与外出务工可以显著提升农户家庭消费性支出的边际份额，而常年外出对家庭消费性支出边际份额的影响更大。

第六，农民工回流职业选择与创业行为。家庭原因，如照料父母、孩子等是农民工回流的主要动因，创业因素在回流决策中的作用并不显著。从回流者的职业选择来看，回流者从事工资性就业的概率远高于从事自雇用的概率，迁移经验对工资性就业活动有积极显著影响，但对自雇用活动可能有负面的影响。融资难等问题依然是阻碍农民工返乡创业的主要因素。

在实证分析的基础上，本研究也提出如下对策建议：一是稳步推进户籍改革，创新流动人口管理，解决农业转移人口市民化准入机制问题；二是以公共服务均等化为重点，解决农民工公共资源共享机制问题；三是以实现稳定就业、提升就业质量为基础，解决农业迁移人口市民化的内生动力问题；四是加强农民工人力资本开发的投入，提高农民工就业创业能力，培育新型产业工人，解决劳动力技能结构与产业发展不匹配问题；五是以农村土地管理制度改革为突破口，推进农民财产权利市场化和城乡要素平等交换，解决城镇化中土地资源紧缺与农民工住房瓶颈问题；六是以新农村建设为契机，增强政府对农业和农村投入，形成劳动力需求经济拉力，解决农村劳动力流失与农村经济持续发展问题。在以上六个方面有针对性地提出了统筹城乡就业的政策联动机制。

本研究的创新可能有三个方面：一是在研究视角上，考虑到农村劳动力流动的暂时性迁移特征，在新迁移经济学框架下，本研究分别利用个体、农户或者务工家庭层面的问卷调查数据和个案资料，诠释农民工迁移特别是暂时性迁移行为动态决策及其影响效应；二是在研究方法上，采用不同计量方法来矫正估计偏差和内生性，避免样本选择和内生性带来的估计偏差，同时利用案例分析来充实计量分析结果，有较强的稳健性；三是在数据采用上，笔者采用几套互补的调查数据来探讨问题，全国性调查数据与典型地区调查数据相结合，综合调查数据与专门调查数据相结合，使结论的代表性更强。

本研究主要通过计量分析来探讨农民工迁移与回流动态决策及其影响效应，研究的不足可能有两个方面。一是文章主要从新迁移经济学视角来探讨问题，但是，尚未建立数理模型，通过生产函数、效用函数以及家庭劳动力供给函数等来具体推导家庭劳动力资源的配置方式、外出模式的最优选择，进而通过数值模拟得出家庭不同劳动力配置模式选择决定、务工收入在输入地和输出地的最优配置以及这些资源配置对农村农户生产的影响等。这需要在今后的研究中，强化数理模型构建以及数值模拟，从模型推导和数值模拟中提出更为严格的实证假定。二是关于计量方法方面，文章试图利用工具变量法等来解决内生性问题，但是我们的工具变量大多还是从村庄层面和家庭层面获取的，这些变量与结果变量始终还是在一个经济系统内，使得估计结果的说服力可能偏弱，而更好的工具变量需要从制度、历史、自然条件等非系统内寻找。这是一个有待进一步强化，同时又是一个非常难解决的问题。另外一个问题就是我们估计采用的数据基本都是截面数据，进一步的研究需要借助面板数据来完善。

目　录

图表目录

第一章 绪论

第一节 问题的提出

改革开放后，大量农村劳动力流入城市，成为我国工业化和城镇化建设的支柱力量。近年来农民工就业出现了一些新的趋势。

一是农民工总量持续增加，但增速放缓。国家统计局农民工监测数据显示，2008年全国农民工总量为22542万人，2009年全国农民工总量为22978万人，与上年相比，农民工总量增加436万人，增长1.9%。而2010年农民工增速有所回升，总量达到24223万人，比上年增加1245万人，增长5.4%。2011~2013年增速回落，其中2011年全国农民工总量达到25278万人，比上年增加1055万人，增长4.4%；2012年全国农民工总量达到26261万人，比上年增加983万人，增长3.9%；而2013年全国农民工总量26894万人，比上年增加633万人，增长仅2.4%（见图1-1）。

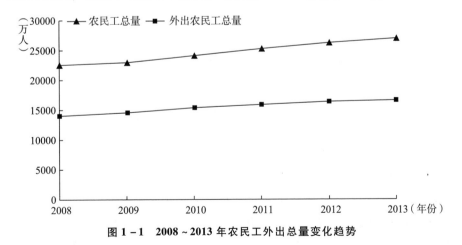

图1-1 2008~2013年农民工外出总量变化趋势

二是从就业区域来看，农民工外出务工开始由跨省流动转向省内流动，仍以东部地区为主，但在中西部地区务工的比重提高。2009年的外出农民工中，跨省务工农民工为7441万人，省内务工农民工为7092万人，两者分别占外出农民工的51.2%和48.8%，跨省外出务工数量略高于省内外出农民工数量。到了2013年，农民工流动形式发生了逆转，其中外出农民工中，7739万人跨省流动，8871万人省内流动，分别占外出农民工的46.6%和53.4%（见图1-2）。省内农民工流动数量超过了跨省农民工流动数量。从流动方向来看，虽然外出务工仍以东部地区为主，但在中西部地区务工的比重提高。2012年在东部地区务工的农民工有16980万人，比上年增加443万人，增长2.7%，占农民工总量的64.7%，比上年降低0.7个百分点；在中部地区务工的农民工有4706万人，比上年增加268万人，增长6.0%，占农民工总量的17.9%，比上年提高0.3个百分点；在西部地区务工的农民工有4479万人，比上年增加263万人，增长6.2%，占农民工总量的17.1%，比上年提高0.4个百分点。

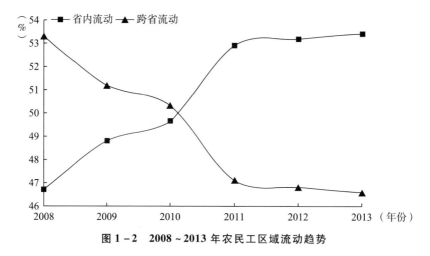

图1-2　2008~2013年农民工区域流动趋势

三是从迁移模式来看，举家外出规模稳步增加，农民工永久性迁移趋势明显，由季节性外出转为常年外出。2008年，举家外出农民工有2859万人，占总外出人数的20.36%，2009~2013年举家外出比例稳定在20%~21%（见图1-3），举家外出已成为当前农民工外出的重要形式，说明过去农村男性在外打工、女性在家务农的模式正在改变。举家外出者更倾向于在务工地所在的城市定居，更希望在流入地获得教育、医疗、养老等公共服务，在处理城市化过程中，解决农民工待遇和身份认同问题将更加迫切。《2013年全国农民工监测调查报告》也进一步显示，外出农民工年从业时间近 10 个月，他们从间歇或季节性在城镇务工转为常年在外务工，不再兼顾农业生产。同时，农民工平均仍有 2 个月的劳动供给盲区，这与他们春节返乡有关。

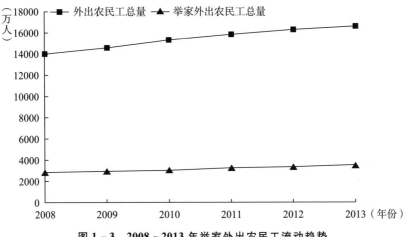

图 1 - 3　2008～2013 年举家外出农民工流动趋势

四是外出农民工的收入进入快速增长通道，但在务工地的消费整体不高，大多数仍依靠从雇主或单位那里得到免费住宿。农民工人均月收入由 2008 年的 1340 元，增加到 2013 年的 2609 元，5 年间工资收入翻了将近一番，农民工工资进入快速增长通道（见图 1 - 4）。但农民工在务工地的整体消费水平并不高。2012 年，农民工人均月生活消费支出为 733 元，2013 年为 892 元，占月收入的比重分别为 32% 和 34%，远低于同期城镇居民的消费水平。农民工在外居住仍以从雇主或单位那里得到免费住宿为主，2013 年这一比例高达 46.9%，而在务工地购房者不足 1%。

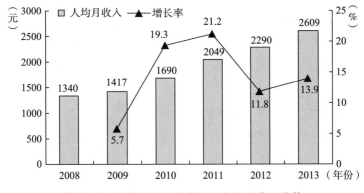

图 1 - 4　2008～2013 年农民工人均月收入趋势

农民工外出就业呈现新的特征：农民工外出增量降低；外出模式出现较大调整，开始由跨省流动向省内流动转变，由季节性流动向常年外出和举家外出转变；其工资收入进入快速增长通道，但仍面临消费不足和住房保障缺位等问题。新形势下农民工就业的新特征无疑会给城市（输入地）和农村（输出地）发展带来挑战，需要进一步理清下列问题。

一是新形势下农村家庭劳动力资源该如何配置？哪些因素决定农民工外出模式的选择？

二是外出农民工收入决定及收入支配，即哪些因素影响了外出农民工的收入？农民工在外消费、汇款与返乡住房投资情况如何？哪些因素决定了这些资金的配置数量？

三是农民工外出及不同的外出模式对输出地经济发展的影响如何？如农民工外出是否降低农业效率？迁移模式（循环流动、常年在外）对农户生产经营活动及农户支出的影响是否存在差异？回流对农民工创业行为是否有积极影响？

国内现有农民工问题的研究大多采用新古典分析框架，以迁移个体的效用最大化为假设，从劳动力供需差异特别是工资差异方面探讨迁移动因及其影响效应，没有考虑家庭在迁移决策中的作用，也无法解释以家庭收益为目标的暂时性迁移行为。而以 Stark（1991）为代表的新迁移经济学理论（New Economics of Labor Migration，NELM），为此提供一个较好的分析视角：是家庭而不是个体为劳动迁移的主要决策单元，劳动力迁移是在不完全市场条件下，家庭为了克服资金约束或者农业收入不确定性风险而进行的劳动供给联合决策。新迁移经济学理论主要强调四个方面：迁移决策不是个体独立做出的最优化决策，而是由更大单元的相关群体"农户或家庭"做出的联合决策；迁移的目的是实现家庭风险分担和自我融资；欠发达地区市场的不完全性是迁移发生的主导因素；家庭隐性契约提供了激励约束机制。

从中可以看出，在研究假设上，新迁移经济学理论更强调家庭联合决策和输出地市场的不完全性，这与新古典主义（强调工资差异）、结构主义（强调人力资本流失）明显不同。在研究内容上，新迁移经济学显然也有别于新古典主义和结构主义，新古典主义和结构主义侧重于探讨迁移影响的宏观效应，而新迁移经济学理论首次把迁移的决定因素和迁移的影响效应结合起来（Taylor & Fletcher，2001），更强调从微观家庭视角探讨劳动力迁移决策及劳动迁移对输出家庭经济活动的影响效应，如家庭在劳动力动态迁移决策中的角色是什么？汇款与家乡住房投资产生的原因是什么？劳动力外出及不同外出模式对输出农户的影响如何？这些问题都有助于我们从理论和实证两方面探讨农村劳动力外出、回流与城乡经济发展的互动机理，为进一步分析迁移决策对输出地经济发展的影响效应、迁移的政策干预等提供了新的视角（Taylor & Martin，2001）。

第二节 研究目标与研究内容

本研究试图在新迁移经济学理论的分析框架下，利用实证计量方法，以家庭劳动力最优配置决策与家庭资金最优配置决策为核心，探讨农民工迁移与回流的动态决策及其影响效应，重点对农民工迁移模式的动态决定、农民工城市消费与家乡住房投资行为、汇款与农民工回流、迁移与农户发展、回流职业选择与创业等几个问题进行探讨，最后构建农民工城乡迁移政策的联动机制，为统筹农村劳动力城乡配置和劳务输出地与劳务输入地经济协调发展提供政策建议。

研究内容主要以家庭劳动力配置决策和家庭资金配置决策为核心，按照"提出问题→理论分析→实证分析→政策设计"的思路，首先基于农民工就业新特征提出问题，然后利用新迁移经济学进行理论分析和实证研究梳理，继而利用调查数据在6个方面展开实证研究，分别为农民工迁移模式的动态决定机制、农民工工资收入决定与城市消费行为研究、农民工汇款行为研究、农民工家乡住房投资行为研究、农村劳动力外出与农户发展、回流农民工职业选择与创业行为研究，最后进行农民工城乡迁移政策的联动机制设计（见图1-5）。

第一步，提出问题。基于农民工就业新特征提出研究问题：新形势下农村家庭劳动力资源如何配置？哪些因素影响农民工外出模式的选择？哪些因素影响了外出农民工的收入？农民工在外消费、汇款与返乡住房投资情况如何？哪些因素决定了这些资金的配置数量？农民工外出及不同的外出模式对输出地经济发展的影响如何？农民工外出是否降低农业效率？迁移模式（循环流动、常年在外）对农户生产经营活动及农户支出的影响是否存在差异？回流对农民工创业行为是否

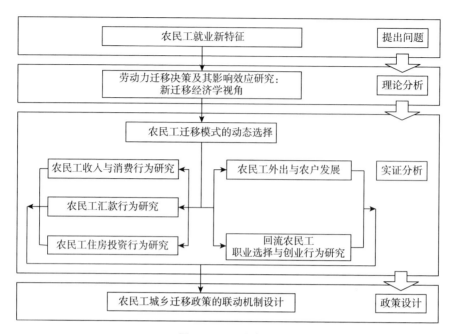

图 1 - 5　研究内容

有积极影响?

　　第二步,理论分析。分别从劳动力迁移理论争论与发展、劳动力迁移决定与影响、研究拓展方向这三个层面对新迁移经济学理论的基本观点、适用性及研究现状进行分析,并提出进一步研究的拓展方向。

　　第三步,实证分析。实证分析包含两个大部分:迁移模式的决定与迁移的影响效应。第一部分为农民工迁移模式的动态选择分析,这是实证分析的起点和基础,主要分析家庭劳动力配置决策,在假定农民工外出就业依次经历外出、回流与再迁移三个次序决策的基础上,采用极大模拟似然 - 两步序列选择 Probit 模型来纠正选择性偏差并进行估计,探讨农民工迁移模式(留守 vs 外出、留城 vs 回流、再迁移 vs 留乡发展)动态选择概率以及影响迁移模式选择的关键因素。第二部分为迁移的影响效应,包括两个方向,第一个方向是外出收入(资金)配置,包括三方面内容。一是农民工城市工资收入决定与消费行为研究。分别利用《广东企业用工调查数据》《深圳新生代农民工调查数据》来探讨人力资本、搜寻渠道、跳槽等对农民工工资收入的影响,继而利用城乡劳动力流动调查数据分析农民工家庭城市消费行为及其与城镇住户的差异。二是农民工汇款行为研究。主要利用调查数据,考察影响农民工汇款的关键因素,特别是回流意愿(是否有返乡打算)对汇款的影响。研究利用两套互补数据,2005年《广东企业用工调查数据》和《深圳新生代农民工调查数据》,重点考察居留时间、生活成本等对汇款的影响。2008年在北京、天津、上海、广州四个城市进行的"迁移和流动劳动力与中国大城市的发展"调查着重探讨了夫妻共同外出、子女教育等家庭因素对汇款决定的影响。三是农民工家乡住房投资行为研究。课题组利用2012年1月在广东21个地市进行的劳动力转移情况调查数据,对农民工家乡住房投资行为的关键影响因素、农民工家乡住房投资的持续期(即农民工首次外出后多久进行住房投资)、住房投资对农民工汇款行为的影响等问题进行分析,探讨农民工家乡住房投资的成因。第二个方向为劳动力迁移对农户发展的影响,包括两方面内容:一是农民工外出与农户发展。主要在新迁移经济框架下,利用城乡劳动力流动调查的农户问卷,重点考察外出对农户生产经营活动及支出结构(消费性支出和生产性支出)的影响,同时考虑到农民工迁移的异质性问题,探讨了不同迁移模式(常年在外、循环流动及省内流动与跨省流动)对农户生产活动与支出结构的影响差异。二是农民工回流职业选择与创业行为研究。主要利用个案和中国综合社会调查数据,对回流原因、农民工职业选择及创业行为进行分析。

第四步,政策设计。在实证研究结论的基础上,从推动农村迁移人口市民化、提升农民工就业质量、加大对农村和农业的投入等角度,设计统筹城乡背景下农民工城乡迁移政策的联动机制。

第三节　研究方法及技术路线

(一) 研究方法

本部分所用的研究方法主要包括文献研究法、计量分析法、案例研究法。

文献研究法。文献研究主要是在研究阶段,系统检索、阅读新劳动迁移理论及其实证研究最新进展的经典文献,然后对这些文献进行梳理,找寻可拓展的实证研究方向。经典文献搜寻主要借助ProQuest检索平台、EBSCO、JSTOR 等外文数据库，以及中国优秀博硕士学位论文全文数据库、中国期刊全文数据库、人大报刊复印资料等全文数据库，同时考虑到文献入库的延后问题，课题组还参阅了几个著名学术研究机构的工作文稿，如 IDEAS、IZA 以及 NBER 等，以期能够获得该领域研究的最新成果。

计量分析法。计量分析主要体现在六个方面：一是采用极大模拟似然 – 两步序列选择 Probit 模型来纠正选择性偏差并估计影响农民工迁移模式选择的关键因素；二是利用区间回归估计农民工收入决定，同时采用 Oaxaca-Blinder 分解诠释农民工家庭与城镇住户消费差异；三是在农民工家乡住房投资研究中，采用 Probit 模型来估计哪些因素可能会影响农民工家乡住房投资行为，同时使用 Cox 风险比例模型估计农民工家乡住房投资的持续期，即农民工首次外出后多久进行住房投资；四是在劳动力外出与农户发展的研究中，利用迭代三阶段 OLS 方法分别从整体上和迁移类型两个层面估计农民工迁移对农户生产经营活动收入的影响，同时利用 Dubin and McFadden 两步法来估计影响农户家庭支出的因素并利用平均处理效应（ATT）法进一步估算迁移对家庭边际支出比例的影响；五是在汇款与农民工回流的研究中，利用区间回归和 heckman 两步法考察了中国农民工汇款的关键影响因素及汇款动机；六是利用多元 Logit 估计和平均处理效应（ATT）估计并比较回流者与留守者职业选择影响因素差异及迁移经验对职业选择的影响效应。

案例研究。主要是以安徽太和、宿松、无为等为调查对象，对农民工回流成因、农民工创业进行个案调查，探讨农民工回流动因及关键影响因素、农民工返乡创业与县域经济发展等问题。

（二）技术路线

课题的技术路线分为四个步骤：利用监测数据对农民工就业特征进行分析、利用新迁移经济学理论对迁移决策及其影响效应进行分析、利用调查数据进行实证检验、设计城乡迁移政策的联动机制。具体每个步骤的关键节点、使用的方法以及分析内容如图 1 – 6 所示。

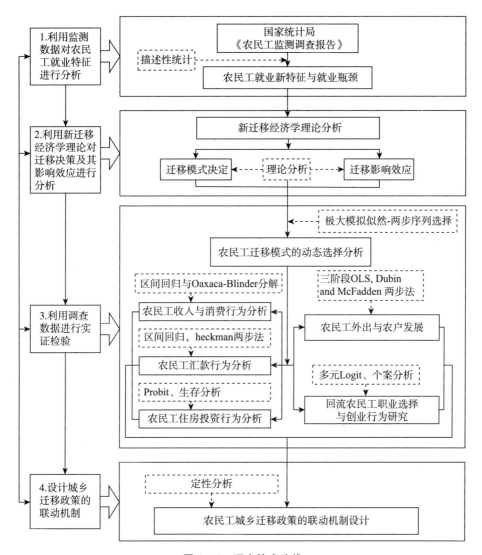

图 1-6　研究技术路线

第四节　创新及不足

本研究的创新之处可能有三个方面。

一是在研究视角上，目前国内农民工问题的研究大多采用新古典劳动力迁移框架，以迁移个体的效用最大化为假设前提，从劳动力供需差异特别是工资差异方面探讨迁移动因及其影响效应，而没有考虑家庭在迁移决策中的作用，也无法解释以家庭收益为目标的暂时性迁移行为。而以 Stark（1991）为代表的新迁移经济学理论（New Economics of Labor Migration，NELM）为此提供一个较好的分析视角：是家庭而不是个体为劳动迁移的主要决策单元，劳动力迁移是在不完全市场条件下，家庭为了克服资金约束或者农业收入不确定性风险而进行的劳动供给联合决策。新迁移经济学理论主要强调四个方面：迁移决策不是个体独立做出的最优化决策，而是由更大单元的相关群体"农户或家庭"做出的联合决策；迁移的目的是实现家庭风险分担和自我融资；欠发达地区市场的不完全性是迁移发生的主导因素；家庭隐性契约提供了激励约束机制。新古典劳动力迁移理论侧重于探讨迁移影响的宏观效应，而新迁移经济学理论首次把迁移的决定因素和迁移的影响效应结合起来（Taylor & Fletcher，2001），更强调从微观家庭视角探讨劳动力迁移决策及劳动迁移对输出家庭经济活动的影响效应，如家庭在劳动力动态迁移决策中的角色是什么？汇款与家乡住房投资产生的原因是什么？劳动力外出及不同外出模式对输出农户的影响如何？这些都有助于我们从理论和实证两方面探讨农村劳动力外出、回流与城乡经济发展的互动机理，为进一步分析迁移决策对输出地经济发展的影响效应、迁移的政策干预等提供了新的视角（Taylor & Martin，2001）。因此，在新迁移经济学理论框架下，考察个体、农户或务工家庭劳动力迁移决策及影响效应更具有适用性。

二是在研究方法上，采用不同计量方法来矫正估计偏差和内生性，避免样本选择和内生性带来的估计偏差，同时利用案例分析来充实计量分析结果，有较强的稳健性。

三是在数据采用上，采用几套互补的调查数据来探讨问题，全国性调查数据与典型地区调查数据相结合，综合调查数据与专门调查数据相结合，研究结论的代表性也更强。

本研究主要通过计量分析来探讨农民工迁移与回流动态决策及其影响效应，研究的不足体现在以下两个方面。一是文章主要从新迁移经济学理论视角来探讨问题。但是，尚未建立数理模型，通过生产函数、效用函数以及家庭劳动力供给函数等来具体推导家庭劳动力资源的配置方式、外出模式的最优选择，进而通过数值模拟得出家庭不同劳动力配置模式选择决定、务工收入在输入地和输出地的最优配置以及这些资源配置对农村农户生产的影响等。这需要在今后的研究中，强化数理模型构建以及数值模拟，从模型推导和数值模拟中提出更为严格的实证假定。二是关于计量方法，文章试图利用工具变量法等来解决内生性问题，但是我们的工具变量大多还是从村庄层面和家庭层面获取的，这些变量与结果变量始终还是在一个经济系统内，这使得估计结果的说服力可能偏弱，而更好的工具变量需要从制度、历史、自然条件等非系统内寻找，这是一个有待进一步强化，同时也是一个难以解决的问题。还有一个问题，就是我们估计采用的数据基本是截面数据，进一步的研究需要借助面板数据来完善。

第二章　劳动力迁移决策及其影响效应研究：
新迁移经济学视角[*]

第一节　劳动力迁移理论争论与发展

（一）劳动力迁移：乐观还是悲观

近年来，劳动力迁移是否对输出地经济发展产生积极影响成为一个持续不断且很难达成共识的争论（De Haas，2010）。这一争论大致可分为两种完全相反的理论观点。一种观点是迁移乐观主义（Migration Optimism），也称为平衡增长论（Balanced Growth）。这种观点认为迁移对劳务输出地经济发展有积极效应，可以推动劳务输出地和输入地经济平衡发展。另一种观点是迁移悲观主义（Migration Pessimism），也称为不对称发展论（Asymmetric Development）。这种观点认为迁移对劳务输出地经济发展不仅没有积极作用，而且掠夺了劳务输出地的优质劳动力资源，导致劳务输出地与输入地发展差距被进一步拉开。

迁移乐观主义早期以发展经济学派和新古典主义学派为主，他们的研究主要关注国内城乡移民，认为迁移是实现生产要素最优配置的一种形式，劳动力从农业生产部门流入城市工业部门是经济发展进程不可或缺的一部分（Lewis，1954；Ranis and Fei，1961；Todaro，1969；Harris and Todaro，1970）。不过，这些研究并没有考虑迁移对劳务输出地经济发展的影响效应，而随着国际移民的兴起，移民汇款急速增加，这些汇款在推动收入重新分配、经济发展与减少贫困方面发挥了重要作用，其作用甚至要强于政府发展项目或者救助项目，这使得劳务输出地政府也开始重新审视移民活

---

[*] 本章部分内容已发表。参见王子成、邓江年《迁移输出地经济发展关系研究进展》，《经济学动态》2014 年第 9 期，第 134 – 144 页。

动，把移民视为潜在的投资者和当地经济发展的重要参与者。学者也开始
关注汇款对劳务输出地经济发展的影响，他们的研究主要以国际移民为对
象，认为国际移民在推动发展中国家经济发展方面发挥了重要作用，迁移
（或者汇款）已经成为发展中国家经济腾飞的主要工具之一（Alonso，
2011）。这主要体现在：（1）通过移民输出，劳务输出国可以获得一定的汇
款收入，这些汇款对劳务输出国收入分配和居民生活质量提升的影响远强
于其他发展方式（Keely and Tran，1989），而这些硬通货（汇款）对于资本
奇缺的发展中国家来说，无疑具有更重要的意义（Kapur，2005）；（2）移
民一旦回流，可能给劳务输出地带来大量的创业投资，拉动当地的经济发
展（Black and Castaldo，2009）；（3）移民可以带回或者传递在迁移进程中
形成的新思维、新知识以及创业理念等，加速现代工业文明在劳务输出地
的空间扩散（De Haas，2010）。

迁移悲观主义以循环积因果论和结构主义观点为代表，他们认为迁移
完全是为劳务输入地提供廉价外来劳动力，而剥夺了劳务输出地的优质劳动
力资源，最终必然弱化劳务输出地的发展。这主要体现在以下两方面。
（1）智力外流（Brain Drain），即迁移会导致不可控制的技能劳动力流失。一
般来讲，移民往往具有较高的受教育程度，拥有一定的技能，而且大部分在
当地已经获得就业机会，他们大多思维灵活开放且具有创业精神（Zachariah
et al.，2001）。这些技能劳动力和专业人才的输出，对劳务输出国经济产生的
负面效应较大（Adams and Richard，2003；Docquier et al.，2007）。而在城乡
迁移方面，大量青壮年劳动力离开农村地区，这种劳动力流失（Lost Labor）
也会对当地生产产生负效应，甚至会形成严重的农业劳动力短缺，弱化农业
生产（Rubenstein，1992）。更致命的是，迁移者大部分是青壮年劳动力，而
这些人是农业技术革新最有力的推动者，一旦流失，农业生产技术更新活动
就会受到极大的限制。（2）汇款依赖。Lipton（1980）指出，移民家庭90%
的汇款被用在日常消费上，而且大部分用在显示地位或者身份的消费品上，
如高档宴席、婚礼、葬礼以及奢华住房建设等。Entzinger（1985）也指出，更
多的汇款可能被用在炫耀性消费方面，如进口商品等，而没有被投入生产中，
这只会加深对迁移的依赖，最终弱化输出地的生产活动。

（二）劳动力迁移理论新发展：新迁移经济学

新迁移经济学（New Economics of Labor Migration，NELM）的基本观点

由 Stark（1991）及 Stark and Bloom（1985）提出，认为劳动力迁移是在不完全市场条件下，家庭为了克服资金约束或者农业收入不确定性风险而进行的劳动供给联合决策。新迁移经济学主要强调四个方面。

第一，迁移决策不是个体独立做出的最优化决策，而是由更大单元的相关群体"农户或家庭"做出的联合决策。与新古典主义模型不同，新迁移经济学认为个人效用最大化不再是迁移的唯一动因，而家庭成员的劳动时间在迁移和非迁移工作之间的配置是为了使家庭风险最小化以及减轻由于各种市场不完善对家庭经济活动带来的负面影响，实现家庭期望效用最大化（De Haas，2010；Taylor，1999）。

第二，迁移的目的是实现家庭风险分担和自我融资。家庭经济行为的目标不仅仅是追求收入最大化，最小化风险或者分散收入风险也是家庭决策的主要组成部分（Stark and Levhari，1982）。特别是农业生产的高风险属性也使得农户把输出移民看作一种收入来源多元化策略，以分散农业生产风险（Stark and Katz，1986）。同时，输出移民也可以获得汇款等收入支持，这往往是农户投资新农业生产技术的决定性因素（Taylor and Yunez-Naude，1999）。

第三，欠发达地区市场的不完全性是迁移发生的主导因素。新迁移经济学强调的是市场的不完全性而不是新古典经济学强调的劳动力市场扭曲诱发迁移。因为在欠发达地区，信贷市场和保险市场不完善甚至基本没有，农户很难依靠市场机制进行融资和风险分担，他们只能通过一个或者多个家庭成员迁移的方式来实现自我融资和自我保险（Taylor and Wyatt，1996）。

第四，家庭隐性契约提供了激励约束机制。外出的家庭成员和选择留在家乡的其他家庭成员之间会建立一种隐性契约，即输出家庭承担初期的迁移成本。作为回报，一旦移民在迁移地劳动力市场立足，他们会通过汇款为输出家庭经济活动提供流动性资金（Stark，1991）。相互的利他行为强化了这种隐性契约，如移民在输入地也会面临失业等，他们也需要来自输出家庭的支持，这将促使他们自发地维护这个隐性契约（Hagen-Zanker，2008）。

从中我们可以看出，在研究假设上，新迁移经济学更强调家庭联合决策和劳务输出地市场的不完全性，这与新古典主义（强调工资差异）、结构主义（强调人力资本流失）明显不同。在研究内容上，新迁移经济学显然也有别于新古典主义和结构主义，新古典主义和结构主义侧重于探讨迁移影响的宏观效应，而新迁移经济学首次把迁移的决定因素与迁移的影响效应结合起来（Taylor and Fletcher，2001），更强调从微观家庭视角探讨劳动力迁移对输出家庭经济活动的影响效应，特别是迁移对农户生产、投资等活动的影响，这为进一步分析迁移对劳务输出地经济发展的影响效应、迁移的政策干预等提供了新的视角（Taylor and Martin，2001）。

第二节　劳动力迁移决定与影响效应：基于新迁移经济学的实证检验

（一）循环迁移的决定机制分析：新迁移经济学视角

在劳动迁移进程中，主导迁移流常伴随一个反向的迁移流（Lee，1966），在跨国移民以及国内城乡移民持续攀升的同时，也出现了移民大量回流的现象，这引起了学者的广泛关注。大量实证文献聚焦于探讨移民回流动因及其影响效应（Eldridge，1965；Dustmannm，1997，2003；Murphy，1999；Ma，2001；Zimmermann and Bauerm，2002；Kirdar，2004；Yang，2006；Dustmann and Weiss，2007）。不过，这些研究都假定迁移与回流是一次性的离散流动（One-Trip Structure），而外出移民面临的迁移选择也只有两个：要么选择永久迁移，要么选择永久回流。这一假定在探讨欧洲内移民及其回流现象的时候，可能是一个比较合理的假定，因为永久迁移或者永久回流在部分欧洲移民群体中比较典型，如土耳其在德国的移民。但当这一假定用于分析暂时迁移主导的循环迁移模式如墨西哥－美国移民时，则明显缺乏解释力（Bellemare，2007）。

部分研究也转向了对循环迁移模式（或称为重复迁移）及其决定因素的考察。在国际移民的循环迁移方面，最早的研究始于对墨西哥－美国移民的考察。Massey（1987）最先利用1982年和1983年在墨西哥4个社区获取的调查数据，探讨了墨西哥－美国之间移民流动的频率以及影响回流者再迁移的决定因素。最终发现，迁移经验等对再迁移决策有显著影响；Donato et al.（1992）也对墨西哥非法移民的循环迁移进行了调查研究，他们的研究结果显示，年龄大的移民很少进行再次非法迁移，但再迁移的概率随着先前迁移次数的增加而增加。不过，他们也指出移民控制无助于解决非法移民问题，如1986年的移民改革和控制法案在防范和削弱非法迁移方面并没有发挥实质性作用，在美国拥有一份适合循环迁移周期特性工作的墨西哥移民，很少会改变自己的迁移行为。在后续研究中，Massey and Espinosa (1997) 利用在 25 个墨西哥社区收集的数据，讨论了正式和非正式移民面临的再迁移比率。他们发现，循环迁移的比率随着工作经验、职业成就和前期迁移经验的增加而增加。另外，再迁移的可能性也受到循环迁移积累的社会资本的影响。关于墨西哥 - 美国循环移民最近的一项研究是由 Thom (2010) 做出的，他建立了一个考虑储蓄行为的循环迁移模型，并依据来自墨西哥非正式移民和留守者计划（Mexican Migrant Project，MMP）的调查数据，分析了边界控制等对循环迁移类型的影响。结果表明，在研究时段内，边界控制减少了循环迁移率，但增加了每次迁移的持续时间。不过，边界控制强度的持续增加并不能持续减少循环迁移率，因为部分循环迁移者对这一政策有免疫效应。

除了墨西哥 - 美国移民外，还有部分研究关注了欧洲及加拿大外来移民的循环迁移问题。如 Constant and Zimmermann (2003) 使用马尔科夫转换矩阵，探讨了德国外来移民循环迁移的决定因素。他们发现：德国超过 60% 的移民实际上是循环迁移者，而且在迁移初期，大部分移民倾向于再次离开。不过，在德国找到一份工作和熟练掌握德语后，这种流动会减少。移民一旦离开德国，返回德国的概率高达 80%，返回的主要原因是考虑到汇款和其他家庭因素。之后，Constant and Zimmermann (2007) 利用计数模型及面板计量方法，进一步分析了德国外来移民循环迁移的退出次数和总退出时间的决定。结果发现：没有固定住所的欧盟国家移民以及年老和年轻的移民都倾向于选择循环迁移，同时这些移民退出德国劳动力市场后在母国会停留更长的时间。教育程度更高的移民退出德国劳动力市场的可能性更小，不过退出后在母国的停留时间与教育程度低的移民并没有显著差异。此外，Bijwaard (2005) 也利用来自荷兰的追踪数据，分析了移民回流和循环迁移的影响因素，最终发现：基于家庭原因的迁移者在荷兰的停留时间更长，而来自劳务输出国家如土耳其和摩洛哥等的移民，在荷兰停留的时间要比来自其他西方国家的移民长。Aydemir and Robinson (2006) 利用入境记录（Landings Records，LIDS）和移民跟踪数据（the Longitudinal Immigration Data Base，IMDB）对加拿大外来移民的回流和再迁移研究也发现，国际移民并不是永久性流动，大多数拥有回流经历，有些可能多次在母国与加拿大之间往返，而男性劳动年龄人口特别是技能工人和创业者的循环流动性更强。

在国内移民的循环迁移研究方面，最早的贡献是由 DaVanzo et al.（1981）和 DaVanzo（1983）做出的，他们利用 1968~1975 年的收入动态调查数据（Panel Study of Income Dynamics，PSID），考察了美国国内移民的循环迁移问题，如教育程度、雇佣状态、迁移持久性等对回流以及再迁移的影响，结果发现：半数迁移者在调查期间都进行了循环迁移；初次迁移者面临失业压力越大，回流的可能性越高；受教育程度越低，回流的速度越快，教育程度高者更倾向于到其他地方进行再迁移。此后，Newbold and Bell（2001）利用加拿大和澳大利亚的居住地调查数据，分析了加拿大和澳大利亚各州之间移民回流和再迁移的发生率、构成、决定因素等。结果显示：1990~1991 年，两个国家大概 40% 的移民都是循环迁移者，在输出地拥有自己住宅的移民更倾向于回流，包括一些回到父母家中获取安全感的年轻人以及一些低技能的、无法在流入地获得相应工作的人。拥有更高职业资格的人以及在专业技能或者管理岗位上工作的男性移民选择再迁移的概率更高。最近的研究，如 Lee SangLim（2008，2010）利用来自美国的全国青年追踪数据（National Longitudinal Study of Youth，NLSY），探讨了年龄、种族对美国国内循环迁移的影响。结果发现：西班牙裔和非西班牙裔黑人、非西班牙裔白人的迁移形式具有较大差异。年龄对不同迁移类型的影响较大，初次迁移率和再迁移率都随着年龄的增加而降低，回流率随着年龄的增加而增加，年龄对初次迁移率的影响更大。

（二）劳动力迁移与输出地发展：微观家庭层面的证据

新迁移经济学理论为探讨迁移与劳务输出地发展提供了一个新的理论分析视角，大量研究开始聚焦于从家庭微观层面检验迁移对输出农户农业生产、家庭收入、家庭投资消费等经济活动的影响效应。下面，笔者从迁移与农户农业生产率、迁移与农户家庭收入、迁移与农户家庭投资消费几个方面对近年来的一些代表性研究成果进行简要的梳理和评述。

1. 迁移与农户农业生产

迁移对农业生产的影响是近年来实证研究关注的一个重要方向，这里主要检验迁移是否有利于缓解输出家庭的资金约束。因为用于提升农业生产率的技术手段（如购买高产出种子、购置牲畜或农机具等生产性投资活动等）都需要一定量的资金支持，而在欠发达地区信贷市场缺失的情况下，安排家庭成员外出以获得一定的汇款收入来支持农业生产活动投资，无疑是一个比较有效的途径。不过，由于迁移对流动性资金约束、风险约束以及劳动力约束的影响程度并不确定，迁移对农户生产经营活动的影响可能产生相互冲抵效应：一方面，汇款可以放松农户的信贷、保险等约束，用来支持生产经营资金投入以及新生产技术投资等，同时稳定的汇款收入也可以为家庭提供收入保险，从这个角度来讲，汇款对家庭生产经营活动有显著正效应（Reardon et al.，1992）；另一方面，汇款同时会拉紧家庭面临的劳动力约束，如果家庭不存在剩余劳动力或者剩余劳动力很少，那么成员外出必然会导致家庭劳动力短缺。在当地劳动力市场缺失的情况下，家庭难以雇用替代劳动，那么这种由迁移导致的劳动力流失必然会对农业生产以及自雇用等非农经营活动产生较大的负效应（Wouterse and Taylor，2008）。劳动力迁移对农户家庭生产经营活动的净效应取决于这两个效应的冲减程度。

在实证检验上，Lucas（1987）首次在 Harris-Todaro 模型（保留了风险中性假设）的基础上，建立了新劳动迁移经济学经验方程，并利用博茨瓦纳、马拉维、莫桑比克、南非、莱索托 5 个非洲南部国家 1946 ~ 1978 年在南非的矿业移民数据，探讨了暂时性移民（Temporary Labor Migration）对农户农业生产的影响。文章使用联立方程进行估计，考察了劳动力退出对传统粮食生产和国内劳动力市场工资的短期效应，同时估计了由采矿收入形成的储蓄对母国粮食生产及牲畜投资的长期影响效应。估计结果显示：在短期，由移民引发的农业劳动力退出会导致迁移家庭农作物产出下降，但在长期，移民汇款会增加农业生产性投资如牲畜购买等，提升农业劳动生产率，对农业产出有一个正向反馈。不过，这也会提升种植业工人的工资，增加农业生产成本，反向冲击农业生产。鉴于此，Lucas（1987）主张劳务输出国家应该采取注入移民配额（Emigration Quotas）、强制人口再配置及强制劳役（Forced Labor）和强制人口再迁徙配置（Compulsory Population Relocation）等干预政策来维护国家利益。Black（1993）对葡萄牙两个地区（Ribeira de Pena 和 Mondim de Basto）移民的研究也揭示，迁移会导致牲畜减少和低质量化肥的使用，而且移民家庭会放弃过去那些维持农业生产水平和土壤肥沃程度的特定保护性措施，如年度清理灌溉水渠、梯田的整修等。不过，Black（1993）主要使用数据描述方法，缺乏严谨的计量分析。在新迁移经济理论的经验研究中，Quinn（2009）的研究更具有代表性，他进一步归纳并提出了新迁移经济理论的两个经典假设。（1）风险假设。因为迁移的目的是分散家庭农业风险，如果农户采用高产出新种子却带来农作物减产，那么移民会增加汇款来补偿农业损失，迁移会增加农户采用高产量种子的可能。从本质上讲，在劳动力存在剩余的情况下或者农业受灾减产的情况下，劳动力的边际产出会很低，通过输出劳动力来转移采用高产出新种子面临的潜在风险，无疑是一个有效的途径。因此风险假设预期：迁移的数量与高产出新种子使用概率正相关。（2）信贷假设。该假设认为汇款是推动受信贷约束家庭投资新技术的至关重要的因素，预期在其他条件不变的情况下，汇款与采用高产出新种子的可能性正相关。Quinn 随后利用来自墨西哥迁移项目（Mexican Migration Project）的数据探讨了迁移、汇款对高产出新种子采用率的影响，不过最终估计结果取决于计量方法的选择以及汇款测量：Probit 回归仅支持信贷假定，二阶段 OLS 回归结果同时支持风险假定和信贷假定，三阶段 OLS 回归的结果取决于汇款的测量，如果回归方程放入的解释变量是用于支持农业生产的汇款，那么支持风险假设。但是，如果回归方程放入的解释变量是总汇款量，那么支持信贷假设。最近的一项研究中，Zahonogo（2011）也在新迁移经济学的框架下，利用2003~2004 年布基纳法索农户调查数据，采用系统方程估计了迁移对农作物产出的影响，其中，对于迁移和汇款的内生性，分别采用村庄有外出经验成年人的比例和村庄户均汇款水平来识别。最终估计结果显示：迁移对农业生产有显著负效应，虽然移民汇款对农业生产有一定的正效应，但这个效应不显著，迁移汇款并不能弥补由迁移带来的家庭农业损失。所以Zahonogo（2011）认为，为了稳定农业生产，政府应该控制迁移规模，同时应该通过为生产者提供更好的农业设备、增加农业劳动力的健康保障投入等方式来提升农业劳动生产率。

不过，这些实证研究都把迁移视为同质的，没有考虑具体迁移模式差异带来的影响效果。迁移本身是一个选择性行为，不同流动模式之间必然在迁移目的、迁移收入等方面存在较大的差异，例如，相对于国内迁移来讲，国际迁移可能面临更高的迁移成本和风险，只有相对富裕的家庭才有能力输出国际移民，同时国际迁移获得的收入也可能高于国内迁移，对于缓解输出家庭信贷约束所起的作用更大（Taylor and Lopez-Feldman，2010）。部分研究开始转向迁移异质性及其对劳务输出地农业生产活动的影响。例如，Mendola（2008）在探讨迁移对农户农业技术更新的影响时，就考虑了迁移模式的差异，他把迁移分为国际迁移、国内循环流动和国内持久性迁移来进行分析，探讨流动模式差异给农户农业生产技术更新带来的影响。他采用 1994～1995 年在孟加拉国 8 个村庄 5062 家农户进行的家庭调查数据，利用三阶段 OLS 估计了迁移对劳动力输出家庭采用高产出新种子的影响。其中，暂时性国内迁移、永久性国内迁移、国际移民内生性的识别工具变量组合为：家庭成员最高受教育程度，农户所在村庄参与暂时性国内迁移、永久性国内迁移和国际移民的比例，家庭迁移链（在调查年份前 3 年家庭是否有 1 个以上的外出者）。最终研究结果显示，不同的家庭迁移模式对农业生产技术更新（是否采用高产出新种子）的影响有较大差异。具体来讲，参与国际迁移的家庭更倾向于采用现代种植技术（采用高产出新种子），而参与国内迁移的农户，不管是暂时性流动还是永久性迁移，其采用现代种植技术（采用高产出新种子）的概率都显著低于无迁移农户，国内迁移并不能推动劳动生产率的提升。随后，Wouterse（2010）利用数据包络分析（Data Envelopment Analysis，DEA）和 2003 年在布基纳法索的调查数据，检验了洲际（非洲迁移到欧洲等其他地区）和洲内迁移（非洲内部国家或者地区之间的迁移）对农户两种谷物（粟和高粱）生产技术效率的影响。结果同样证实，迁移的影响因迁移目的地不同而存在差异，但与 Mendola（2008）相反，Wouterse（2010）却发现，洲内迁移与技术效率之间存在显著正相关关系，而洲际迁移对技术效率有消极影响。具体来说，洲际移民与农业设备或者农畜的交互项对技术效率有正的影响，但是洲际移民对技术效率的直接影响效应仍显著为负。也就是说，虽然洲际迁移通过影响农业设备投资或者农畜投资对技术效率产生了正影响，但是不能补偿迁移造成的直接负效应，洲内迁移则显著提升了技术效率。Wouterse（2010）也给出了导致这种情况出现的原因：在不完善的市场环境下，洲内移民会带来高的效率，因为它解决了男性劳动力剩余问题。对于洲际迁移与技术效率之间的负相关关系，一个可能的原因是女性劳动力供给的剩余。总体而言，迁移并不能推动粮食生产从传统到现代的转型，因为在不完善的市场环境下，生产性投资机会缺乏，而以汇款形式接收的流动性资金无法有效转化为生产性投资，因此难以弥补由迁移带来的智力流失。

2. 迁移与农户家庭收入

移民汇款对家庭收入水平和收入分布都有重要的影响，特别是对于那些收入水平偏低的家庭来说，家庭成员参与国内或者国际迁移带来的汇款已经成为其主要的收入来源。移民汇款可能会增加用于消费的可支配收入，也可能增加农业或者非农业活动投资，提升农业或者非农活动收入。

Taylor and Wyatt（1996）认为家庭初始资产，如土地和牲畜持有量会影响汇款的收入效应。也就是说，在一个流动性资产匮乏的家庭，生产活动会受到极大约束，而汇款会刺激家庭生产，扩大迁移对收入的影响效应。相反，对于一个富裕的家庭来说，没有流动性或者风险约束，汇款在长期和短期都对收入的影响不大。因此，他们认为汇款对农户收入水平和收入分布的影响，一方面取决于汇款的分布，另一方面取决于家庭面临的生产约束情况。在此基础上，他们利用墨西哥 1983 年和 1989 年的跟踪数据检验了两个主要的新迁移经济学假设：其一，移民汇款对家庭农业收入有非均等效应（Non-Unitary Effect）；其二，移民汇款对家庭农业收入的影响效应取决于农户的初期资产。他们的研究采用联立方程最大似然估计法，考察了移民汇款对家庭农业收入的影响，同时把移民汇款与农业生产资料（土地、牲畜）的交互项放入方程来考察汇款影子价格对家庭农业收入的影响。纠正选择性偏差后的估计结果显示：来自国外移民的汇款可以缓解农户农业生产面临的信贷和风险约束，增加农业收入。不完全的信贷和保险市场使得汇款具有较高的影子价格，在克服家庭生产流动性约束和风险约束方面发挥了较大作用。另外，汇款对家庭农业收入的影响并不一致，受家庭初始农业资产（土地和牲畜）情况影响较大，非市场的合作农场土地所有权会提升汇款对收入的影响效应，但初期牲畜资产降低了汇款对收入的影响效应。这一发现进一步证实，在农户生产中，高的汇款影子价格会刺激迁移，而高的影子价格会强化汇款对农户收入的影响效应。Taylor and Lopez-Feldman（2010）使用 2002 ~ 2003 年在墨西哥 14 个地区进行的农户调查数据，探讨了迁移影响农户收入的途径，他们力图通过准实验的方法来探讨迁移的影响效应，即在一个时刻观测迁移状态，在随后一个时刻观测不同组别的收入水平。不过，最初农户并不是被随机分配到实验组和控制组中去的，这必然面临迁移内生性问题，最终他们使用内生转换回归方法（Endogenous Switching Regression）来处理，选择的工具变量分别是：1964 年以前是否参与墨西哥短期劳工计划（Bracero）；在选择的处理年份（Treatment Year）村子是否有一个美国移民；在选择的处理年份村子是否有一个国内移民。最终的估计结果显示，迁移会显著提升输出家庭人均收入水平，这主要通过提升输出家庭的土地生产率来实现。研究不支持迁移削弱移民输出地经济发展的观点，也不支持暗含的农户分离模型即迁移和汇款只影响农户收入而不影响农户生产活动的观点。Taylor and Lopez-Feldman (2010) 指出，移民输出家庭土地生产率会因处理年份的不同而有明显差异，1991～1996 年这个效应达到最大值，大概为 1600 比索（Pesos），随后影响效应开始收敛递减，最终在 2001 年几乎为零。这一实证结果揭示，迁移对输出家庭经济活动的影响效应具有一定的迟滞性，需要经历几年时间才能够达到最大值，仅考虑迁移影响的短期效应而忽视其迟滞性，往往会得到一个有偏或者错误的结论。

不过，也有学者指出，迁移对劳务输出地农户收入可能产生负效应。例如，Beaudouin (2006) 利用 1996 年孟加拉国 MHSS（Matlab Health and Socio-Economic Survey）调查数据，探讨了迁移对劳务输出地家庭收入的直接和间接影响。估计方法同样采用三阶段 OLS，其中对迁移和汇款内生性分别采用村庄移民总量和村庄收到的年汇款总量来识别。最终估计结果表明，迁移带来的劳动力流失对总收入有直接负效应，但这种效应会被移民汇款间接补偿。迁移对不同来源家庭收入的影响也有差别，迁移对农业收入有直接的负向劳动力流失效应，同时产生间接的正向汇款补偿效应，不过迁移对自雇用收入没有影响，而汇款对工资性收入也没有显著影响。Sindi and Lilian (2006) 首次利用 1997～2004 年肯尼亚农户调查的面板数据探讨了 NELM 假设在非洲撒哈拉以南地区的适用性。他们的研究试图解释三个问题：由迁移引致的劳动流失是否会导致种植业收入减少？迁移对种植业收入有多大影响？汇款对其他收入的影响有多大？参考 Taylor et al. (2003) 的估计思路，他们采用联立方程方法来估计，其中识别迁移的工具变量为：总降雨量与潜在的土壤水分蒸发总量之比、人口密度、家庭女性和男性的最高受教育程度。而汇款方程的识别采用了三个工具变量：平均汇款水平（作为村庄规范、惯例的代理变量）、有正式工作家庭成员的人数（用来捕捉更为宽泛的与团体相关的文化、民族习俗对汇款的影响）、区域虚拟变量。最终的估计结果发现，迁移会产生显著的劳动力流失效应，而迁移数量对农作物以及总农业收入产生显著负影响。不过，与 Beaudouin (2006) 不同，Sindi and Lilian (2006) 并没有发现支持"汇款可以部分或者完全补偿因劳动力约束而造成的损失"的证据。

由于汇款和家庭收入之间的联系是统一的，汇款对收入分配程度的影响取决于汇款在家庭收入中所占的份额以及汇款的分布等。所以，在实证研究中，也出现了两种相反的观点：一是迁移（或汇款）增加了收入不平等；二是迁移（或汇款）降低了收入不平等。

Taylor（1992）考虑了国际移民对收入的间接效应及随着时间变化的资产积聚效应，他利用墨西哥的追踪调查数据，估计了汇款对收入分布（用Gini 系数来衡量）的直接、间接以及跨期影响。估计结果显示，汇款可以通过刺激投资来影响收入水平和收入分布，而迁移汇款对农户收入水平和收入分布都有直接的短期效应和长期资产积累效应。具体来说，移民带来的劳动力流失效应容易在短期阻碍汇款的均等效应，但是长期而言，迁移对贫困家庭收入有间接正效应（通过减轻当地生产的资本和风险约束），使得迁移产生更多的收入均等效应。汇款对收入水平和收入分布的影响取决于汇款在家庭间的分布以及家庭投资和储蓄的形式。Barham and Boucher（1998）指出，Taylor（1992）把汇款视为外生的转移支付，所以他直接计算了汇款对接收汇款社区收入分布的总体或者边际影响。但是，移民汇款可能是家庭收入的一种替代形式，在这种情况下，需要构建一种反事实情景，即假设移民留守（没有汇款发生），随后通过计量方法比较观测收入与反事实情景下的家庭收入来探讨移民和汇款对劳务输出地收入分布的影响。在此基础上，Barham and Boucher（1998）利用1991 年 Bluefield 的家庭调查数据来进行实证检验，他们首先利用一个考虑劳动参与和移民决策的双选择模型来矫正选择性偏差并估计家庭收入，然后通过建立反事实情景来计算基尼系数并与实际观测值的基尼系数进行比较。最终，比较观测值与反事实情景值发现，当把迁移和汇款视为家庭收入的一种替代形式时，在没有移民外出情景下的收入不平等程度反而比较低。也就是说，移民和汇款加重了收入不平等，即移民不外出反而对农户收入有一个更强的均等效应（Equalizing Effect）。之后，Acosta et al.（2008）同时从多个视角探讨了汇款对收入不平等的影响效应，包括国家层面的总体分析和家庭层面的典型分析。他们首先假定汇款对两个潜在贫困来源（平均收入增长和收入不平等）有单独影响，利用 GMM 动态面板方法和1970~2000 年 59 个工业国和发展中国家的数据来估计汇款对人均 GDP 和贫困的影响效应，然后利用10个拉丁美洲和加勒比海地区的住户调查数据估计了汇款对家庭收入不平等的影响效应。家庭层面的估计步骤与 Barham et al.（1998）一样，首先把汇款视为外生的，然后再考虑反事实情景，矫正选择性偏差获得一致估计结果并进行比较。最终结果表明，从国家层面来看，汇款有利于减轻收入不平等。不过,基于住户调查数据的估计也显示,汇款对收入仅有非常小的均等效应。

部分研究也注意到了迁移异质性及其带来的汇款差异对家庭收入不平等的影响,如 Stark and Katz(1986),Taylor et al.(2005),Kimhi(2010)。Stark and Katz(1986)构建了汇款基尼系数来分析汇款对家庭收入不平等的影响。基尼系数包含三个部分:汇款相对于村庄总收入的规模、汇款的不均等分布、汇款和总收入的基尼相关系数。然后利用两个墨西哥村庄的数据来探讨汇款对家庭收入不平等的影响效应,其中对于村庄收入,考虑三个部分:来自国内移民的汇款、来自国际移民的汇款、非汇款收入。计量结果证实,移民汇款对家庭收入不平等的影响效应取决于村庄迁移史以及移民机会在村庄内家庭之间的扩散程度;在一个国内移民较多而国际移民偏少的村庄,国际移民汇款会加重收入不平等,国内移民汇款则会促进收入均等;在一个国际移民历史较长的村子,国际移民汇款存在收入均等效应。Taylor et al.(2005)也考察了国际移民汇款和国内移民汇款对家庭收入不平等的影响差异,与 Stark and Katz(1986)一致,Taylor et al.(2005)也使用基尼系数来衡量收入不平等程度,分析使用的数据来源于 2003 年墨西哥全国农村住户调查,最终结果表明,国际移民汇款会加重家庭收入不平等,不过影响很小,而国内移民汇款表现出一定的收入均等效应;在高移民率地区,国内移民汇款和国际移民汇款均表现出收入均等效应。这一结果与 Stark and Katz(1986)一致,说明迁移最初对于家庭收入分布有一个非均等效应,但随着迁移通道的扩散,其对于家庭收入就表现出较强的均等效应(至少,减少非均等效应)。最近的一项研究,Kimhi(2010)也考虑了迁移(或汇款)异质性,探讨了国内移民汇款和国际移民汇款对家庭收入不平等的影响效应。数据来源于 1992 年在多米尼加共和国进行的家庭支出调查。参考 Stark et al.(1986)的做法,Kimhi(2010)也利用不平等分解方法分析了国内移民汇款和国际移民汇款对收入不平等的边际效应。不过,Kimhi(2010)使用了两种不同的收入分解方法:一是变差系数平方法(SVR,Squared Coefficient of Variation),通过数值模拟获得边际效应;二是利用基尼系数进行收入不平等分解。最终的估计结果显示,从单位汇款的边际效应来看,不管是国内移民汇款还是国际移民汇款的增加都会减少收入不平等效应,而国内移民汇款的收入均等效应高于国际移民汇款。Kimhi(2010)同时通过分组比较研究发现,汇款对于收入不平等的影响因迁移模式不同而有较大差异。具体来说，国内迁移汇款会给农村家庭特别是没有土地的农村家庭带来更明显的收入不平等，国际移民汇款则对城市家庭特别是圣多明哥（Santo Domingo，多米尼加首都）以外地区的家庭收入不平等的影响更突出。

不过，这些关于迁移（或汇款）影响收入不平等的研究结论明显存在冲突。一个可能的理论解释是，迁移像采用新生产技术一样，在初期要承担高风险和高成本，国际移民的风险和成本一般较高。在这种情况下，初期的移民可能来自输出地区中的高收入家庭（Portes and Rumbaut，1990），他们以汇款形式寄回的收入会扩大收入不平等（Özden and Schiff，2006）。随着时间推移，迁移网络的发展使得迁移渠道在劳务输出地家庭之间得到扩散（Massey et al.，1994），汇款初期的不平等效应会受到延阻或偏转，最终，汇款对新近输出移民村庄的收入分配有非均等效应，而对一个有长期移民历史的村庄有均等效应（Rapoport and Docquier，2006）。Jones（2013）从扩散理论视角，提出了国际移民与收入不平等关系的三阶段模型：初期移民汇款会增加收入不平等，而中期移民汇款会减少收入不平等，但是到了后期，随着迁移的持续推进，移民精英们会从经济上与那些非移民的落后群体保持一定的距离，这将再次加剧收入不平等。

3. 迁移与农户家庭投资消费

迁移在家庭投资和消费中充当了比较复杂的角色。一般来讲，家庭可以利用迁移汇款来补充当前消费，同时面临信贷约束的家庭也可能通过迁移积累生产资本和人力资本，研究迁移对家庭投资的影响大，还是对消费的影响大，实证文献之间存在较大争论。

有少量研究表明，迁移对家庭投资有积极作用，迁移推动了农户的投资活动（Adams，1991；Massey and Parrado，1994；Durand et al.，1996；Zarate-Hoyos，2004；Chiodi et al.，2012）。Adams（1991）利用 1986～1987 年埃及农村住户的调查数据，通过比较 74 个有海外移民的家庭和 74 个没有移民家庭的消费和投资情况，评估了移民汇款对农户消费和投资的影响效应。计量分析结果证实，相对于没有移民的家庭，有外出移民的家庭具有较高的边际投资倾向，如在土地、农业设备、车辆以及小商业等方面的投资。在控制支出水平后，发现这些投资大部分以购买土地为主，其中有海外移民的家庭接近 73% 的人均投资支出被用于购买耕地或者建设用地。Massey and Parrado（1994）对墨西哥 22 个社区的调查研究也发现，尽管

65% 的汇款收入被用在消费上，但用于生产性投资的仅占 6.5%，这些汇款对于生产性投资的影响非常显著，不能低估它对墨西哥创业投资的影响。Durand et al.（1996）利用来自 1982～1983 年以及 1987～1992 年墨西哥哈利斯科等 5 个州 30 个村庄的调查数据，探讨了国际移民对家庭投资的影响，发现尽管大部分移民收入被用在消费上，如改善营养、衣着以及住所，但移民一般在等待能够提高家庭收入的投资机会，只要条件成熟，生产性投资就会大幅上升。受过一定教育且夫妻共同外出的移民，如果他们拥有一定的土地、住房等不动产及潜在的家庭劳动力资源，那么他们更倾向于把迁移获得的收入投入生产活动中，没有这些资源的移民则大多把外出获得的收入投到当前消费上。Zarate-Hoyos（2004）在探讨汇款对墨西哥家庭消费结构的影响时发现，收到汇款的家庭的当前支出中用于投资的比例高于没有收到汇款的家庭，而收到汇款的家庭其当前消费的收入弹性以及耐用消费支出的收入弹性都低于没有收到汇款的家庭。Zarate-Hoyos 也强调指出，很多研究认为迁移汇款很少用于生产性投资，这主要是由特殊环境决定的，因为落后的移民输出地区往往缺乏基础设施，这制约了移民的投资性行为。Woodruff and Zenteno（2007）对墨西哥移民的研究也证实，与移民关系密切的家庭一般会有较高水平的投资，同时可能获得更高的创业收益。最近的一项研究是由 Chiodi et al.（2012）做出的，他们利用1997～2006 年墨西哥农村贫困农户的面板数据探讨了迁移与资产积累之间的关系。研究发现，迁移可以加速生产性资产积累，但是对非生产性资产积累（耐用）有显著副作用。导致出现这种情况的原因，Chiodi et al.（2012）认为是穷的农户要依靠迁移来缓解生产性资产投资面临的资金约束。

一般来讲，相对于投资来说，迁移对农户家庭消费有更大的推动作用（Chami and Jahjah，2003）。其一，很大比例的汇款被用在"身份取向"（Status-Oriented）的消费上；其二，很小一部分汇款会转变为储蓄或投资；其三，汇款主要的投资方式——住房建设、土地和珠宝等，对整个经济来讲都不是必要的生产性行为。关于迁移对农户支出及消费投资影响的大量实证文献也证实，迁移对消费的影响大于对投资的影响。对墨西哥－美国移民的研究比较典型，如 Mines and De Janvry（1982）对一个墨西哥村庄的个案研究指出，虽然村庄中存在一些生产性投资，但移民家庭会把更多汇款用在提升生活舒适度的消费上。Taylor et al.（1996）的研究也发现，墨西哥移民更偏爱住房建设投资而不是增加对家庭生产活动的投资。除了墨西哥之外，Osili（2004）

对尼日利亚的研究也发现，大部分汇款被用在住房建设上，汇款收入每增加10%，就会带动住房建设投资比例增加 3 个百分点。Medina and Lina（2010）在探讨国际移民汇款对哥伦比亚家庭支出结构的影响时也发现，收到移民汇款的家庭其总支出中的教育投资比例比没有收到汇款的家庭高 10 个百分点，不过汇款对消费、投资以及健康支出的影响几乎为零。

最近也有研究考虑到了迁移异质性对输出家庭投资和消费影响效应的差异，把移民分为国际移民和国内移民来考察。其中，Castaldo（2007）利用 2003 年阿尔巴尼亚生活标准测量调查数据（Albania Living Standards Measurement Survey，ALSMS）探讨了汇款对家庭消费类型的影响。研究发现，来自国内移民和国际移民的汇款对家庭消费类型的影响有很大差异，不过收到国内汇款家庭的消费类型与没有收到汇款的家庭没有显著差异；与没有收到汇款的家庭相比，收到国际汇款的家庭，在食品支出上的比例相对较低，而在耐用消费品支出上的比例相对较高。Dizon（2009）利用 2008 年危地马拉的调查数据，探讨了国内迁移和国际迁移对农业资产积累的影响，最终计量结果显示，有很弱的证据支持国内迁移能够改变农业资产积累行为，不过国内迁移可以显著提升教育投资和改善家庭生活条件，而国际迁移则会显著提升家畜（非生产性牲畜）投资。Adams and Cuecuecha（2013）也利用危地马拉全国性调查数据分析了国内汇款和国际汇款对家庭边际支出的影响，最终有两个发现：其一，在控制选择性偏差和内生性后，接收国际汇款的家庭在主要消费——食品上的支出比那些没有接到汇款的家庭低；其二，接到国内汇款和国际汇款的家庭在商品住房、教育和健康上的边际支出比那些没有接到汇款的家庭高。

4. 劳动力外出与农户经济活动：基于中国数据的实证研究进展

改革开放以来，农村劳动力从中西部地区流向东部沿海地区，为工业化和现代化做出了巨大的贡献，与此同时，大量青壮年劳动力外出对农业和农村经济发展也带来了一定的负面影响，如土地粗放经营、土地撂荒、劳动力匮乏等问题。这引起了国内外一些学者的研究兴趣，他们开始关注劳动力外出对农户经济活动的影响效应。

在劳动力外出对农户农业生产的影响方面，Rozelle，Taylor and De Brauw（1999）关注了劳动力外出、汇款对农业生产率的影响。他们利用 1995 年夏天在河北和辽宁进行的农村住户调查数据，采用迭代三阶段 OLS 法估计了劳动力外出、汇款对玉米产量的影响，最终发现劳动力外出对农业生产有显著负效应，这可能与劳动力流失有关。不过这种负效应会在一定程度上被增加的汇款部分补偿，最终劳动力外出带来的净损失大概是年均产量的 14%。Taylor, Rozelle and De Brauw（2003）利用 1995 年在河北和辽宁的农户家庭调查数据分析了劳动力外出对劳务输出地农户收入的影响，研究方法主要利用联立方程计量方法，最终的计量结果发现，由劳动力外出导致的劳动力损失对家庭种植收入有负面影响。但研究也发现，汇款对劳动力缺失效应有一定的正向补偿，通过刺激粮食生产以及自雇用行为对家庭收入产生直接和间接影响。这些发现提供了支持 NELM 假说的证据，汇款放松了生产约束，综合考虑劳动力外出以及家庭规模变化等多种影响，参与劳动力外出可以提升家庭人均收入的 14% ~ 30%。

在劳动力外出对贫困和收入不平等影响方面，Du et al.（2005）利用来自中国贫困地区互补的两套家庭数据检验了劳动力外出能否减轻贫困这个问题。最终结果发现，新增一个成员外出，家庭人均收入就相应增加 8.5% ~ 13.1%，但对整体贫困的影响很一般，因为很多贫困人群并没有参与外出务工。外出劳动力会把收入的大部分寄回老家，这些汇款的数量在一定程度上是其他家庭成员所需的反映。Zhu and Luo（2008）利用 2002 年在湖北的住户调查数据，探讨了劳动力外出对农户平均收入以及收入分配不平衡的影响，最终的研究结果显示，劳动力外出不仅能够提升农户收入水平，而且能够减轻收入分配不平衡。

在家庭投资和消费方面，De Brauw and Rozelle（2008）关注了劳动力外出对农户消费和投资的影响，他们利用 2000 年的农户家庭调查数据来检验劳动力外出对农户投资的影响。研究发现，在中位数收入是贫困线两倍的地区，劳动力外出对家庭住房以及其他耐用消费品投资的影响比其对平均消费的影响高 20%，但没有发现劳动力外出与生产投资之间存在关联的证据。De Brauw and Giles（2012）利用农业部农村经济研究中心 1986 ~ 2002 年的农村住户调查，检验了劳动力外出对农户家庭消费的影响。研究发现，劳动力外出与农户人均非耐用消费品数量显著正相关，特别是对于贫困家庭而言更为明显。

第三节 劳动迁移与农民工回流动态决策
机制：研究评述与实证方向

综上所述，我们可以看到，在循环迁移的决定机制分析上，新迁移经济学理论提供了一个新的研究视角，但不管是国际循环迁移还是国内的循环迁移，都必然面临一个问题：在迁移决策的不同阶段，都要面临群体的选择性问题。移民首先是一个来自输出地人口的选择性群体（Borjas and Bratsberg，1996；Reagan and Olsen，2000）。同样，回流者也是一个相对于外迁者的选择子样本，而回流移民的再迁移决策也是在一个特定的选择性群体中做出的。在研究循环迁移的过程中，如果不考虑这一问题，计量估计可能会产生潜在的选择性偏差（Borjas，1985）。但遗憾的是，目前的研究大多使用单一的 Probit（Logit）、Mlogit 等方法来估计各个决策影响参数，没有考虑选择性偏差问题。直到最近，Vadean and Piracha（2009）在探讨阿尔巴尼亚外出移民循环迁移和永久回流的关键影响因素时，采用了考虑两个次序选择的极大模拟似然 Probit 模型（Maximum Simulated Likelihood Probit with Two Sequential Selection Equations）来解决回流决策和再迁移决策面临的样本选择问题。不过，他们的研究只考察了首次迁移对后续迁移行为（回流、再次迁移等）的影响。事实上，移民迁移大部分是往复循环进行的，每一次流动都建立在一个自我维持的循环迁移动力机制上，通过特定迁移资本的积累来实现（Massey and Espinosa，1997）。也就是说移民的每一次流动对上一次的迁移状态和迁移环境（迁移资本）的依赖更强，而不是初次迁移（除了初次移民者）。进一步考察最近一次外出的就业状态及其迁移资本对后续迁移行为的影响是一个更有意义的研究方向。

劳动力迁移与劳务输出地的发展，在理论上，劳动力迁移是否对劳务输出地经济发展产生积极影响逐渐成为一个持续不断而且又很难达成共识的争论，产生两种完全相反的理论观点：迁移悲观主义和迁移乐观主义。Stark（1991）等提出的新迁移经济学理论为此提供了新的分析视角，更强调家庭联合决策和劳务输出地市场的不完全性。侧重于从微观家庭视角探讨劳动迁移对劳务输出家庭经济活动的影响效应，为进一步分析迁移对劳务输出地经济发展的影响效应、迁移的政策干预等提供了新的理论支撑。大量研究开始聚焦于从家庭微观层面检验迁移（汇款）对劳务输出家庭农业生产、家庭收入以及家庭投资消费等活动的影响效应，不过实证检验得到的结论不尽一致。其主要原因可能有以下两个。（1）采用的计量分析方法不同，得到的实证结果差异较大。在估计迁移的影响效应时，可能要同时面临内生性问题和选择性偏差问题，而处理内生性时采用的估计方法不同（似然估计、两阶段 OLS、三阶段 OLS 等）及工具变量选择的不同，都会导致估计出现差异。（2）与调查数据的局限性有关。调查村庄或者调查区域的选择对估计结果有较大影响，因为迁移的影响效应还受到家庭自身资源禀赋和所处环境因素的制约，样本选择差异可能会导致最终估计结果不一致，甚至相反。对中国农村劳动力外出对农户经济活动影响的研究同样也面临这样的问题，这些都有待进一步拓展。

第一，信贷约束与商业机会差异问题。中国的区域发展不平衡使得农户面临的信贷约束和商业机会在不同区域之间有显著差别。在经济相对发达的地区或者城市周边的郊区，农户可以在金融机构获得信贷资金，外出汇款并不是家庭融资的唯一途径；而在经济欠发达地区，外出汇款几乎成为家庭融资的唯一途径。同时，在落后的农村地区，创业的可能性相对较低，这在一定程度上抑制了农户的投资需求，他们可能选择把汇款用于更多的直接需求，如食品、服装和教育费用，而不是用在投资上。不考虑这些差异，必然会导致估计结果出现偏差。要进一步探讨劳动力外出对农户经济活动及农村发展的影响，需要借助有代表性的全国性调查和跟踪数据来进一步验证。

第二，农民工外出异质性问题。随着农业劳动力迁移进程的推进，部分农民工在城市获得了较稳定的工作和收入，常年外出务工也成为当前农业劳动力迁移的主要模式之一。与往返于城乡之间的循环迁移相比，常年外出的农民工融入城市的愿望和能力更强，他们对家乡农业和家庭非农生产经营活动的支持和关注度更低。进一步考察农业劳动力外出模式的差异（迁移异质性）对农户经济活动及农村发展的影响，无疑也是实证研究拓展的重要方向之一。

第三，外出务工与农户经济活动的动态关联问题。外出务工对输出农户经济活动的影响可能存在滞后性，即当期外出对家庭经济活动的影响可能要滞后几期才能出现，而截面数据仅能估计某一时点迁移情况对当期农户经济活动的影响，无法处理劳动力外出影响效应的滞后性，产生估计偏差。未来进一步的估计需要借助追踪调查数据和面板估计方法进行。

第四，工具变量的选取问题。对劳动力外出和汇款内生性问题的处理，使用的工具变量大多还是从村庄层面和家庭层面获取的，如村庄外出人数、村庄户均汇款量等，这些变量与结果变量始终还是在一个经济系统内，使得估计结果的说服力可能偏弱，而更好的工具变量需要从制度、历史、自然条件等非系统内寻找。

第三章 农民工迁移模式的动态选择[*]

第一节 农民工迁移模式现状

20 世纪 90 年代以来，农村劳动力大规模从中西部地区向沿海发达城市流动，成为推动中国经济发展的新兴力量。不过，受制于户籍、分割劳动力市场等，农民工很难在大中城市永久定居，这使得农民工把外出视为一种增加家庭收入的策略，更多地选择在城乡之间循环流动。据国务院发展研究中心于 2006 年对全国 17 个省市 2749 个村庄的调查，举家外出、完全脱离农业生产和农村生活环境的农民工仅占外出农民工的 19.95%，循环流动依然是当前农民工迁移的主要选择（韩俊等，2009）。不过，随着产业梯度转移的推进，中西部地区吸纳农民工就业的能力得到大幅提升，农民工回流态势明显增强，农民工城乡间的循环迁移模式也受到一定冲击。2009年在东部地区务工的外出农民工出现了"双下降"趋势：外出总人数降低了 8.9%，占全国外出农民工人数的比例也降低了 8.5 个百分点。相比之下，中部和西部吸纳外出农民工的人数分别比上年增加 33.2% 和 35.8%，占整体的比重也分别比上年提高 3.8 个百分点和 4.8 个百分点（国家统计局，2009）。

"留城还是回流？再次外出还是留乡发展？"这不仅是当前农民工就业选择面临的重要问题，而且对劳务流入地和输出地经济发展产生了较大冲击。但目前对农民工迁移模式的讨论大多集中在对外出决策和回流决策的考察，很少触及再迁移决策。仅有刘建波等（2004）根据第五次人口普查

---

[*] 本章部分内容已发表。参见王子成、赵忠《农民工迁移模式的动态选择：外出、回流还是再迁移》，《管理世界》2013 年第 1 期，第 78 - 88 页。

数据，采用嵌套 Logit 模型考察和分析了 20 世纪 90 年代后期中国省际人口二次迁移的主要影响因素。此后，梁雄军等（2007）运用浙、闽、津三地 1702 份外来务工者的调查问卷，归纳了劳动力二次流动的基本特点和影响劳动力二次流动的主要因素。但是，他们都没有考虑到样本的选择性偏差问题，而最近关于农民工循环迁移的研究是 Hu 等（2011）做出的，他们依据中国综合社会调查（CGSS）数据，采用纠正了选择性偏差的 Probit 模型来估计农民工永久性迁移与循环迁移决策的影响因素。不过，Hu 等（2011）以"是否获得城市户口"来划分永久性迁移和循环迁移，这有一定的缺陷，因为农民工是否能够获得城市户口在很大程度上是一个制度性问题，而不是一个经济行为决策。另外，Hu 等（2011）也忽略了对于留在城市发展但没有城市户口或住房的这部分常年在外移民的考察，这都是本章进一步研究所要解决的问题。

本章将在 Vadean and Piracha（2009）的基础上，进一步分析外出农民工的迁移模式及其决定因素。基于此，本章采用中国城乡劳动力流动调查数据（RUMIC），利用极大模拟似然—两步序列选择 Probit 模型（Maximum Simulated Likelihood Probit with Two Sequential Selection Equations），来进一步探讨以下几个问题：第一，留守劳动力与外出务工者、留城发展者与暂时回流者、再次外出者与留乡发展者之间的差异有哪些？第二，社会经济因素在多大程度上影响农民工留城发展与暂时性回流决策？哪些关键因素决定了农民工选择留乡发展而不是再次外出？

与现有研究相比，笔者的研究大致有以下几个贡献：一是尝试利用结构方程，估计中国农民工外出、回流和再迁移三个次序决策模型，不仅考察各个迁移模式的特征及其决定因素，而且进行了动态的对比分析；二是采用考虑两个次序选择的极大模拟似然 Probit 模型来纠正样本选择性偏差问题，估计结果一致性更强；三是本章分析数据来源于中国城乡劳动力流动调查数据的农户调查样本，其抽样主要来自安徽、四川、河南等典型劳务输出地区，具有较强的代表性。调查数据详细描述了家庭特征、村庄特征、个人社会经济活动以及社会联系等方面的信息，这些为我们进一步考察外出经验积累、家庭人口结构、村庄经济发展等变量对农民工回流及再迁移决策的影响提供了独特的数据优势。

第二节　方法与数据

（一）估计方法

估计农民工迁移模式的选择，首先要确认一个问题：农民工外出和回流决策是否是一个选择性行为。一般认为迁移是选择性的（Lee，1966），而且大多是正向选择的，即与非迁移者相比，迁移者有更多的优势或者有更大的能力来获取就业机会或者克服迁移中遇到的困难。但移民回流到底是内生的还是外生的，目前还存在争论（Wang et al.，2006）。如果移民回流是外生的，那么其主要受经济周期等外部经济环境影响，移民就无法决定自己的迁移形式以及迁移持续时间等（Radu and Epstein，2007）。

关于中国的农民工回流，笔者认为其是内生的，主要基于两个考虑。一是现有对农民工回流的研究，虽然对回流是怎么选择的和在多大程度上选择仍没有一致的结论，但都认为农民工回流是选择性的。比如 Ma（2001，2002）对 9 个省超过 2000 名回流者的调查发现，回流代表智力流失的逆转；Murphy（2002）在江西南部的调查也显示了回流者充当了信息传递、创业以及经济多样化中介的角色。当然也有研究显示，农民工回流是负向选择的，即回流者的教育程度和技能低，年龄偏大，在城市寻找工作和适应城市生活存在困难。Liang and Wu（2003）的研究就指出，回流者的年龄更大，而且受教育程度更低。而 Wang and Fan（2006）的研究也认为，城市容易留下那些技能较高而且能更好适应城市生活的人，回流者是负向选择的迁移，并且失败的回流者很普遍。

二是自 2004 年中国首次出现大规模用工短缺以来，周期性"用工荒"始终困扰着东部沿海地区，而 2006～2008 年，中国用工短缺便开始常年化，甚至扩展到中西部地区。在笔者的研究中，农民工的回流决策是在 2007 年做出的，在这期间农民工在城市就业相对容易，因经济下行或者季节用工等原因回迁的可能性相对较低。

在这种情况下，我们假定农民工外出就业依次经历三个次序决策。第一阶段，外出决策。在农村劳动力总样本中，劳动力面临两个选择：要么外出务工，要么留守农村。第二个阶段，回流决策。选择是在外出务工劳动力子样本中进行的，外出农民工同样面临两个选择：留城继续务工或回流。第三个阶段，再迁移决策。这是在回流农民工子样本中进行的，回流农民工也面临两个选择：要么再迁移，要么选择留乡发展。

因为农民工迁移模式的选择并不是一个随机选择组，估计参数需要纠正样本的选择性偏差。一般的做法是采用包含两个次序自选择的 Probit 模型来估计：第一个方程控制迁移的选择性，而第二个方程（仅包含迁移者）控制回流的选择性，通过分步估计实现（也就是把第一个 Probit 模型估计的 IMR 作为一个协变量放入第二个方程，把第二个方程估计的 IMR 作为协变量放入结果方程）。不过，逐步回归路径可能会得到有偏差的估计（Lahiri and Song，2000）。特别是在这种情况下，结果方程和选择方程中的重叠变量之间存在多重共性问题（Nawata and Nagase，1996；Stolzenberg and Relles，1997）。

为了规避因结果方程和选择方程中协变量的重叠而产生的估计偏差，可以采用极大模拟似然（Maximum Simulated Likelihood，MSL）估计来实现。考虑两个次序自选择的 Probit 模型满足以下形式：

迁移者

$$M^* = W'\beta + m, where\ M = I(M^* > 0) \tag{1}$$

回流者

$$R^* = Y'\rho + t, where\ R = I(T^* > 0) \quad if\ M = 1 \tag{2}$$

再次迁移者

$$C^* = Z'\varphi + c, where\ C = I(C^* > 0) \quad if\ R = 1\ and\ M = 1 \tag{3}$$

带 * 的 M、R、C 都表示潜在结果，没有 * 的 M、R、C 表示观测到的二值指标。$I(.)$ 是一个指标函数，如果满足设定条件等于 1，其他情况等于 0。我们假定误差项 $(m, t, c) \in N_3(0, V)$，V 是一个典型的对称矩阵，$k, l \in (m, t, c)$，$(k \neq l)$，$\rho_{lk} = \rho_{kl}$，$\rho_{kk} = 1$。每个方程的残差与 W，Y，Z 正交。

我们假定一个变量集合 $\kappa_\tau = 2\tau - 1$，对于 $\tau \in \{M, T, C\}$。

再次迁移的似然贡献（$M = 1$，$R = 1$）

$$L_3 = \Phi_3 (\kappa_M W'\beta, \kappa_R Y'\lambda, \kappa_C Z'\varphi, \kappa_M \kappa_R \rho_{MR}, \kappa_M \kappa_C \rho_{MC}, \kappa_R \kappa_C \rho_{RC}) \tag{4}$$

留城发展者的似然贡献（M = 1，R = 0）

$$L_2 = \Phi_2 \ (\kappa_M W'\beta, \ \kappa_R Y'\lambda, \ \kappa_M \kappa_R \rho_{mr}) \tag{5}$$

留守劳动力的似然贡献（$M = 0$）

$$L_1 = \Phi_1 \ (\kappa_M W'\beta) \tag{6}$$

通过求值方程计算的任一个观测值的似然贡献可以表示如下：

$$\ln f = \ (1 - M) \ \ln L_1 + M \ (1 - T) \ \ln L_2 + MT \ln L_3 \tag{7}$$

公式（7）可以简化为

$$e_N(\theta) \equiv \sum_{n=1}^{N} \ln f(\theta; \Phi_n) N \in [1, 3] \ ,$$

其中 θ 为未知参数

假定无偏的模拟值为 $\bar{f} \sim (\theta; \ \Phi, \ w)$，其中 $f \ (\theta; \ \Phi) \ = E_w [\tilde{f} \ (\theta; \ \Phi, w) \mid \Phi]$，$w$ 为模拟 R 个随机变量。最大模拟似然估计为

$$\tilde{\theta}_{MSL} \equiv \arg \max_{\theta} \tilde{e}_N(\theta) \tag{8}$$

其中，$\tilde{e}_N(\theta) \equiv \sum_{n=1}^{N} \ln \tilde{f}(\theta; \Phi_n, w)$

模拟随机数的产生采用 Halton 对偶序列随机数（Halton Antithetic Sequences Draws），因为在 MSL 估计中它产生的协方差比伪随机数（Pseudo-random Draws）更小。为了使估计结果更有效，设定产生 400 个 Halton 对偶序列随机数进行估计。各阶段选择方程求解使用 GHK 光滑条件递归法（Geweke-Hajivassiliou-Keane Smooth Recursive Conditioning Simulator），因为 GHK 是求解多维常态分布概率最为精确与可靠的模拟方法（Hajivassiliou et al.，1996）。运算步骤主要参考 Cappellari and Jenkins（2006）的做法，采用 Stata12.0 软件编程运算。

（二）数据说明与统计描述

本章使用的数据来自中国城乡劳动力流动调查（Rural Urban Migration in China，RUMIC）的农村住户问卷，该调查在劳动力流入和流出数量最大的 9 个地区进行，包括河北、江苏、浙江、安徽、河南、湖北、广东、重庆和四川，涵盖 82 个县、800 个村庄、8000 户左右的住户。样本抽取以及入户访谈都由国家统计局系统协助完成，调查问卷由中外有关学者共同设计，

保证抽样的随机性和科学性。两年都调查过的住户样本为 7984 户，其中 2007 年遗漏 16 户，2008 年增加 18 户，而个人样本，共有 31677 人是两年调查中的跟踪观测样本，2007 年有 144 人漏出，2008 年新增 617 人。两年调查的样本流失较少，具有较好的追踪效果。RUMIC2007 的调查在 2008 年 3 月份进行，RUMIC2008 的调查是在 2009 年 6～7 月进行的。农户调查问卷包含详细的家庭成员人口统计学特征、教育及培训情况、就业经历、子女教育、家庭社会关系及生活事件等信息。另外，家庭的收入与支出信息以及行政村（调查农户所在村）信息直接录自国家统计局的住户调查信息。

本章探讨农民工迁移模式的选择，首先要对研究变量进行定义。笔者把农村劳动力定义为：16～64 岁有劳动能力且从事工资性工作、务农、自我经营、家庭帮工或者失业的农村户籍人口。笔者把外出务工人员定义为 2007 年在本县以外务工经商 3 个月以上的农村劳动力；把回流农民工定义为 2007 年在本县以外务工经商 3 个月以上、在观测窗口（2008 年 3 月）回乡 3 个月以上的外出务工者。而对在观测窗口没有回乡的农民工，笔者定义其为留城发展农民工。在此，笔者假定在观测窗口留城的农民工在此后的一年中大部分时间会留在城市发展。这一点在 RUMIC2008 的调查中也得到印证，在观测窗口留城的农民工在 2008 年工作 10 个月以上的约占总样本的 80%，基本上可视为常年外出。对于再次迁移的农民工，笔者定义为回流农民工在 2008 年再次外出务工者，2008 年的外出务工情况来自 RUMIC2008 的追踪数据。

根据定义，同时删去存在缺失信息的样本，最后共获得包含 16962 个劳动力的个体样本。其中外出农民工 3924 人，占总劳动力的 23.13%，与国务院发展研究中心 2006 年在全国 17 个省区 2749 个村庄的调查结果（26.51%）相吻合。① 而在全部外出农民工中，有 2047 人在 2008 年选择留在城市务工，占总外出的 52.17%，而且这部分外出农民工 2007 年的平均务工时间为 10.12 个月，2008 年全年在外务工时间平均也达到 10.09 个月，因此可视为常年在外务工劳动力。由此可以看出，常年在外务工已经成为农民工外出就业的主要形式。在样本中，回流农民工 1877 人，占外出劳动力的 47.83%，其 2007 年的平均外出时间稍短于留城农民工（9.26 个月），

---

① 我们定义外出务工，以县为边界，把省内跨县和跨省流动定义为外出务工，而国务院发展研究中心对外出务工的定义以乡（镇）为边界，我们的定义更窄，最终外出务工劳动力占总劳动力的比例要稍低一些。

而且这些人回流大部分是暂时性的，回流农民工再迁移的概率较高，达到 62.6%，仅有 37.4% 的回流农民工选择留乡发展。

因此，我们可以得到一个基本判断，农民工外出就业的稳定性较强，常年在外务工成为劳动力迁移的主要形式之一，而回流大部分是暂时性的，永久回流的概率不高。

表 3 - 1 变量描述性统计

变量	留守劳动力	外出劳动力	留城劳动力	回流劳动力	再迁移劳动力	留乡发展劳动力
个体特征						
性别（男 =1）	0.5044	0.6249	0.6194	0.6308	0.6477	0.6026
年龄	42.70	28.75	27.45	30.17	30.35[b]	32.55[b]
教育程度（小学及以下）	0.4712	0.2248	0.1803	0.2733	0.2587	0.2977
教育程度（初中 =1）	0.4322	0.6407	0.6742	0.6042	0.6221	0.5741
教育程度（高中以上 =1）	0.0966	0.1346	0.1456	0.1225	0.1191	0.1282
婚姻（已婚 =1）	0.9030	0.5905	0.5247	0.6622	0.6545	0.6752
家庭特征						
家庭规模	4.06	4.71	4.84	4.57	4.64[b]	4.44[b]
6 岁以下人口数	0.255	0.322	0.330	0.313	0.283[b]	0.252[b]
劳动年龄人口数（16 ~ 64 岁）	3.267	3.808	3.955	3.648	3.695[b]	3.665[b]
65 岁以上人口数	0.145	0.188	0.181	0.195	0.234[b]	0.204[b]
人均耕地面积	1.130	1.104	1.095	1.114	1.105	1.130
家庭在城市熟悉的亲戚朋友数	6.71	7.93	0.0606	0.0671	0.3098	0.2653
务工收入占家庭总收入比重			0.0308	0.0394		
家庭生大病或意外伤害（1 = 有人）						
家人去世（1 = 发生）						
村庄特征						
村庄外出总人数	431.57[a]	559.28[a]	6.850	6.852	6.8515	6.8538
本地工资水平（对数）	6.66[a]	6.61[a]			8.029	8.089
村子人均收入水平（对数）					67.49	62.63
村庄到县城距离	59.72	64.63			30.59	27.40
村庄与乡（镇）中心距离	26.23	28.18	0.3341	0.1670	0.1643	0.1795
区域（东部 =1）	0.3422	0.2556				

续表

变量	留守劳动力	外出劳动力	留城劳动力	回流劳动力	再迁移劳动力	留乡发展劳动力
务工特征						
工作相关技能培训（接受过=1）			0.3859	0.2632		
最早一次距离现在的时间			5.612	5.722		
外出持续时间（2007年）			10.12	9.26	9.68	8.42
东部地区劳动力省内务工			0.2745	0.1177	0.1081	0.1339
东部地区劳动力跨省务工			0.0596	0.0522	0.0561	0.0456
中西部地区劳动力省内务工			0.0923	0.2158	0.2162	0.2151
中西部地区劳动力跨省务工			0.5735	0.6143	0.6196	0.6054
回流原因						
生病、结婚、盖房、照顾小孩等					0.1949	0.1823
找不到工作或不喜欢城市生活					0.0630	0.0826
其他					0.2860	0.3205
照顾农业生产或者生意					0.4562	0.4145
观测值	13038	3924	2047	1877	1175	702
	16962		3924		1877	

注：a 为 2006 年的年度数据；b 为 2008 年的年度数据，其他未注明的数据均为 2007 年的年度数据。

表 3-1 给出了各迁移形式的特征比较，笔者按照决策次序分组进行比较。

（1）留守劳动力与外出劳动力的特征比较

外出务工群体以青壮年男性劳动力为主，外出劳动力平均年龄仅有28.75 岁，比留守劳动力年轻约 14 岁，外出务工者中男性占 62.49%，远高于留守劳动力中男性的比例。从教育程度来看，外出劳动力的学历以初中教育程度为主，外出劳动力的平均受教育程度要高于留守劳动力。

从家庭特征来看，外出农民工大多来自劳动年龄人口较多的家庭，外出农民工家庭拥有的劳动年龄人口平均为 3.808 人，而留守劳动力家庭拥有的劳动年龄人口仅有 3.267 人，相差半个劳动力。从人均耕地面积来看，外出农民工的家庭人均耕地面积要稍低于留守劳动力（1.104 亩 vs 1.130 亩），不过外出农民工家庭在城市熟悉的亲戚朋友数量远高于留守劳动力

（7.93 人 vs 6.71 人）。从村庄特征来看，外出农民工所在村庄，前期（2006 年）外出劳动力人数较多，村庄与乡（镇）中心和县城的距离更远一些。我们也发现，外出农民工家庭所在地的工资水平低于留守劳动力家庭所在地的工资水平。另外，外出农民工来自中西部地区的比例较高，约 75% 的农民工来自中西部地区。

（2）回流农民工与留城农民工的特征比较

与留城发展的农民工相比，回流农民工中已婚的比例更高，这可能与已婚者要承担更多的家庭责任如照顾子女等有关。另外，回流农民工的平均年龄高于留城发展的农民工，两者相差近 3 岁，年纪轻的农民工选择留城发展的可能性更大。从受教育程度来看，回流农民工的受教育程度低于留城发展的农民工，受教育程度高的农民工选择回流的可能性更小。回流农民工的平均家庭规模更小，家庭拥有的劳动年龄人口数也低于留城发展的农民工，不过回流农民工家庭人均耕地面积高于留城发展的农民工。从家庭遭遇的突发事件来看，在过去一年中，回流农民工家庭中有人患病或者家庭成员去世的概率稍高于留城发展的农民工。从务工特征来看，留城发展的农民工中接受过与工作相关技能培训的比例较高。从劳动力外出务工区域来看，东部地区劳动力省内务工者选择留城发展的比例高于选择回流的比例，而中西部地区劳动力省内务工者回流的比例远高于留城发展的比例。

（3）再迁移农民工与留乡发展农民工的特征比较

与再迁移者相比，留乡发展的农民工中女性和已婚的比例稍高，平均年龄比再迁移农民工高出近 3 岁。不过，在受教育程度上，高中以上学历者留乡的可能性更大。留乡发展劳动力的家庭劳动年龄人口数稍低于再迁移者，而留乡发展劳动力拥有的家庭人均耕地面积稍高于再迁移者。从村庄特征来看，留乡发展劳动力所在村庄的本地工资水平稍高于再迁移劳动力所在的村庄。对于务工特征，再迁移劳动力前期在外务工的时间长于留乡发展劳动力。

第三节　实证估计结果

表 3-2 给出了联立方程的估计结果，其中对样本选择性偏差的检验为：假设各方程之间的相关系数显著为 0。笔者给出了联合显著性检验，在 5% 的显著水平下，拒绝了原假设，同时大部分工具变量也显著不为 0，如村庄

外出总人数、家庭在城市熟悉的亲戚朋友数以及过去一年中是否有家人去世等，说明我们的选择性偏差纠正是有效的。

表 3 - 2　农民工外出模式动态选择的估计结果

变量	外出务工方程	回流方程	再迁移方程
个体特征			
性别（男 = 1）	0.434（0.0223）***	− 0.0712（0.0588）	0.3632（0.0778）***
年龄	0.0254（0.0083）***	0.0179（0.0059）***	0.0060^b（0.0238）
年龄的平方	− 0.1051（0.0109）***		− 0.0605^b（0.0338）*
教育程度（初中 = 1）	0.0226（0.0261）	− 0.1945（0.0522）***	0.0859（0.0723）
教育程度（高中以上 = 1）	− 0.1265（0.0380）***	− 0.1861（0.0745）**	− 0.1506（0.1098）
婚姻（已婚 = 1）	− 0.2605（0.0408）***	0.2281（0.0647）***	0.1155（0.1181）
家庭特征			
6 岁以下人口数	0.0271（0.0223）	− 0.0556（0.0438）	0.00089^b（0.0668）
劳动年龄人口数（16 ~ 64 岁）	0.1649（0.0104）***	− 0.1289（0.0240）***	0.0357^b（0.0394）
65 岁以上人口数	0.1705（0.0239）***	− 0.0462（0.0476）	0.0968^b（0.0611）
人均耕地面积	− 0.1056（0.0187）***	− 0.0226（0.0403）	− 0.0544（0.0611）
家庭在城市熟悉的亲戚朋友数	0.0035（0.0006）***		
家庭大病或意外伤害（发生 = 1）		0.1125（0.0831）	
家人去世（发生 = 1）		0.2626（0.1116）**	
自然灾害导致的减产比例			
村庄特征			
村庄外出总人数	0.0003^a（2.17E − 05）***		
本地工资水平（对数）	− 0.2694^a（0.0304）***	0.0485（0.0838）	0.0744（0.116）
村子人均收入水平（对数）			− 0.1022（0.0654）
村庄到县城距离	0.0015（0.0003）***		0.0019（0.0009）**
村庄与乡（镇）中心距离	0.0021（0.0008）***		0.004（0.0019）**
区域（东部 = 1）	− 0.2546（0.0256）***		
务工特征			
工作相关技能培训（接受过 = 1）		− 0.3073（0.044）***	

续表

变量	外出务工方程	回流方程	再迁移方程
第一次外出距离现在的时间		− 0.0163（0.0046）***	
外出持续时间（2007 年）			0.1067（0.0138）***
务工收入占家庭总收入比重			0.4768（0.1235）***
东部地区劳动力省内务工ᶜ		− 0.5867（0.1077）***	0.3729（0.1654）
东部地区劳动力跨省务工ᶜ		− 0.8924（0.0852）***	0.1927（0.1759）**
中西部地区劳动力跨省务工ᶜ		− 0.4073（0.0606）***	0.0972（0.0872）
回流原因			
生病、结婚、盖房、照顾小孩			− 0.0041（0.0791）
找不到工作或不喜欢城市生活			− 0.2331（0.1146）**
其他			− 0.0375（0.0688）
常数项	0.4661（0.2491）*	0.58（0.5786）	− 0.9333（0.9462）

总观测值 16962	**Log of pseudo likelihood − 12358.46**
	方程相关系数
外出者 3924	$r21 = − 0.2088（.1219）*$
	$r31 = 0.3434（.1754）**$
回流者 1877	$r32 = − 0.4317（.2202）**$
	联合显著性检验：$r21 = r31 = r32 = 0$
再迁移者 1175	$chi2（3）= 9.27$
	$Prob > chi2 = 0.026$

注：a 为 2006 年的年度数据；b 为 2008 年的年度数据，其他未注明的数据均为 2007 年的年度数据；c 的对照组为中西部地区劳动力省内务工；括号内为标准差。

从个人特征来看，男性劳动力外出和再迁移的可能性更大，女性外出务工者回流的可能性更大，但并不显著。而已婚者外出的可能性稍低于未婚者，不过已婚者选择回流的可能性显著高于未婚者。这进一步显示，在传统农村，男性仍是家庭的主要经济支柱，而已婚者本身面临较高的迁移成本（心理成本等），外出后与农村家庭的关联更强，承担的家庭责任也会更大，回流的概率可能更高。再看年龄的影响，年龄对外出决策有显著的正影响，并且呈倒 U 形关系，这与 Zhu（2002）的结论一致，与生命周期假设相吻合。因为在进入劳动力市场初期，外出劳动力在城市劳动力市场上的工作经验等人力资本积累会随着年龄的增加而增加，外出务工的概率也随之增加。但是，当达到一定年龄点后，受身体条件以及用工要求的限制（如企业一般倾向于雇用 30 岁以下的年轻人），务工者迁移和再迁移的意愿下降。年龄对回流也有显著影响，年龄越大，回流的可能性越高。这可能与年龄大的务工者在城市获得工作机会的可能性较低有关（Massey，1987；Wang et al.，2006）。不过，在受教育程度上，高中以上教育程度者外出务工的可能性更低，回流后再迁移的可能性也更低，这个可以解释为教育程度高的劳动力更偏好于选择当地的非农就业机会，这样可以减少迁移风险以及由此带来的离家心理成本（Zhao，1999a；Zhao，2002）。不过，学历高的外出务工者回流的可能性更低，这与 Wang et al.（2006）的结论一致，显示了人力资本在农民工回流决策中的重要作用，学历高的农民工可能更容易适应城市生活。

在家庭人口结构上，家庭拥有的劳动力资源禀赋对迁移模式的选择有显著影响。家庭劳动年龄人口越多，劳动力外出的可能性也越大，而回流的可能性则越小，不过其对再迁移的影响并不显著，这一点与 Zhao（2002）的结果一致。这说明对于劳动年龄人口少的家庭，成员外出可能会导致家庭劳动力在部分时段内出现短缺，如农忙或者家人生病，可能促使外出农民工选择暂时回流来缓解家庭劳动力紧张的状况。人均耕地面积经常被看作过剩劳动力的代理变量（Zhao Zhong，2005），计量结果显示，人均耕地面积越多，劳动力外出的可能性越小，这与 Zhao（1999a，1999b）、Zhu（2002）的结论一致。不过，人均耕地面积对回流和再迁移的影响并不显著，土地因素可能不再是农民工回流以及再迁移考虑的主要问题。

在外出决策中，家庭层面和村庄层面的关系网络对劳动力外出都有显著的正影响，家庭在城市熟悉的亲戚朋友越多，劳动力所在村庄外出务工人数越多，劳动力迁移的可能性越大。这与 Zhao（2003）、Chen（2010）等的结论一致，说明社会关系网络在传递和分享城市劳动力市场信息进而提高外出务工概率方面起着积极作用。

一般来讲，当地经济越发达，农村劳动力在当地获得工资性就业或者自雇用的机会就越多，外出务工的可能性越低。为此，笔者在回归方程中放入村庄距离县城和乡（镇）中心的距离、本地工资水平以及村庄人均收入水平几个变量来进行验证。回归结果发现，村庄与县城和乡（镇）中心的距离越远，外出和再迁移的可能性越大，这与 Hu 等（2011）的结论一致。这说明与县城和乡（镇）中心的距离越远，当地村庄的经济发展水平可能越落后，农村劳动力在当地获得非农就业的机会越困难，这使得更多的劳动力选择外出。不过，本地工资水平对回流和再迁移决策没有显著影响，而村庄人均收入水平对再迁移有负的影响，但不显著。

关于外出务工特征对回流和再迁移决策的影响，我们选择了四个变量来检验：是否接受过与工作相关的技能培训、第一次外出距离现在的时间（2007 年）以及 2007 年外出务工的持续时间、2007 年外出务工收入占家庭总收入的比例。最终发现，务工特征对回流和再迁移行为都产生显著影响。接受过与工作相关技能培训的农民工留城发展的可能性更大，这一点与学历对回流决策的影响一致，说明在城市劳动力市场上，拥有一定技能和学历的农民工可能获得更好的就业机会。外出务工经验对农民工回流和再次迁移有显著影响。第一次外出务工距离现在的时间（2007 年）越久①，农民工回流的可能性越小。这主要是因为，第一次外出务工距离现在的时间越久，农民工在城市劳动力市场积累的工作经验就越多，获得就业机会的可能性就越大。另外，经历多年城市劳动力市场淘汰、历练仍能继续在城市务工的农民工，他们对城市的适应能力更强，在城市持久发展的机会也就越大。而外出务工的持续时间越长，再迁移的可能性越大，这与 Massey et al.（1997）的研究结论一致。另外，笔者也发现，外出务工收入占家庭总收入的比例越高，农民工再迁移的可能性就越大，这说明当前农民工暂时性迁移的目的主要是补充家庭收入，或者是以获得储蓄为目标（Target - Saving Behavior）等，外出务工对家庭的贡献越大，再迁移的可能性就越大。

再看外出的区位特征对农民工迁移模式的影响。回归结果显示，东部地区外出劳动力回流的概率低于中西部地区，而东部地区劳动力省内务工和跨省务工回流的概率、中西部地区劳动力跨省务工回流的概率都比中西部地区劳动力省内务工回流的概率低。这可以从两方面理解：一是东部地区劳动力 80% 在省内务工，他们在社会关系网络、语言交流、风俗文化适应等方面具有优势，使得东部地区劳动力更容易在城市发展，回流的可能

---

① 这可在一定程度上代表总外出时间，当然可能存在偏差，因为中间可能有往复循环退出的情况。

性并不大。二是中西部地区劳动力跨省流动耗费的时间、路费等直接成本比在省内务工高，使得跨省流动农民工考虑回流时更谨慎。而部分劳动力选择省内就近务工可能是为了便于照看家庭生产以及家庭成员，一旦家庭有需要他们回流的概率就很高，这也使得中西部地区劳动力省内务工回流的概率显著高于跨省流动回流的概率。

最后转入对回流原因的考察，笔者考虑了四个方面，分别为：农业生产或者照顾家庭生意等生产原因的回流，生病、结婚、盖房、照顾小孩等家庭原因的回流，找不到工作或不喜欢城市生活等工作原因的回流，以及其他原因的回流。笔者的回归结果最后发现，相对于因农业生产或者照顾家庭生意而回流的农民工而言，因找不到工作或不喜欢城市生活等原因而回流的农民工再迁移的可能性更低，即失败的回流者再迁移的可能性更低。

第四节　结论与局限

本章采用中国城乡劳动力流动调查数据，进一步分析了外出农民工的迁移模式及其决定因素。考虑到迁移和回流的选择性，笔者假定农民工外出就业依次经历外出、回流与再迁移三个次序决策，分别在三组状态——留守农村与外出、留城发展与回流、再迁移和留乡发展中进行抉择。通过采用极大模拟似然－两步序列选择 Probit 模型纠正选择性偏差并以此进行估计，笔者最终发现，农民工外出就业的稳定性较强，特别是常年在外务工的劳动力，他们选择回流的概率很低；大部分农民工回流是暂时性的，常年在外务工和循环迁移仍是农民工外出的主要形式，回乡发展的概率并不高。

对迁移模式关键影响因素的考察也发现，劳动力个人特征，特别是年龄、教育程度、婚姻状况等对外出决策和回流决策的影响较大，不过受教育程度变量对外出和回流的影响不一致，相对于拥有小学文化程度的劳动力来说，拥有初中学历的劳动力外出的可能性更大，而高中教育程度者在外出决策中倾向于留守农村，在回流决策中更倾向于留城发展；劳动力资源和土地资源禀赋对迁移模式的选择也产生显著影响，劳动年龄人口越多，外出的可能性越大，而回流的可能性则越小；人均土地面积越多，外出的可能性越小，但土地资源禀赋对回流和再迁移决策的影响并不显著；社会关系网络对农民工进入城市劳动力市场方面有显著的积极影响，家庭在城市熟悉的亲戚朋友越多，劳动力所在村庄外出务工人数越多，劳动力迁移的可能性越大；村庄距离县城和乡（镇）中心越远，农民工外出和再迁移的可能性越大，而当地工资水平越高，农民工外出的可能性越低；外出的工作经验会显著影响农民工的回流倾向，接受过与工作相关技能培训的人回流的可能性更低，而第一次外出务工距离现在的时间越久，农民工回流的可能性也越小。不过，外出务工经验也会提高回流者再迁移的概率，上一年外出务工的时间越长，农民工再迁移的可能性越大。东部地区外出劳动力回流的概率低于西部地区，而东部地区劳动力省内务工和跨省务工、中西部地区劳动力跨省务工回流的概率都比中西部地区劳动力省内务工回流的概率低。而从回流原因来看，相对于因农业生产或者照顾家庭生意而回流的劳动力，因找不到工作或不喜欢城市生活等工作原因回流的农民工再迁移的可能性更低，即失败者再迁移的概率更低。

不过，笔者的研究也存在局限性：一是缺乏详细的外出务工史数据，笔者目前只得到两年详细务工数据，研究也只能局限于对最近外出务工情况的考察，无法追溯首次外出以来各年的具体外出务工情况，这可能导致一定的估计偏差；二是 RUMIC 农村住户调查没有涉及农民工外出务工地特征（如具体的务工地点、当地劳动力市场情况等）的信息，使得笔者在分析农民工回流和再迁移决定时，无法控制其他外部原因，如劳务流入地经济形势等因素的影响。这些都需要在未来采用中国城乡劳动力流动调查数据（RUMIC）进行多期追踪调查并进行补充完善。

第四章　工资收入与农民工家庭城市消费行为研究

第一节　人力资本积累、搜寻渠道与农民工工资水平[*]

（一）农民工工资决定因素研究述评

20 世纪 90 年代以来，农民工开始大规模向城市迁移，逐渐成为支撑我国工业化以及经济社会发展的重要力量，但在经济社会生活中，农民工的贡献在收入分配领域并未得到体现，农民工工资水平总体偏低，偏离其实际贡献甚至出现扭曲。哪些因素决定农村外出劳动力的工资水平，成为研究者关注的焦点。就实证研究来看，目前大致有以下两个方向。一是利用抽样调查数据，检验微观层面各因素（人力资本、社会资本等）对农民工工资的影响。例如，Roberts（2001）证明了一系列的因素影响农民工的收入，包括性别、年龄、婚姻状况、受教育水平等；侯风云（2004）利用2002 年夏秋对山东、河北、江西、河南等15 个省市在城市打工的农村劳动力的调查数据，研究人力资本对农村外出劳动力收益的影响；张泓骏、施晓霞（2006）利用 2004 年在全国范围内进行的农民工收入转移抽样调查数据，研究教育、经验对农民工收入的影响；苑会娜（2009）利用北京市城八区进行的农民工调查数据，探讨了健康对农民工收入的影响；章元、陆铭（2009）利用22 个省份的农户调查数据，研究了社会网络在劳动力市场上对于农民工工资水平的影响。二是利用统计数据，检验宏观层面各因素对农民工工资的影响。例如，张建武等（2008）探讨了最低工资对农民工工资形成的影响；张占贞等（2010）验证了城镇化率、农村剩余劳动力转

---

[*] 本章部分内容已发表。参见明娟、张建武：《人力资本积累、搜寻渠道与农民工工资水平——基于微观调查数据的区间回归分析》，《西北人口》2011 年第 3 期，第 48 - 52 页。

移率、农民人均交通和通信支出比等因素对农民工资性收入的影响；田永坡（2010）检验了劳动力市场分割对农民工求职保留工资的影响。

不过，目前这两方面的研究在结论上仍存在一定的分歧，特别是微观层面的研究，采用的方法和调查数据不同，分析结果都有差异。比如在工龄对工资的影响估算上，曾旭晖（2004）的检验显示工龄对收入产生了负面的影响，每多工作 1 年，收入要下降 0.2%，而侯风云（2004）认为工龄对收入的影响很小，工龄每增长 1 年，收入增长 0.6235%。高文书（2006）的研究则认为农民工的城市工作经历年限与小时工资呈正相关关系，城市工作经历年限每增加 1 年，小时工资就增加 5.5%。产生估计偏差的原因基本上可归于两个：数据来源与估计方法的差异，调查数据不同，估计方法迥异，在最终的估计结果上必然产生不一致。

基于此，本部分将继续从微观视角探讨影响农民工工资水平的关键因素，对现有相关研究有所改进的有两方面：一是调查数据，笔者采用 2005 年广东企业用工调查数据，这一数据采集样本量大，抽样规范科学，基本覆盖了广东典型用工地区和用工企业，对分析广东农民工工资状态及关键影响因素有较强的代表性；二是在估计方法上，首次采用区间回归模型，有利于克服 OLS 估计和 Logistic 回归产生的偏误问题。

（二）数据来源与变量特征描述

本部分所使用的数据来源于 2005 年广东省劳动厅职介中心和华南师范大学劳动经济研究所联合进行的《广东省企业用工情况调查》。调查主要依据广东各地经济发展和历年企业用工情况，以广州、深圳、佛山、东莞、珠海、惠州、中山、江门、河源、韶关、汕头、湛江 12 个地市为调查区域，按企业规模、行业性质分类抽取 400 家企业，发放员工调查问卷，其中有效回收农民工问卷 2563 份，剔除资料残缺问卷（未提供完整分析信息或者信息失真）317 份，获得分析问卷 2246 份。

表 4 - 1　农民工月工资数量情况

月工资分组	全部农民工	
	样本量（份）	比例（%）
600 元以下	120	5.34
600~800 元	557	24.80

续表

月工资分组	全部农民工	
	样本量（份）	比例（%）
801～1000元	755	33.61
1001～1500元	625	27.83
1501～2500元	152	6.77
2500元以上	37	1.65
合计	2246	100

从表4-1可以看出，农民工月工资水平整体不高，在全部2246份样本中，月工资水平在800元以内的占总样本的30.14%，而1000元以下的占总样本的63.75%，也就是说大部分农民工的工资不足1000元，这与劳动和社会保障部课题组（2004）公布的数据基本吻合：珠三角地区农民工12年来月工资只提高了68元，佛山不少企业外来工月工资在10年前就已达到600～1000元，但现在还是这个水平。据估算，农民工对广东GDP增长的贡献率为25%，但劳动力的工资水平长期偏低，农民工工资报酬严重偏离其实际贡献甚至存在扭曲，这与二元经济条件下农民工工资的决定机制有密切关联。具体来讲，就是地方政府和企业在农民工工资决定上合谋，其表现形式就是最低工资标准的制定博弈，在这一博弈过程中，地方政府和企业以牺牲农民工利益为代价，获得各自利益。最低工资是他们博弈的结果，而这一结果形成制度工资，直接影响农民工的工资水平，导致农民工工资长期偏离实际贡献，劳动权益受到侵犯（王子成，2007）。

表4-2 主要解释变量定义及特征

变量	变量定义	均值	标准差
年龄	直接取自问卷	26.348	5.967
性别	女性=0，男性=1	0.4381	0.4963
初中及以下学历	初中以下学历=1，其他=0	0.5361	0.4988
高中学历	高中、中专、技校=1，其他=0	0.4252	0.4945
大专以上学历	大专以上=1，其他=0	0.0387	0.193
无技能	无技能=1，其他=0	0.5428	0.5244
初级技能等级	初级技能=1，其他=0	0.3949	0.4889
中级技能等级	中级技能=1，其他=0	0.0623	0.2919

续表

变量	变量定义	均值	标准差
本单位工作时间	取自问卷组间中值	2.950	2.44
亲友关系搜寻	通过亲友关系=1，其他=0	0.5232	0.4996
政府组织或中介搜寻	政府组织或中介搜寻=1，其他=0	0.3384	0.4733
自己搜寻	自己搜寻=1，其他=0	0.1385	0.3455
社会保险	参加=1，未参加=0	0.2155	0.4113
工作生活满意度	按照李克特量表程度赋值1~5	2.2814	1.3478

从表4-2中的数据描述可以看出，农民工以女性青壮年为主，总样本平均年龄为26.348岁，女性比例占56.19%；从学历来看，农民工文化程度以初中及初中以下为主，高中及以上学历仅占46.39%；从技能情况来看，外出农民工以普工为主，大部分没有任何专业技能，无技能者占整个样本的54.28%；从工作经验来看，农民工在本单位工作时间为2.950年，大部分农民工拥有一定的工作经验；农民工工作搜寻的主要途径是通过亲友关系，占总样本的52.32%，亲友社会网络成为农民工工作搜寻的主要依助工具，自己搜寻的占13.85%；社会保险在农民工中的覆盖率偏低，仅有1.55%，而大部分农民工对目前的工作生活不满意，不满意和非常不满意的比例高达74.40%。

（三）农民工工资影响因素分析

笔者同样利用 Mincer 经验方程来估计各因素对农民工工资的影响：

$$wage = \varphi_0 + \varphi_1 x_1 + \varphi_2 x_2 + \varphi_3 x_3 + \varepsilon$$

x_1为农民工的个人人力资本特征向量（包括年龄、性别、受教育程度、技能水平、工作经验），x_2为农民工社会资本特征向量（工作搜寻途径），x_3为农民工工作生活特征变量（社会保险、工作生活满意度）。

为了能较为真实地反映农民工工资情况，笔者在调研问卷中有关汇款的问题并不是采用让被调查者直接填写具体数值的办法，而是采用让被调查者选择数值区间的方式。笔者之所以这样做，是为了使被调查者更愿意填写该项以及避免被调查者填写问卷时的随意性，以使得他们关于收入的回答更加接近事实，从而减少由度量误差所带来的偏差（Juster and Smith，1997）。由于笔者给出的月工资水平数据并不是具体数值，而是有序区间数据，包括左截尾数据（Left-censored Observations）、区间数据（Interval Observations）以及右截尾数据（Right-censored Observations），传统的 OLS 估计无法直接进行。目前，国内对这类数据的处理办法有两个：一是取因变量的区间中值，直接进行 OLS 回归，这一处理无法真实反映变量值在区间上的不确定分布，而对于两侧截尾数据（左截尾以及右截尾）无法处理，出现估计偏差；二是对因变量按照区间值极值大小排序标号，然后利用有序概率模型（Ordered Logistic Regression）来处理此类有序离散数据。这一处理结果对模型以及各变量的统计显著性影响不大，但所得到的预测值只能反映各类区间出现的概率，模型解释变量系数的经济学含义难以解释。

对于此类有序区间数据，笔者可以使用区间回归模型来处理，区间估计模型如下：

$$wage_i = \varphi_i x_i + \varepsilon_i, \quad \varepsilon \mid x \in N(0, \sigma^2)$$

其中 $l_i \leqslant wage_i \leqslant h_j$，$l_i \sim -\infty$ 因变量为左截尾数据，$h_i \sim +\infty$ 因变量为右截尾数据。

在给定因变量极限值 l_i、h_j 的情况下，$wage_i$ 在给定 x_i 下的概率等于截取区间 $(0, l_j]$、$[l_i, l_h]$、$[l_i, +\infty]$ 的概率：

$$P(wage_i \mid x_i, l_i, l_h) = P(l_i - \varphi_i x_i \leqslant \varepsilon_i \leqslant l_h - \varphi_i x_i) = \varphi\left(\frac{h_i - \varphi_i x_i}{\sigma}\right) - \varphi\left(\frac{l_i - \varphi_i x_i}{\sigma}\right)$$

从而得到 $wage_i$ 在给定 x_i、l_i、l_h 下的密度函数：

$$f(wage_i \mid x_i, l_i, h_j) = \begin{cases} \varphi\left(\dfrac{h_i - \varphi_i x_i}{\sigma}\right), & wage_i \subset (0, h_j] \\ \varphi\left(\dfrac{h_i - \varphi_i x_i}{\sigma}\right) - \varphi\left(\dfrac{l_i - \varphi_i x_i}{\sigma}\right), & wage_i \subset [l_i, h_j] \\ 1 - \varphi\left(\dfrac{l_i - \varphi_i x_i}{\sigma}\right), & wage_i \subset [l_i, +\infty) \end{cases}$$

对每个观测的密度函数取对数并求和，记为 $L(\varphi, \sigma)$，对此似然函数求最大值，对应求出 $\hat{\varphi}$、$\hat{\sigma}$，我们可以用类似 OLS 的方法来解释参数的经济学含义。

为考察各影响变量对农民工工资的影响，同时避免交互影响和多元共线问题，笔者在回归中以农民工个人人力资本向量（包括年龄、性别、受教育程度、技能水平、工作经验）为基准方程，然后依次引入农民工社会资本特征向量（工作搜寻途径）、农民工工作生活特征变量（工作生活满意度、社会保险）等，分别构建模型 1、模型 2、模型 3（见表 4 - 3）。

表 4 - 3　农民工工资决定因素的区间回归分析结果

变量（参照组）	模型 1	模型 2	模型 3
年龄	20.037 * （10.893）	17.001 （10.528）	16.13 （10.557）
年龄平方项	- .226 （0.190）	- .1799635 （0.183）	- .1646 （0.183）
性别	76.374 *** （15.369）	71.293 *** （15.136）	71.344 *** （15.131）
高中学历（初中及以下学历）	107.165 *** （15.798）	127.888 *** （16.727）	126.781 *** （16.714）
大专以上学历（初中及以下学历）	480.307 *** （60.538）	493.463 *** （58.831）	492.312 *** （58.655）
初级技能等级（无技能）	55.165 *** （16.431）	50.320 *** （16.065）	50.00 *** （15.993）
中级技能等级（无技能）	109.375 *** （39.346）	106.566 *** （37.823）	104.867 *** （37.184）
本单位工作时间	77.924 *** （11.444）	74.752 *** （11.187）	73.939 *** （11.164）
本单位工作时间平方项	- 6.131 *** （1.193）	- 5.837 *** （1.172）	- 5.742 *** （1.171）
亲友关系搜寻（个人搜寻）		- 182.875 *** （25.038）	- 182.642 *** （24.967）
政府组织或中介（个人搜寻）		- 102.745 *** （26.042）	- 103.325 *** （25.944）
社会保险			50.644 ** （20.122）
工作生活满意度			7.618 （5.427）
常数项	366.719 ** （151.857）	543.889 *** （148.699）	518.194 *** （149.694）
Log pseudo likelihood	- 3612.891	- 3577.798	- 3572.955
Wald 值	250.98	293.65	297.32
样本数	2246	2246	2246

注：*、** 、*** 分别代表 10%、5%、1% 的显著水平；回归结果均为稳健方差下的区间回归，括号内为稳健方差。

从表 4 - 3 可以看出，在控制年龄、年龄的平方项以及性别变量后，依次引入搜寻途径、社会保险与工作生活满意度，人力资本变量（学历、技能、工作经验）对工资影响的显著性不受影响，说明搜寻途径、社会保险、工作生活满意度与人力资本变量间不存在相互作用，或者相互作用很弱。

1. 人力资本与农民工工资

从模型 3 我们可以看出三点。一是文化程度与农民工工资显著正相关。

拥有高中学历农民工的月工资及拥有大专以上学历的农民工月工资都显著高于初中及以下农民工的月工资水平，分别高出 126.781 元和 492.312 元，文化程度越高，工资水平越高。二是农民工技能等级对农民工工资水平有显著正影响。技能等级越高，农民工的工资水平越高。初级技能农民工的月工资比无技能农民工高 50 元，而中级技能农民工的月工资比无技能农民工高出 104.867 元。三是农民工工资与农民工的工作时间显著正相关，与工作时间的平方项显著负相关。本单位工作时间与农民工工资显著正相关，本单位工作时间每增加一年，农民工月工资水平增加 73.939 元，研究也证实，本单位工作时间平方项与农民工工资显著负相关，本单位工作时间的平方项每增加一个单位，农民工月工资就减少 5.742 元，也就是说，单位工作时间对工资的影响存在边际递减作用，这与生命周期理论相一致，也就是在农民工的工作周期中，当工作时间的增长达到一定界限后，随着工作时间的增长，农民工的工资不升反降。这些结论，与先前国内的经验研究，如高文书（2006）、张泓骏等（2006）、乐章等（2007）、刘林平等（2007）的基本一致。这进一步证实了：农民工的人力资本水平对其工资有显著影响，人力资本积累越高，工资水平也就越高。这也与传统的人力资本理论（Mincer，1974）相吻合。

2. 搜寻途径与农民工工资

从搜寻途径与农民工工资的回归结果来看，通过亲友关系搜寻获取岗位的工资水平比自己搜寻岗位的工资水平低 182.6415 元，而通过政府组织或中介获取岗位的工资水平比自己搜寻获取的工资水平低 103.325 元。农民工的社会关系网络及政府、市场中介的搜寻行为都无助于提升农民工的工资水平，这与刘林平等（2007）、章元等（2009）的研究有些类似，社会关系网络对农民工工资水平的影响不显著。但笔者的研究显示，自我搜寻比社会网络及中介更有效率，这一点与前文的研究结论有明显区别。到底是什么因素导致这一状况的出现？确实令人费解。这可以从两个方面得到解释：一是农民工工作搜寻借助的亲友关系等社会关系是弱关系网络，能够为农民工提供的仅是工作信息而已，虽然节省了搜寻成本，提高了寻找工作的概率，但是信息质量可能较差，对工作的搜寻也比较单一，对工资收入的影响很小；二是农民工可能存在较高的工作转换率。这一点笔者可以从调查中得到证实，农民工在当地工作时间的均值为 3.264 年，高于本单位工作时间 2.95 年，而工作转换率与农民工工资正相关（谢勇，

2009）。对于外出农民工而言，在迁移的情况下，自我搜寻对工资的影响更大、更有效。

3. 社会保险、工作满意度与农民工工资

在经验方程中，笔者加入社会保险和工作满意度变量，从回归结果来看，社会保险与农民工工资水平显著正相关，参与社会保险的农民工月工资比没有参保的农民工月工资高 50.644 元。这也与农民工社会保险参保现状相吻合：一是参照管理规定缴纳社会保险的企业，基本上是规模较大、效益较好而且管理规范的企业，其员工工资水平也高于未参保企业而且福利待遇也较好。二是企业会根据员工技能或者对企业的重要性（核心员工）来区别对待，给企业核心员工缴纳社会保险，而非核心员工一般不予缴纳，核心员工的工资水平一般要高于非核心员工。

最终的回归结果也显示，工作生活满意度与农民工工资正相关，但不显著。这无疑说明一个问题：当前农民工从事的大多数是简单的无技能要求的工作，工作本身对创新性或者能动性要求并不高，而工作绩效大部分也靠计时或者计件来衡量。在这种情况下，满意度可以提升员工工作能动性，但对工作绩效的影响不大，对工资也不会产生显著影响。

为增强结论的可信度，我们分别利用 OLS 估计和 Logistic 估计这两种方法对农民工工资的影响因素进行分析，验证结论的稳健性。

一是把农民工月工资水平的区间数据转换成点数据进行 OLS 估计。对于农民工月工资水平是闭区间的变量数据，笔者假定取其中位数来代表区间平均数，对于右截尾数据，笔者分别取其下限来代表区间平均数，其他解释变量的定义与区间回归数据相同。计量方法采用多元 OLS 回归。

二是把农民工月工资水平的区间数据转换成有序离散数据，即按照区间大小顺序分别进行编号，从而得到汇款量的有序区间值分别为 1 至 6，其他解释变量定义与区间回归模型相同，最后利用最大似然法来估计有序 Logistic 模型。

笔者利用上述两种方法结合各类影响因素对农民工工资水平分别进行回归，结果如表 4 - 4 所示。回归结果表明，除控制变量外，其他解释变量系数的正负方向及显著性与区间回归结果基本一致。这表明原始的区间回归结果是比较可靠的。

表 4 – 4 农民工工资决定因素的 OLS 估计和 Logistic 估计

变量（参照组）	OLS 估计	Logistic 估计
年龄	16.128（10.849）	0.129 **（0.052）
年龄平方项	-0.153（0.189）	-0.002 ***（0.001）
性别	78.428 ***（16.003）	0.4512981 ***（0.083）
高中学历（初中及以下学历）	505.253 ***（54.666）	2.455 ***（0.2166）
大专以上学历（初中及以下学历）	128.237 ***（16.95002）	0.775 ***（0.0908965）
初级技能等级（无技能）	53.198 ***（16.530）	0.242 ***（0.0833）
中级技能等级（无技能）	101.601 ***（33.569）	0.519 ***（0.167）
本单位工作时间	71.071 ***（11.484）	0.477 ***（0.061）
本单位工作时间平方项	-5.398 ***（1.221）	-0.037 ***（0.006）
亲友关系搜寻（个人搜寻）	-144.173 ***（23.411）	-0.992 ***（0.115）
政府组织或中介（个人搜寻）	-84.365 ***（24.646）	-0.548 ***（0.120）
社会保险	45.031 **（20.344）	0.133（0.095）
工作生活满意度	8.973（5.584）	0.055 *（0.029）
常数项	513.591 ***（153.758）	

注：*、**、***分别代表 10%、5%、1% 的显著水平；回归结果均为稳健方差下的区间回归，括号内为稳健方差。

基于广东企业用工调查数据，利用区间回归模型，本文检验了农民工所拥有的人力资本以及工作搜寻途径、社会保险等对于他们在城市劳动力市场上的工资水平的影响，结果发现：人力资本能够显著提升农民工在城市劳动力市场上的工资水平；农民工的社会关系网络及政府、市场中介的搜寻行为都无助于提升农民工的工资水平；参加社会保险的农民工的工资明显高于未参保农民工工资水平，而满意度的高低对农民工工资不会产生显著影响。

基于此，从农民工工资决定的微观视角，笔者大致有这样的判断：在城市农民工劳动力市场上，人力资本已成为决定农民工工资收入的关键因素，文化程度、技能水平、工作经验，直接影响农民工工资水平。而以亲友关系为基础的社会网络、中介与职介搜寻、工作满意度都无助于提升农民工工资水平。这些结论均有一定的政策导向意义。

第二节　跳槽能提升新生代农民工工资水平吗?[*]

(一) 农民工就业流动现状

近年来，新生代农民工[①]群体越来越受到社会各界的广泛关注，2010 年中央一号文件《关于加大统筹城乡发展力度进一步夯实农业农村发展基础的若干意见》首次提出"着力解决新生代农民工问题"，传递了中央对约占农民工总数 60%[②]的"80 后"、"90 后"新生代农民工的关切。与第一代农民工相比，新生代农民工具有更高的受教育程度、更高的职业期望以及更高的物质要求和精神享受，他们对农村、农业、农民等不是那么熟悉，渴望融入城市社会。但与第一代农民工一样，他们依然面临着同样的问题：工资收入水平总体偏低，偏离其实际贡献甚至出现扭曲。这阻碍了新生代农民工在城市的稳定就业和生活。谁来决定新生代农民工的工资水平依然是一个难解的困局。

新生代农民工也力图通过自身的努力来提升工资水平，如以业余培训、干中学等形式提升技能水平，通过要求签订书面劳动合同等形式保障自身合法权益，特别是大量的新生代农民工，试图通过频繁跳槽来获得更好的工作机会，从而获得更高的工资收入。这一现象已经引起社会的广泛关注，称之为"短工化"现象。清华大学社会学系 2012 年发布的《农民工"短工化"就业趋势研究报告》（以下简称《报告》）[③] 显示，"短工化"已经成为当前农民工就业一个相当普遍的趋势，主要体现为"高流动"和"水平化"两个特征。调查显示，66% 的农民工更换过工作，25% 的人在近 7 个月内更换了工作，50% 的人在近 1.8 年内更换了工作；农民工平均每份工作的持续时间为 2 年，两份工作的时间间隔约为半年。我国农民工在用工单位中获得内部提升的空间相当有限，超过 1/3 的农民工在上一份工作中的薪酬、技能

---

[*]　本节内容参考明娟：《工作转换对新生代农民工工资水平的影响研究》，《中国物价》2013年第 8 期，第 57–59 页。

[①]　新生代农民工，也称作第二代农民工，指 1980 年后出生，年龄在 16 岁以上，在异地以非农就业为主的农业户籍人口。全国总工会：《关于新生代农民工问题的研究报告》，《工人日报》2010 年 6 月 21 日。

[②]　全国总工会：《关于新生代农民工问题的研究报告》，《工人日报》2010 年 6 月 21 日。

[③]　《农民工就业短工化趋势愈演愈烈，大部分在打短工》，http://gongyi.sohu.com/20120210/n334373602.shtml，2012 年 2 月 10 日。

和管理层级均无提升。同时，农民工在用工单位间的流动也是"水平化"的，多数农民工换工作后并未获得职业地位的提升，更换工作后，农民工在管理层级和技术等级等方面的改善也相当有限。这使我们特有更多的怀疑，跳槽能在多大程度上提升新生代农民工的工资水平？这是一个值得研究的问题。

不过，目前的研究很少涉及跳槽或者工作转换对农民工工资的影响。黄乾（2010）利用"农村劳动力转移就业的社会政策研究"课题组于2006年8~10月在上海等7个城市进行的农民工调查数据，探讨了工作转换与农民工工资的关系。研究表明，行业内工作转换对低收入农民工的收入增长有显著的正向影响，而对高收入农民工的收入增长有显著的负向影响；行业间工作转换对所有收入层次的农民工的收入增长有显著的负向影响。李长安（2010）利用CHIP 2002年的数据，分析农民工与城镇职工职业流动的差异，认为农民工频繁变换工作是由于劳动力市场上的歧视行为，但职业流动对农民工的收入具有正效应。刘士杰（2010）基于2008年北京、上海、广州和天津四大城市调查数据，研究指出职业流动对农民工工资水平没有显著影响。不过，黄乾（2010）仅探讨了跳槽前后的农民工工资变动，并没有考察多次跳槽与一次跳槽的差异。李长安（2010）考察了工作变换对农民工收入的影响，但没有区分变换工作的次数。刘士杰（2010）考察了职业变动对农民工工资的影响，但没有包含只改变雇主不改变工作的跳槽行为。因此，笔者在文中将跳槽次数作为关键变量引入模型，考察跳槽次数对农民工工资的影响。

基于此，笔者利用深圳新生代农民工的调查数据，探讨新生代农民工所拥有的人力资本积累、工作搜寻方式、跳槽等对他们工资水平的影响。之所以选择深圳作为个案有三个原因：一是2010年初南海本田事件和深圳富士康事件等带来的加薪潮对深圳外来务工人员工资水平产生较大冲击，在这一背景下研究深圳新生代农民工工资问题具有一定的典型性和特殊性；二是深圳是改革开放的先行地区，也是一个典型的移民城市，其企业用工和劳动力流动均具有明显的传统特性，这决定了研究深圳新生代农民工工资问题具有一定的普遍性和代表性；三是深圳于1992年就开始在全国率先实行最低工资保障制度，已经建立了比较完善的最低工资制定和调整制度，使得深圳市用工企业农民工工资的形成和调整较为规范，这为研究新生代农民工工资决定因素提供了坚实基础。

（二）数据来源与变量特征描述

本部分所使用的数据来源于 2010 年 8～9 月华南师范大学劳动经济研究所在深圳关外两个用工集中区宝安、龙岗进行的新生代外来务工人员调查。调查主要采用随机调查与深度访谈相结合的方法，由调查员在宝安区的龙华镇与公明镇，以及龙岗区部分商业繁华区进行随机抽样，然后进行访谈记录所得。剔除无效问卷，我们共获取新生代农民工有效分析问卷 265 份。

样本具体描述性特征如表 4－5 所示，我们可以看出抽样新生代农民工群体特征如下。

1. 新生代农民工工资水平

抽样新生代农民工平均工资水平为 2125 元/月，其中大部分集中在 1500～2500 元，占总样本的约 77%，1500 元以下及 2500 元以上者占比例较少，分别占 6% 和 17%。这一工资水平稍高于深圳市总工会于 2010 年 4～6 月对新生代农民工生存状况调查的 1838.6 元这一数据[①]，说明由富士康事件及南海本田事件引发的加薪多米诺骨牌效应在下半年开始凸显，珠三角新生代农民工工资在 2010 年有一定幅度的提升。

2. 新生代农民工人力资本特征

新生代农民工以青壮年为主，其中 20～25 岁的农民工占总样本的 61.5%，这与同期三项规模相对较大的新生代农民工调查数据（一项为中国人民大学于 2010 年对全国 28 个省、自治区、直辖市共 1595 名新生代农民工的调查[②]，另一项为深圳市总工会于 2010 年 4～6 月开展的"新生代农民工生存状况调查"，还有一项为全国总工会于 2010 年 3～5 月在辽宁、广东、福建、山东、四川等省的十余个城市，就新生代农民工问题进行深入调研）基本吻合。从学历来看，新生代农民工文化程度以高中及大专以上学历为主，占总样本的 85.7%，初中及以下学历仅占总样本的 14.3%；从技能情况来看，新生代农民工技能程度较高，中级及以上技能者约占 70%，而中级技能者占总样本的 49.4%；从工作经验来看，70% 的新生代农民工拥有两年以上工作经验，其中工作 5 年以上者占 27%。

---

① 深圳市总工会、深圳大学劳动法和社会保障法研究所：《深圳新生代农民工生存状况调查报告》，人民网，2010 年 7 月 15 日。

② 《中国人民大学调查显示：新生代农民工对低收入工作无兴趣》，《中国青年报》2010 年 4 月 8 日。

3. 新生代农民工工作搜寻方式

新生代农民工工作搜寻方式有很大转变，与第一代农民工主要依靠亲友关系寻找工作不同，新生代农民工逐步转向通过劳动力市场中介来搜寻工作，以劳动力市场中介（网络、职业介绍所、招聘会）为搜寻途径的新生代农民工占总样本的90%，而依赖亲友关系、学校推荐搜寻的仅占10%。这从另一侧面也说明，新生代农民工基本具备了与城市劳动力同等的工作搜寻能力，对就业信息的搜寻和把握强于第一代农民工，他们开始使用新的劳动力市场搜寻手段来获取与自己期望相匹配的工作，这无疑是新生代农民工一个较为典型的就业特征。

4. 新生代农民工跳槽情况

新生代农民工跳槽现象比较普遍，近两年农民工工作岗位平均转换2.181次，其中有14.3%的新生代农民工近两年甚至跳槽四次以上。出现这种情况的原因可能有三个：一是新生代农民工仍处于次要劳动力市场，从事的工作仍缺乏稳定性，如受季节性或者时段性的订单需求影响，新生代农民工就业可能受到一定冲击；二是大多数新生代农民工对现有工资待遇水平不满意，力图通过更换工作寻找更高工资的就业机会，这也会导致较高的跳槽率；三是新生代农民工从事的工作大部分以普工为主，对技能要求并不高，工作之间的替代性不强，跳槽后再就业相对容易，新生代农民工跳槽成本不高。同时，数据也显示了新生代农民工要求签订书面劳动合同的比例较高，达到70.2%，这说明有更高文化、更高技能水平和更好家庭环境的新生代农民工有较强的劳动权益保障意识。

表 4 – 5　主要解释变量定义及特征

变量	变量定义	样本	均值	标准差	最小值	最大值
月工资	直接取自问卷	265	2125	694.3	1000	5000
性别	直接取自问卷	265	0.725	0.448	0	1
年龄1	20~25岁=1，其他=0	265	0.686	0.487	0	1
年龄2	26~30岁=1，其他=0	265	0.242	0.429	0	1
婚姻	已婚=1，未婚=0	265	0.808	0.395	0	1
初中及以下学历	初中以下学历=1，其他=0	265	0.143	0.351	0	1
高中学历	高中、中专、技校=1，其他=0	265	0.540	0.499	0	1
初级技能	初级技能=1，其他=0	265	0.309	0.463	0	1
中级技能	中级技能=1，其他=0	265	0.494	0.501	0	1
工作年限1	2年及以下=1，其他=0	265	0.306	0.462	0	1

续表

变量	变量定义	样本	均值	标准差	最小值	最大值
工作年限2	2~5年=1，其他=0	265	0.423	0.495	0	1
跳槽1	两年内换2份工作=1，其他=0	265	0.381	0.487	0	1
跳槽2	两年内换3份工作=1，其他=0	265	0.177	0.383	0	1
跳槽3	两年内换4份及以上工作=1，其他=0	265	0.143	0.351	0	1
亲友关系	通过亲友关系=1，其他=0	265	0.106	0.308	0	1
劳动合同	签订书面劳动合同=1，其他=0	258	0.702	0.458	0	1

（三）跳槽对新生代农民工工资的影响分析

我们同样利用 Mincer 经验方程来估计各因素对新生代农民工工资的影响：

$$\ln wage = \varphi_0 + \varphi_1 x_1 + \varphi_2 x_2 + \varphi_3 x_3 + \varepsilon$$

其中 $\ln wage$ 为新生代农民工月工资水平的自然对数；x_1 为新生代农民工的个人特征向量（包括年龄、性别、受教育程度、技能水平、工作经验）；x_2 为新生代农民工工作搜寻特征向量；x_3 为新生代农民工跳槽情况（包括签订书面劳动合同情况）变量。

为考察各关键变量对新生代农民工工资的影响，同时避免交互影响和多元共线问题，笔者在回归分析中以农民工个人人力资本特征向量（包括年龄、性别、受教育程度、技能水平、工作经验）为基准方程，依次引入新生代农民工工作搜寻途径（x_2）、农民工跳槽及签订书面劳动合同特征变量（x_3）等，分别构建模型1、模型2、模型3（见表4-6）。

表4-6 新生代农民工工资决定因素回归结果

变量（参照组）	模型1	模型2	模型3
性别	0.0683 ** （0.0306）	0.0576 * （0.0321）	0.0616 * （0.0330）
年龄1（30岁以上）	-0.1741 *** （0.0472）	-0.1868 *** （0.0480）	-0.2053 *** （0.0496）
年龄2（30岁以上）	-0.0835 （0.0524）	-0.0797 （0.0528）	-0.1074 * （0.0551）
婚姻	0.0017 （0.0370）	0.0223 （0.0373）	0.0202 （0.0383）
初中及以下学历（大学）	-0.2306 *** （0.0486）	-0.2382 *** （0.0496）	-0.2387 *** （0.0488）
高中学历（大学）	-0.1630 *** （0.0399）	-0.1682 *** （0.0404）	-0.1725 *** （0.0404）
初级技能（高级技能）	-0.2321 *** （0.0503）	-0.2305 *** （0.0510）	-0.2265 *** （0.0509）
中级技能（高级技能）	-0.1203 *** （0.0449）	-0.1081 ** （0.0457）	-0.1045 ** （0.0456）
工作年限1（工作5年以上）	-0.2466 *** （0.0522）	-0.2351 *** （0.0521）	-0.2472 *** （0.0518）

续表

变量（参照组）	模型1	模型2	模型3
工作年限2（工作5年以上）	−0.0268（0.0430）	−0.0121（0.0423）	−0.0085（0.0439）
亲友关系		−0.0430（0.0515）	−0.0294（0.0528）
劳动合同		0.0867 *** （0.0316）	0.0759 ** （0.0318）
跳槽1（两年内没有跳槽）			−0.0017（0.0400）
跳槽2（两年内没有跳槽）			−0.0305（0.0475）
跳槽3（两年内没有跳槽）			−0.0837 * （0.0477）
常数项	8.0321 *** （0.0665）	7.9627 *** （0.0696）	8.0050 *** （0.0720）
观测值	265	258	258
R-squared	0.3325	0.3660	0.3742
F值	11.81	10.99	9.90

注：*、**、*** 分别代表10%、5%、1%的显著水平；回归结果均为稳健方差下的区间回归，括号内为稳健标准差。

从表4-6可以看出，在新生代农民工人力资本方程中，依次引入搜寻途径、跳槽情况与签订书面劳动合同虚拟变量，人力资本变量（年龄、学历、技能、工作经验等）对工资影响的显著性不强，说明搜寻途径、跳槽情况、签订书面劳动合同虚拟变量与人力资本变量间不存在相互作用，或者相互作用很弱，方程系数估计有效。

1. 跳槽与新生代农民工工资

在经验方程中，笔者加入跳槽特征变量，从回归结果来看，跳槽次数与新生代农民工月工资水平负相关，两年内跳槽次数越多，农民工的工资水平越低，特别是两年以内跳槽四次及以上者，其工资水平显著低于没有跳槽的农民工。这说明跳槽无助于提升新生代农民工工资水平，这与刘士杰（2011）的研究结论基本一致，工作流动并不能显著提高农民工的工资水平。而从农民工跳槽的原因来看，63.77%的农民工是由于工资福利待遇低才选择跳槽，不过，跳槽后获得的工资收入恰好与预期相反，新生代农民工的工资水平不升反降，确实值得反思。

笔者认为原因大致有三个方面。一是农民工工资水平整体不高且差异不大。大部分工业区或者市（区）的用工企业在农民工工资制定上都紧盯最低工资标准或者当地标杆企业，企业之间同岗位同工种之间的工资水平基本没有差异，这使得农民工跳槽后在新的工作岗位上并不能获得更高的收入。相反，当前用工企业普遍采取月工资支付拖欠或者滞后的方式，使得跳槽农民工承受一定的工资损失。二是农民工处于城市次要劳动力市场，工作本身对技能水平要求不高，工作环境差，基本没有晋升机会，频繁跳槽并不能提升新生代农民工技能、工作经验等人力资本。相反，劳动力市场的隔离降低了农民工职业的可获得性，因此，处于城市次要劳动力市场上的农民工因为报酬低、工作稳定性差，虽然频繁变换工作，但是无法提升工资水平。三是新生代农民工学历普遍较低，但其就业观、生活观比第一代农民工更加"前卫"。他们的眼界更开阔，注重自我实现，对工作、生活质量要求高，但在理想与现实的矛盾面前，他们又时常找不准方向，频繁地变换工作成为很多人当下的选择。在劳资力量悬殊（资强劳弱）的大背景下，跳槽更多的是新生代农民工表达对现有企业工资福利制度及管理方式不满的一种方式——"用脚投票"，希望通过跳槽来提高经济收入，而这种方式对其自身工资水平提升作用不大。

2. 人力资本与新生代农民工工资

从模型 3 新生代农民工工资决定因素回归分析结果可以看出，人力资本可以显著提升新生代农民工的工资水平。

一是受教育程度与新生代农民工工资水平显著正相关。初中以下学历者与高中学历者的工资水平都低于大专及以上文化程度者，分别低 23.87% 和 17.25%。这与大多数研究农民工工资水平的结论相一致，如与张泓骏、施晓霞（2006）、高文书（2006）的结论一致。这说明对于新生代农民工而言，较高的教育水平的劳动者在劳动力市场上更有竞争力，获得较高报酬的工作机会也比较大，从而工资水平较高。

二是技能等级对农民工工资水平有显著正影响。技能等级越高，新生代农民工的工资水平就越高。中级技能新生代农民工月工资比高级技能农民工工资低 10.45%，初级技能新生代农民工的月工资水平比高级技能新生代农民工低 22.65%。

三是农民工工资与农民工的工作经验显著正相关。拥有 2 年以下工作经验者以及 2~5 年工作经验者，其工资水平都低于 5 年以上工作经验者，特别是前者，要低 24.72%，说明在当前劳动密集型企业大部分仍采用计件工资形式等情况下，工作年限较高的工人拥有较高的劳动熟练程度，可获得更高的工资。不过拥有 2~5 年工作经验者的工资水平与 5 年以上工作经验者的工资差异不显著，说明在劳动密集型企业，劳动技能达到一定熟练程度后，如工作 2 年以上，其对工资差异的影响反而不显著。

这些结论都进一步证实了新生代农民工的人力资本水平对其工资有显著影响,人力资本积累越高,获取的工资水平就越高,这也与先前国内的经验研究,如高文书(2006)、张泓骏等(2006)、乐章等(2007)、刘林平等(2007)的结论基本一致。这进一步证实了农民工的人力资本水平对其工资有显著影响,人力资本积累越高,获取的工资水平就越高,这也与传统的人力资本理论(Mincer,1974)相吻合。

3. 搜寻途径与新生代农民工工资

从搜寻途径与新生代农民工工资的回归结果来看,新生代农民工通过学校推荐和亲友关系获得岗位的工资水平低于通过劳动力市场中介获得工作岗位的工资水平,但都未通过显著性检验。这说明相对于网络招聘、职业介绍所、招聘会等就业信息搜寻途径来说,亲友关系等传统工作搜寻方式在提升农民工工资水平方面并没有显著作用。这一点与章元等(2009)的结论"没有明显的证据表明社会网络能直接提高城市劳动力市场上农民工的工资水平"一致。这可能是因为:农民工工作搜寻借助的关系网络,以弱关系网络为主,仅能给农民工提供一些就业信息或者就业机会,对农民工工资水平提升不起太大作用。

4. 签订书面劳动合同与新生代农民工工资

从主动要求签订书面劳动合同与新生代农民工工资水平的回归来看,主动要求签订书面劳动合同的新生代农民工的工资水平比没有签订书面劳动合同的农民工工资水平高7.59%。这与姚先国等(2004)的结论相反,他们利用2003年浙江省企业调查和农村劳动力流动调查数据的研究揭示,对于城镇职工来说,劳动合同对其工资水平决定有相当大的作用,保持其他因素不变的情况下,签订劳动合同的工人比未签订合同者的工资高27%。但是,对于农民工来说,签订劳动合同者与未签订者并不存在显著差别。笔者的证据显示,劳动合同在保障新生代农民工权益特别是工资收入方面发挥了显著作用。这可能与《新劳动合同法》的实施有关,因为随着《新劳动合同法》的实施,主动要求签订书面劳动合同的农民工在收入待遇、雇用与解雇等方面拥有更多优势,所以在一定程度上可以提升其工资水平。

5. 结论与建议

本部分利用深圳新生代外来务工人员调查数据,检验了新生代农民工所拥有的人力资本以及跳槽、书面劳动合同签订等对他们在城市劳动力市场上工资水平的影响。结果发现:教育程度、技能、工作经验等人力资本积累能够显著提升农民工在城市劳动力市场上的工资水平；劳动力市场中介在新生代农民工工作搜寻中发挥重要作用，传统的亲友关系搜寻无助于提升新生代农民工的工资水平；跳槽无助于提升农民工工资水平，相反，过度跳槽者（两年内跳槽四次以上者）工资水平显著下降，不过签订书面劳动合同可在一定程度上保障农民工的合法权益。基于此，从农民工工资决定的微观视角，笔者大致有这样的判断：在城市农民工劳动力市场上，人力资本已成为决定新生代农民工工资水平的关键影响因素，文化程度、技能水平、工作时间直接影响新生代农民工工资水平。农民工主要处于次要劳动力市场，频繁变换工作并不能提升新生代农民工工资水平，签订书面劳动合同在一定程度上可以保障新生代农民工的合法权益。这些结论对于我们统筹解决新生代农民工问题均有一定的政策导向意义。

第三节 消费异质性：基于农民工家庭与城镇住户的比较[*]

（一）移民消费差异研究现状

20 世纪 90 年代以来，我国大量的农村劳动力进入城市，国家统计局抽样估计结果显示，2013 年全国农民工总量达到 2.69 亿。同时，农民工收入水平也不断提高，2013 年外出农民工人均月收入为 2609 元，比上年增长 13.9%。[①] 被称作消费"第三元"[②] 的农民工群体承载了中国扩大内需的希望。李克强总理也曾表示：城镇化将是未来 10 年中国内需的最大来源，而农民工是城镇化的主力。但中国特有的户籍制使城市消费市场出现分化，农民工虽然进了城，但由于没有城市户籍"身份"，很难享受诸如医疗、教育、养老等城市相应的基本保障和公共服务，因此也被称作"城市边缘化群体"。如何解读农民工在城市的身份认同困境，消费为我们提供了一个新的思路。通过了解农民工在城市的消费状况，把握其与城镇居民消费结构的差异，我们

---

* 本节内容参考明娟、曾湘泉：《农民工家庭与城镇住户消费行为差异分析——来自中国城乡劳动力流动调查的证据》，《中南财经政法大学学报》2014 年第 4 期，第 3-9 页。

① 国家统计局：《2013 年全国农民工监测调查报告》，http://www.stats.gov.cn，2014 年 5 月 12 日。

② 魏培全：《谁来填补 2 亿农民工的消费空白》，《半月谈》2007 年 11 月 28 日。

能够看到户籍制对消费市场的影响，有利于更好地开拓农民工消费市场。

国外对移民消费特别是移民与当地居民消费差异的关注并不多，而实证研究主要集中探讨加拿大移民与当地居民消费水平以及消费模式的差异。Abizadeh 和 Ghalam 利用加拿大家庭统计调查数据，研究发现加拿大移民边际消费倾向高于当地居民，而随着迁移时间的增加，移民消费模式接近当地居民，具体到分类消费项目，移民在住房、家居设备和医疗保健方面的消费模式基本与当地居民一致，不过在其他领域存在显著差别；Carroll and Rhee 指出，移民在 25～30 年后将和当地人的消费模式趋同；Shahabi-Azad 也利用加拿大家庭统计调查数据探讨了加拿大当地人和移民在交通支出上的差异，发现加拿大当地人和移民总的交通支出存在显著差异，而公共和私人交通支出也有较大差异。具体来讲，对于总交通支出和私人支出，初期移民都有较高的支出水平，43 岁以后实际私人支出会逐渐减少，而在任何年龄组别，移民与当地人的公共交通支出差异都较大。Wang 对居家营运（Household Operation）支出和家具需求的研究也发现，移民家庭最初的居家营运和家具支出稍高于加拿大当地家庭，但随着时间的增加，移民消费接近当地居民家庭，50 岁以后其消费支出与加拿大当地家庭消费基本趋同。Rue and Serna 对移民与西班牙当地居民在医药支出方面是否存在差异的评估也证实，移民与当地西班牙人相比，医药支出相对较低。

虽然这些研究采用的估计方法、数据及估计路径有所差异，但最终都证实了"移民与当地居民的消费行为存在显著差异"，而研究者也从不同理论视角进行诠释。一是迁移动机。劳动力迁移大多是暂迁行为，迁移的动机是通过储蓄等获得必要的投资资本，一旦达到目标，立即回流；同时，移民偏向于在母国居住，而成功的技能工人喜欢回到母国创业，利用自身的人力或者创业资本获得高回报。这些使得移民会减少在劳务输入地的消费，而把积累的财富以汇款等形式汇回母国，以备在母国持有资产或将来消费。单独外出的移民，不得不将家庭其他成员或财产委托亲戚代为照看，或在金融市场不发达的条件下，需要亲戚代为支付首次迁移的成本，因此移民通过购买礼物，作为汇款的替代品来补偿亲戚提供的经济与非经济上的支持，他们因而被看作奢侈的消费者，或者移民为获得在劳务输入地社会的身份认同，通常在服装、首饰和轿车等有形商品上比当地居民花费更多，因此在奢侈品的消费上，移民通常的花费比当地居民多。二是预防性储蓄。预防性储蓄动机理论认为，移民可能比当地人更注重储蓄，抑制了自身的消费需求。移民的预防性储蓄动机更强，主要是因为移民在东道国会面临更大的收入不确定性以及劳动力市场参与、社会保险等歧视，不得不进行预防性储蓄。回流的可能性为高储蓄提供了一种动机，回流的可能性会提高移民的储蓄水平，移民储蓄率因回流的概率而发生变化。同时，由于与家人和朋友地理上的距离，当移民失业等需要应急帮助时很难从母国家庭获得经济支持，这些因素使得移民比当地居民更倾向于预防性储蓄。

国内研究更多关注农民工在劳动力市场上的结果及原因，对农民工在城市消费市场上的行为和表现研究得并不多，对其与城镇居民消费行为差异的研究更是微乎其微。仅有陈斌开等（2002）利用中国社会科学院微观家庭调查数据 CHIPS，考察了户籍制度对居民消费行为的影响，他们认为，城镇移民边际消费倾向显著低于城镇居民，户籍制度是二者边际消费倾向差异背后最重要的原因，放开户籍限制将使移民人均消费提高20.8%。不过本研究在此基础上对两个问题进行了完善：一是对城镇住户与农民工家庭消费差异进行分解，明确户籍制度在解释消费差异中的贡献率；二是考虑城镇住户与农民工家庭的消费结构差异。

本部分在此基础上，利用中国城乡劳动力调查数据 RUMIC（2008）进一步探讨农民工与城镇居民消费行为差异。笔者的研究大致有两个方面的拓展：一是在控制影响消费的其他因素条件下，考察农民工家庭边际消费倾向与城镇居民的差异，并对消费差异进行分解，探讨户籍制度等因素对消费差异的影响程度；二是对消费结构进行讨论，比较农民工家庭与城镇住户在具体支出类别上的差异，并分析其成因。

（二）数据说明与计量模型

本部分使用的数据来自 2008 年中国城乡劳动力流动调查（Rural Urban Migration in China，RUMIC）。RUMIC 是由澳大利亚国立大学、昆士兰大学和北京师范大学等学校的一批学者联合发起的一项追踪调查，调查包括三类群体：农村住户、城镇居民家庭、外来务工人员。本部分主要使用其中的城镇居民家庭调查数据和外来务工人员调查数据。调查在劳动力流入和流出数量最大的 9 个省份进行，具体包括广州、东莞、深圳、郑州、洛阳、合肥、蚌埠、重庆、上海、南京、无锡、杭州、宁波、武汉、成都 15 个城市，共获得城镇住户问卷 4984 份，农民工家庭住户问卷 4584 份。剔除在主要变量（包括家庭消费、家庭收入、户主年龄、户主教育程度等）上缺失的样本之后，获得城镇和移民家庭样本数分别为 4471 个和 4908 个。

为考察农民工与城镇居民消费行为的差异，借鉴陈斌开等的计量方程，在控制影响消费行为的其他因素后，本研究探讨户籍是否影响农民工与城镇居民的消费行为。

$$C = \alpha + \theta \times Migrant + \gamma Y \times Migrant + \beta \times Y + \eta X + \varepsilon \qquad (1)$$

其中，C 为家庭人均消费[①]。$Migrant$ 是虚拟变量，没有城市户籍的农民工取值为 1，有城市户籍的城市居民取值为 0。Y 为家庭人均收入[②]。γ 是我们关注的变量，如果 γ 显著为负，表明农民工家庭的边际消费倾向低于城镇住户。X 表示其他控制变量，主要指生命周期（户主年龄）、持久性收入（户主受教育年限）、预防性储蓄（户主工作行业、职业）及所在城市等。表 4 - 7 给出了主要变量的描述性统计。

表 4 - 7　主要变量描述性统计

变量	整体特征			均值比较		
	均值	最小值	最大值	城镇住户	农民工家庭	差值
家庭总消费（元/月）	2091.46 (2143.24)	271.7	7233.3	2926.74 (35.36)	1330.56 (2.45)	1596.18 *** (41.13)
人均消费（元/月）	955.67 (809.47)	213.3	2847.2	1034.92 (13.65)	883.49 (9.91)	151.43 *** (16.66)
人均月收入（元）	1603.08 (1405.81)	375	5000	1741.83 (23.79)	1476.68 (17.12)	265.15 *** (28.94)
户主的年龄（岁）	39.55 (14.99)	18	73	49.61 (0.19)	30.39 (0.145)	19.21 *** (0.24)
户主的受教育年限（年）	10.18 (3.15)	4	17	11.17 (0.053)	9.28 (0.034)	1.90 *** (0.062)
家庭规模（人）	2.25 (1.14)	1	5	2.95 (0.014)	1.62 (0.013)	1.33 *** (0.019)
样本数（个）	9379			4471	4908	

注：括号内为标准差。

从表 4 - 7 可以看出，第一，城镇住户消费水平显著高于农民工家庭。不

[①] 由于消费是在家庭层面进行的，考虑到农民工举家迁移比例较低的现实，通常在城市的农民工家庭规模较小，因此，笔者在比较农民工家庭与城镇住户消费行为时，采用家庭人均消费。

[②] 农民工家庭收入，指生活在一起的农民工家庭在城市获得的工资性收入、家庭经营净收入、财产性收入和转移性收入的总和（不包括家庭其他成员在农村的收入）。

管是家庭总消费还是人均消费，城镇住户都显著高于农民工家庭，其中城镇住户家庭月消费比农民工家庭高出 1596.18 元，人均月消费高出 151.43 元。第二，城镇住户收入水平也显著高于农民工家庭。城镇住户人均月收入达到 1741.83 元，农民工家庭人均月收入仅为 1476.68 元，相差 265.15 元。第三，与城镇住户相比，农民工家庭相对更年轻，户主受教育程度更低，家庭规模更小。从户主特征来看，农民工家庭相对年轻，其户主年龄显著低于城镇住户（30.39 岁 vs 49.61 岁），低 19.22 岁，这与外出农民工以青壮年为主有关。农民工家庭户主的平均受教育年限低于城镇住户 1.89 年，农民工家庭户主平均受教育年限为 9.28 年，稍高于九年义务教育水平，与国家统计局公布的数据相吻合。[①] 从家庭规模来看，城镇住户平均家庭规模接近 3 人，相当于三口之家，这与城镇实施的独生子女计划政策有关。农民工家庭平均规模仅有 1.6 人，不足 2 人，这也符合当前农民工外出务工实际情况，即大部分家庭是夫妻单独或者两人共同外出，而把子女留在农村由老人代为照看，所以大部分农民工家庭在城镇共同生活的人口不足 2 人。

（三）实证检验结果与分析

1. 农民工与城镇住户消费行为比较

表 4 - 8 是农民工家庭与城镇住户消费行为的估计结果及稳健性检验。模型（1）和模型（2）分别报告了农民工家庭和城镇住户消费方程的估计结果，模型（3）和模型（4）分别报告了混合回归的估计结果。

表 4 - 8　农民工家庭与城镇住户消费行为估计结果及稳健性检验

	城镇住户 （1）	农民工家庭 （2）	混合回归 （3）	混合回归 （4）
是否农民工家庭（是 =1）			- 157.6 *** （17.2）	- 55.60 *** （0.82）
家庭人均收入	0.4383 *** （0.0075）	0.3440 *** （0.0064）	0.3872 *** （0.0048）	0.3625 *** （0.0058）
家庭人均收入与是否农民工家庭				- 0.1305 *** （0.0093）

---

① 国家统计局《2009 年农民工监测调查报告》显示，在外出农民工中，文盲占 1.1%，小学文化程度占 10.6%，初中文化程度占 64.8%，高中文化程度占 13.1%，中专及以上文化程度占 10.4%。

续表

	城镇住户 （1）	农民工家庭 （2）	混合回归 （3）	混合回归 （4）
户主年龄	0.2140 (0.4683)	- 3.078 *** (0.524)	- 1.367 *** (0.3502)	- 1.346 *** (0.3492)
户主受教育程度	10.58 *** (1.72)	9.71 *** (2.277)	7.232 *** (1.363)	7.839 *** (1.361)
常数项	55.55 *** (37.84)	374.45 *** (36.04)	376.4 *** (31.51)	518.8 *** (31.58)
其他控制变量	行业、职业、城市			
R^2	0.5333	0.4769	0.4992	0.5022
样本量	4471	4908	9379	9379

注：（1）（2）（3）（4）模型中因变量均为家庭人均消费；*、**、*** 分别表示在 10%、5% 和 1% 的显著性水平上显著，括号内为标准差。

从模型（1）和模型（2）的估计结果可以看出，农民工家庭的边际消费倾向为 0.3440，远低于城镇住户的边际消费倾向 0.4383。模型（3）在控制生命周期（户主年龄）、持久性收入（户主受教育年限）、预防性储蓄（户主工作行业、职业）及所在城市后，估计结果发现，农民工家庭的人均消费水平显著低于城镇住户，低 157.6 元。加入家庭收入与是否农民工家庭的交互项后［模型（4）］，回归结果显示，农民工家庭边际消费倾向显著低于城镇住户，农民工家庭的人均边际消费倾向比城镇住户低 13.05%，这与陈斌开等的结论一致，证实农民工家庭与城镇住户的消费存在显著差异。在其他控制变量上，家庭收入对消费有显著正向影响，这与姜洋等对中国居民消费行为的分析结论一致，即"当期收入是影响居民消费的主要因素"。户主特征也对家庭消费有显著影响，年龄越大，家庭消费水平越低。户主的受教育程度对家庭消费有显著正向影响，说明家庭消费要受到家庭生命周期、家庭持久性收入的影响。

2. 农民工家庭与城镇住户消费差异 Oaxaca-Blinder 分解

农民工家庭消费显著低于城镇住户，为探寻这一差异背后深层次的原因，笔者采用 Oaxaca-Blinder 分解。Oaxaca-Blinder 分解将农民工家庭与城镇住户消费差异分为可解释部分和不可解释部分，可解释部分为禀赋差异，由个体特征差异造成，而不可解释部分为禀赋回报差异，可归结为制度因素或其他不可观测的因素的影响。具体分解结果如表 4-9 所示。

表 4 - 9　农民工家庭与城镇住户消费差异 Oaxaca-Blinder 分解结果

	以农民工家庭系数为基准		以城镇住户系数为基准		以混合系数为基准	
	消费差值（元）	贡献（%）	消费差值（元）	贡献（%）	消费差值（元）	贡献（%）
差值	151.43 *** (16.89)	100	151.43 *** (16.89)	100	151.43 *** (16.89)	100
可解释部分	51.03 ** (21.77)	33.70	57.09 ** (23.51)	37.70	56.55 *** (21.82)	37.34
不可解释部分	100.40 *** (24.33)	66.30	94.34 *** (25.76)	62.30	94.88 *** (24.24)	62.66
N	9379					

注：** 、 *** 分别表示在 5% 和 1% 的显著性水平上显著，括号内为标准差。

表 4 - 9 的分解结果显示，当以农民工家庭人均消费、城镇住户人均消费和混合人均消费为指数基准时，人均消费均值差异的可解释部分，即由禀赋造成的差异分别占总差异的 33.70%、37.70% 和 37.34%。这表明指数基准的选择对消费均值差异的影响特别大，不过，三个基准的分解结果均显示，农民工家庭与城镇住户消费差异大部分是不可解释的，在三个基准中，不可解释部分分别占总差异的 66.30%、62.30% 和 62.66%。这些不可解释的因素，可能是由户籍制度引起的，这可以从两个方面来理解。

第一，劳动力市场分割。由户籍导致的劳动力市场分割使得农民工主要在工资低廉、工作条件差、就业不稳定的次要劳动力市场工作，农民工从业劳动力市场特性也决定了他们的收入本身不高，这在一定程度上限制了他们的消费意愿。收入不确定性以及社会保障的缺失也使得农民工不得不进行预防性储蓄，这进一步降低了他们的消费能力。另外，在就业市场上的不平等待遇，也大大降低了农民工的收入预期，促使农民工进行消费调整。这与 Pendakur 的观点相近：预期未来财富少的人，会相应减少消费，即使在获得意外收入的时候。

第二，工作与家庭分离。户籍制度的存在，使与户籍挂钩的医疗、教育等公共服务，甚至是购房等行为都受到较大限制，大部分农民工难以在城市实现定居，工作与家庭分离，不得不选择往返于城乡间进行循环迁移。这不仅削弱了农民工在城市的消费支出，而且影响了他们在城市定居的意愿，导致农民工把打工的大部分积累以汇款的形式寄回（带回）农村进行消费或者投资。

3. 农民工家庭与城镇住户消费结构比较

按国家统计局的消费分类，家庭总消费可以分为 8 类：食品、衣着、居住、家庭设备、医疗保健、交通通信、教育文化及其他。在居住支出方面，城镇居民通常是购房（自有住房），而农民工通常是租房（或单位免费住宿），两者没有可比性。在"其他"支出方面，城镇居民与农民工所指也不一样，所以本研究最终选择了食品、衣着、家庭设备、医疗保健、交通通信、教育文化6项月支出进行比较分析。

表4-10　农民工家庭与城镇住户消费结构的描述性统计

	城镇住户		农民工家庭	
	均值（元/月）	比重（%）	均值（元/月）	比重（%）
食品支出	1221.9	48.61	521.6	49.76
衣着支出	285.9	11.38	145.56	13.88
家庭设备用品支出	184.8	7.35	127.4	12.15
医疗保健支出	215.8	8.59	57.3	5.46
交通和通信支出	275.9	10.98	129.7	12.38
教育文化支出	329.2	13.09	66.67	6.36

表4-10给出了农民工家庭与城镇住户消费结构的描述性统计。从各消费支出类别总额来看，城镇住户均高于农民工家庭。从各消费支出比重来看，农民工家庭与城镇住户也存在一定的差异。具体而言，农民工家庭的衣着、家庭设备用品的支出比重明显高于城镇住户，而在医疗保健、教育文化方面的支出比例相对较低，两者的交通通信和食品支出比重基本持平，相差约1个百分点。

为了进一步讨论农民工家庭与城镇住户分类消费的差异，笔者采用Standard Fractional Logit Model 来估计，将单项消费支出占总支出的比重作为被解释变量，具体估计结果如表4-11所示。

表4-11　农民工家庭与城镇住户分类消费估计结果

	(1)	(2)	(3)	(4)	(5)	(6)
	食品	衣着	家庭设备用品	医疗保健	交通通信	教育文化
是否农民工家庭（农民工家庭=1）	-0.0525** (0.0251)	0.0422 (0.0331)	0.6690*** (0.0424)	-0.1668*** (0.0544)	0.3250*** (0.0293)	-1.0145*** (0.0596)
家庭人均收入	-0.0942*** (0.0152)	0.1527*** (0.0200)	0.2611*** (0.0256)	-0.1656*** (0.0329)	0.1525*** (0.0177)	-0.0869** (0.0360)

续表

	（1）	（2）	（3）	（4）	（5）	（6）
	食品	衣着	家庭设备用品	医疗保健	交通通信	教育文化
户主年龄	0.0057 ***	- 0.0137 ***	- 0.0023 *	0.0199 ***	- 0.0064 ***	- 0.0127 ***
	（0.0007）	（0.0010）	（0.0013）	（0.0016）	（0.0009）	（0.0018）
户主受教育程度	- 0.0151 ***	0.0106 ***	0.0063	- 0.0115 *	0.0093 ***	0.0270 ***
	（0.0029）	（0.0038）	（0.0048）	（0.0062）	（0.0033）	（0.0068）
家庭规模	- 0.0565 ***	- 0.0429 ***	0.0258 *	0.0654 ***	- 0.0360 ***	0.4961 ***
	（0.0090）	（0.0119）	（0.0152）	（0.0195）	（0.0105）	（0.0214）
常数项	0.8304 ***	- 2.5548 ***	- 4.723 ***	- 1.9953 ***	- 3.0462 ***	- 2.5857 ***
	（0.1248）	（0.1646）	（0.2108）	（0.2704）	（0.1457）	（0.2962）
其他控制变量	行业、职业、城市					
N	9360					

注：*、**、*** 分别表示在 10%、5% 和 1% 的显著性水平上显著，括号内为标准差。

从表 4 - 11 可以看出，在控制其他变量的情况下，农民工家庭食品、医疗保健、教育文化支出比重显著低于城镇住户，家庭设备用品和交通通信支出比重显著高于城镇住户，而农民工家庭衣着支出也高于城镇住户，但不显著。

农民工家庭食品支出比重显著低于城镇住户，这可能与农民工居住生活方式有关。目前，外出农民工的住宿是以雇主或单位提供住房为主，国家统计局发布的《2013 年全国农民工监测调查报告》显示，46.9% 的农民工由雇主或单位提供免费住宿。以集体宿舍形式提供居住，使得大部分农民工不得不在食堂等就餐，而部分雇主还通过免费或者补贴等形式为农民工提供膳食，这也使得农民工在食品支出上的比例更低。

农民工的医疗保健支出比重也显著低于城镇住户，这与当前户籍制度导致的医疗、教育隔离有关。虽然农民工参加社会保障比例持续上升，但总体仍较低，国家统计局《2013 年全国农民工监测调查报告》显示，2013年外出农民工参加医疗保险的比例仅为 17.6%。也就是说，在城市打工的大部分农民工被排除在医疗保障体制之外，他们生病时很难得到有效支持。据调查，农民工在务工经商期间生病时，有 37.79% 的农民工会根据自己病情到药店买药，20.45% 的农民工是去私人诊所看病，仅有 32.01% 的农民工选择到正规医院就医，[①] 究其原因主要有三个：一是正规就医费用太高，二是没有去医院看病的习惯，三是没钱看病。这最终导致农民工家庭医疗开支比例显著低于城镇住户。

农民工的教育文化支出比例也显著低于城镇住户，可以从两个方面来解释。一是受户籍限制，农民工大部分在次要劳动力市场上工作，这些工作岗位对农民工技能要求并不高，甚至没有多少专业技能要求。农民工通过参加短期职业培训，就可以快速上岗，在技能培训上的投入并不多。国家统计局的调查也显示，农民工提高职业技能的主要方式是参加短期（半年内）职业培训、自学专业知识、个人拜师学艺，接受长期（半年以上）职业教育的仅占 9.7%[②]。二是大中城市入学资格与户籍挂钩的规定，使得农民工子女在城市很难真正享有公平的教育机会。目前仅有 1200 多万（约占 17%）的农村户籍孩子随父母在城市接受义务教育[③]，近 5800 万儿童留守农村。随迁子女还面临诸多高考壁垒和升学不确定性，这些都进一步削弱了农民工在城市的教育支出，导致其家庭教育支出份额显著低于城镇住户。

不过，笔者发现农民工家庭的家庭设备用品及交通通信支出比例显著高于城镇住户。这可能与农民工迁移特性有关。一方面，农民工就业稳定性较差。国家统计局《2011 年我国农民工调查监测报告》显示，农民工从事现职平均为 2.7 年，其中从事现职累计不满 1 年的占 22.7%，1～2 年的占 43.1%，3～5 年的占 20.9%，5 年以上的仅占 13.3%。工作转换往往需要变换工作地点，农民工家庭可能要频繁重新购买基本家庭设备等，导致家庭设备用品支出比例高于城镇住户。另一方面，农民工实现持久性迁移或者举家迁移的比例不高，2011 年举家外出农民工仅占总外出人数的 20.7%[④]，城乡循环迁移仍是农村劳动力外出的主要模式，农民工与家乡之间仍维持着较强的经济社会联系，他们会在春节或者农村家庭需要帮助时义无反顾地返乡，一年一度的"春运"正是这种模式的真实体现，这无疑

---

① 国家统计局服务业调查中心：《城市农民工生活与教育状况——城市农民工生活质量状况调查报告之二》，http://www.stats.gov.cn/tjfx/fxbg/t20061011_402358719.htm。
② 国家统计局服务业调查中心：《城市农民工生活与教育状况——城市农民工生活质量状况调查报告之二》，http://www.stats.gov.cn/tjfx/fxbg/t20061011_402358719.htm。
③ 《同是祖国未来——代表委员聚焦农民工子女教育问题》，http://www.gov.cn/2013lh/content_2348993.htm。
④ 根据国家统计局《2011 年我国农民工调查监测报告》计算得到。

会增加农民工的交通支出。由于不能举家迁移，农民工会频繁通过网络、手机、固定电话等与留守亲人保持联系，这在一定程度上也会增加其通信支出，最终导致农民工的交通通信支出比例高于城镇住户。这一研究结论与 Wang 的结论一致。Wang 利用加拿大家庭统计调查数据，研究发现加拿大移民初期的居家营运消费高于加拿大当地家庭，在其他条件相同的情况下，移民家庭比当地家庭多花 45% 的费用在长途电话上。

最后我们可以看到，农民工家庭衣着支出比例高于城镇住户，但不显著，这说明农民工家庭具有强烈的文化等融入意愿。移民对当地城市的认同和融合最先体现在服装的消费上，其对当地文化的认识和自我重建在服装的消费上显示出来。农民工通过购买服装，试图从身份上获得自己是城里人的认同。

（四）政策含义

本研究利用中国城乡劳动力流动调查数据探讨了农民工家庭与城镇住户的消费差异，在控制生命周期（户主年龄）、持久性收入（户主受教育年限）、预防性储蓄（户主工作行业、职业）及所在城市后，估计结果显示，农民工家庭消费与城镇住户之间存在显著差异，农民工家庭边际消费倾向显著低于城镇住户。Oaxaca-Blinder 分解进一步揭示，农民工家庭与城镇住户消费差异大部分是不可解释的，这些不可解释因素可能是由户籍制度引起的。将分类消费采用 Standard Fractional Logit Model 分析发现，农民工家庭的食品、医疗保健、教育文化支出比例显著低于城镇住户，而家庭设备和交通通信支出比例显著高于城镇住户，不过农民工家庭衣着支出比例与城镇住户的差异并不显著。

理解农民工家庭和城镇住户消费行为的差异具有重要的政策含义，特别是在政府工作报告（2013 年）提出"加快推进户籍制度、社会管理体制和相关制度改革，有序推进农业转移人口市民化，逐步实现城镇基本公共服务覆盖常住人口，为人们自由迁徙、安居乐业创造公平的制度环境"[①] 的情况下，笔者的研究结论更具有实践意义。农民工家庭在城市的消费低于城镇住户，除了收入等因素外，户籍制度才是最重要的影响因素，户籍隔

---

① 温家宝：《政府工作报告——第十二届全国人民代表大会第一次会议》，http://news. xin-huanet. com/2013lh/2013 - 03/18/c_115064553. htm，2013 年 3 月 5 日。

离也最终导致了农民工的消费结构向交通通信、家庭设备用品上倾斜，而没有用到医疗保健、教育培训等人力资本投资上。这种消费结构也可能进一步导致农民工家庭人力资本积累匮乏，农民工长期处于低端劳动力市场而无法提升收入水平，转而又抵制消费。因此，在当前条件下，加快推进户籍制度改革，推进外出务工人口市民化无疑成为经济社会体制改革持续推进的重要任务。

第五章　农民工汇款行为研究

第一节　回流意愿、居留时间与农民工汇款
——基于广东用工企业的调查[*]

（一）移民汇款研究述评

在过去的二十多年里，移民汇款量快速增长，2010 年全球移民汇款总量已达到 3250 亿美元（Word Bank，2010），而且这些汇款大部分是从西方发达国家汇往亚非拉等发展中国家甚至欠发达国家或者地区的，这有悖于国际资本流动的一般规律，也引起了经济学界特别是发展经济学家以及劳动经济学家的广泛关注，大量研究试图从不同的理论视角来诠释移民汇款的成因，这些研究大致可归为两个方向。第一个是利他主义视角。坚持这一假说的学者认为移民一般具有强烈的母国情感，一旦在东道国获得稳定收入，大部分迁移者倾向于把收入的一部分汇回以提升母国家庭的生活水平，而且汇款量主要取决于移民收入，移民收入越高，给予母国家庭的支持力度越大。在这些研究中，比较有代表性的有 Benarjee（1984）、Funkhouser（1995）、Aggarwal and Horowitz（2002）、Vargas-Silva（2009）等。第二个是利己主义假说。这一假说认为，移民汇款主要出于自身利益考虑，汇款的目的可能有五个。一是用于国内投资或者退休消费。也就是说，移民具有一定的投资或退休归国消费倾向，国内投资条件越好（如小商业的发展）、货币实际购买力越强（Blue，2004；Rapoport H.，F. Docquier，2005），其汇款额越大。二是用于实现共同保险。移民和母国家庭的收入都面临一定的不确定性，汇款可以帮助母国家庭摆脱不完全市场条件下的融

---

* 本节内容参考明娟、张建武：《回流意愿、居留时间与农民工汇款——基于广东用工企业的调查》，《农业经济问题》2011 年第 3 期，第 53 - 59 页。

资约束，获得资金用于商业投资或者扩大农业生产，而同时移民也获得了一份"保险"，在其收入受到冲击时可以从母国家庭获得支持，包括资金支持或返回母国生活等（Lucas and Stark，1985；Stark，1991；Amuedo-Dorantes and Pozo，2006）。三是用于偿还迁移投入。这里主要指移民的教育投资，移民与母国家庭间存在一个隐性合约，也就是家庭先为迁移者进行必要的教育投资（基于迁移需要），而移民在东道国获得稳定的收入后需要偿还这笔债务，如果汇款被有效用来偿还迁移者的教育负债，那么汇款水平与迁移者受教育程度显著正相关，受教育程度越高，汇款数量越大（Poirine B.，1997；Osaki，2003）。四是用于维持继承权。移民远离母国，无法参加家庭正常的生产活动，对家庭的贡献会被慢慢忽略，可能因此会逐渐丧失家产继承权，而往母国家庭汇款被视为对家族忠诚的一种形式，既可以弥补外出对家庭带来的损失，也可以维持自己的继承权不被剥夺（Schrieder and Knerr，2000；de la Brière et al.，2002）。五是用于交换服务。移民，特别是暂时性迁移者，离开母国外出工作，一般会把子女或年老父母留在国内，需要其他未外出的家庭成员照看。另外，移民可能还有一定的家产需要看护或者土地需要他人代为种植，这些服务一般需要支付一定的费用，而汇款就是移民购买这些服务的常用手段（Cox，1987；Cox and Stark，1994；Rapaport and Docquier，2005）。

不过，上述研究对于汇款究竟是利他动机还是利己动机的争论到目前并没有取得一致结论（Branislav Pelević，2010），这可能与实证样本的选取差异及估计方法不同有很大关系。但这些研究无疑都忽视了对"移民是否有回流意愿"因素的考察，而有回流意愿的移民和没有回流意愿的移民在汇款决策上有较大的差异：有回流意愿移民的迁移行为大多是暂时性的，最终会回流母国，这决定了他们与母国家庭之间的联系更为密切，而且更倾向于在国内储蓄、消费或投资（Ahlburg，D. A. and R. P. C. Brown，1998），甚至迁移的目的就是获得一定量的国外储蓄（Brown R. P. C.，1997），然后把储蓄汇到国内用于投资或消费；而无回流意愿者的迁移行为大多是持久性迁移，移民在更大程度上把母国家庭作为一个保险共同体或暂时的困难避风港，汇款也主要是为了维系隐性保险合约的运转，甚至更多的只是基于对母国感情的回馈，在汇款支持力度上自然无法与有回流意愿的移民相比。不考虑这一差异势必产生较大的估计偏差，影响结论的稳健性和说服力。

　　与国际移民汇款相似，20世纪90年代以来，中国农村劳动力开始大规模向城市转移，同时大量的汇款也从城市汇回农村。2005年，农民工每人平均汇款额已达到3500元（世界银行扶贫协商小组，2006），据此估算，全国农民工务工汇兑资金流量每年有近3000亿元，外出务工汇款成为改变农民家庭生活，甚至是推动农村经济发展的最重要的资金来源。对中国农民工汇款成因的分析也成为当前研究关注的重点。例如，李强（2001）利用北京外来务工农民工的调查数据检验了"现代化理论"及"依附理论"在解释农民工汇款决定上的适用性；Zhang et al.（2003）利用农村住户调查数据探讨了家庭所拥有的财产数量、家庭外出打工人数对农民工汇款的影响；胡枫等（2008）、李强等（2008）也分别探讨了举家外出等因素对农民工汇款的影响。不过，这些研究都没有考虑回流意愿对农民工汇款的影响，仅有Cai（2003）在探讨农民工汇款与农村老家之间的关系时，考虑了暂时性迁移和持久性迁移行为对汇款的影响，但这一研究也存在两个缺憾：一是作者没有使用回流意愿（Intent to Return）来区别暂时性迁移行为和持久性迁移行为，而是采用了更为苛刻的"是否获得城市户籍"来定义暂时性迁移和持久性迁移行为，这可能会导致最终采集的数据样本中"持久性迁移者"数量偏少，产生估计偏差，另外，获得城市户籍的农村劳动力实际上已经不属于农民工的概念范畴，把它放入回归方程中，同样可能会产生较大的估计误差；二是Cai（2003）的研究数据是在1988年采集的，当时中国大规模的劳动力城乡流动还未开始，农民工外出就业也面临较大的劳动力流动障碍（如暂住证制度等），这使得数据抽样有一定的局限性，也导致最终结论的解释力明显不足。

　　本研究在上述研究的基础上进一步检验回流意愿、居留时间对农民工汇款的影响，探讨实现农民工持久性迁移的有效路径。笔者的拓展大致有以下三个方面。一是在农民工汇款决定经验方程中加入回流意愿（是否有返乡打算），进一步探讨影响农民工汇款的关键因素，同时在方程中加入居留时间（当地工作时间、当地工作时间的平方等）变量，对农民工汇款行为是否存在汇款衰退假说（Remittances Decay）进行验证。二是采用新的典型微观调查数据。研究利用2005年广东企业用工调查数据进行实证分析，这一样本数据采集量大，抽样规范科学，基本覆盖了广东典型用工地区和用工企业，用来分析回流意愿、居留时间等因素对农民工汇款的影响，有较强的代表性。三是在实证检验方法上，笔者首次采用区间回归模型，可以在一定程度上克服 OLS 估计和 Logistic 回归产生的偏误问题。

（二）研究方法与变量选择

参照 Lucas and Stark （1985）的研究，笔者采用下面的经验方程来估计各因素对农民工汇款量的影响：

$$lnrem = \varphi_0 + \varphi_1 x_1 + \varphi_2 x_2 + \varphi_3 x_3 + \varphi_4 x_4 + \varphi_5 x_5 + \varepsilon$$

x_1 表示回流意愿，为虚拟变量，其中有返乡打算取值 1，留城发展取值 0。

x_2 代表居留时间、迁移距离：居留时间用当地工作时间来表示，同时为了考察汇款衰退假说，笔者把当地工作时间的平方项也放入方程；迁移距离用农民工的输出地与输入地之间的距离表示，其中省外用两地之间的火车距离表示，省内用两地之间的直线距离表示。

x_3 为工资与当地生活成本：工资用农民工月平均工资表示，直接取自问卷组的区间中值；当地生活成本用农民工工作城市当年的平均商品住房价格来表示。

x_4 为农民工的个人特征变量（包括年龄、性别、受教育程度、技能水平）：其中年龄直接取自问卷；性别为虚拟变量，假定男性 =1；受教育程度和技能水平均为虚拟变量，其中受教育程度分为三个等级，分别为初中及以下、高中（技校）、大专及以上，而技能等级也分为无技能、初级技能和中级技能三类。

x_5 表示社会保险变量，为虚拟变量，其中参加社会保险 =1，未参加社会保险 = 0。

为了能较为真实地反映农民工汇款情况，笔者的调研问卷中有关汇款、收入、支出问题的设计并不是采用让被调查者直接填写具体数值的办法，而是采用让被调查者选择数值区间的方式。笔者之所以这样做，是为了使被调查者更愿意填写该项以及避免被调查者填写问卷时的随意性，以使得他们关于收入、汇款以及费用的回答更加接近真实，从而减少由度量误差所带来的偏差（Juster and Smith，1997）。由于笔者调研的汇款量数据并不是具体数值，而是有序区间数据，包括左截尾数据（Left-censored Observations）、区间数据（Interval Observations）以及右截尾数据（Right-censored Observations），传统的 OLS 估计无法直接进行。目前，国内对这类数据的处理办法有两个：一是取因变量的区间中值，直接进行 OLS 回归，这一处理无法真实反映变量值在区间上的不确定分布，而对于两侧截尾数据（左截尾以及右截尾数据）只能取右侧或者左侧极值来代替，这会导致 OLS 估计结果出现偏差；二是对因变量按照区间值极值大小排序标号，然后利用有序概率模型（Ordered Logistic Regression）来处理此类有序离散数据。这一处理结果对模型以及各变量的统计显著性影响不大，但所得到的预测值只能反映各类区间出现的概率，模型解释变量系数的经济学含义难以解释。基于此，笔者引入回归模型（Internal Regression）进行实证研究，相对于 OLS 估计和 Logistic 估计，其处理区间数据回归更具有优势：一是农民工汇款可能受不确定性因素影响，使用"区间样本"较"点样本"更能刻画变量的不确定性特点，进而包含更多的变量信息，用它来估计参数、预测因变量未来取值更可信；二是区间回归中各因变量的系统可以通过极大似然估计方法得到，笔者可以用类似普通最小二乘法对其估计所得到的系数进行解释。

本部分所使用的数据，笔者采用 2005 年广东省劳动厅职介中心和华南师范大学劳动经济研究所联合进行的《广东省企业用工情况调查》数据。调查主要依据广东各地经济发展和历年企业用工概况，以广州、深圳、佛山、东莞、珠海、惠州、中山、江门、河源、韶关、汕头、湛江 12 个地市为调查区域，按企业规模、行业性质分类抽取 400 家企业，发放员工调查问卷，其中有效回收农民工问卷 2563 份，剔除资料残缺问卷（未提供完整分析信息或者信息失真）317 份，获得分析问卷 2246 份。

（三）农民工汇款数量的影响因素分析

有回流意愿的农民工与无回流意愿的农民工在汇款决策上有较大差异，其影响因素也必然存在较大差别。笔者将在下文分别对包括全部样本的农民工汇款、有回流意愿农民工的汇款和无回流意愿农民工的汇款分别进行区间回归分析，考察各关键解释变量对农民工汇款的影响。其中：虚拟变量高中学历、大专以上学历以初中及以下学历为参照组，初级技能等级和中级技能等级以无技能等级为参照组。区间回归分析结果如表 5-1 所示。

表 5-1 农民工汇款量决定因素的区间回归分析结果

解释变量	区间回归		
	全部农民工	有回流意愿农民工	无回流意愿农民工
年龄	-0.0027（0.0205）	0.0352（0.0348）	-0.0195（0.0255）
年龄平方	0.00039（0.00034）	-0.00026（0.00057）	0.00069（0.00043）

续表

解释变量	区间回归		
	全部农民工	有回流意愿农民工	无回流意愿农民工
性别	0.0342 （0.0363）	0.0298 （0.0642）	0.0426 （0.0435）
高中学历	0.0797** （0.0364）	-0.0967 （0.0676）	0.144*** （0.0432）
大专以上学历	-0.125 （0.1017）	-0.0945 （0.2243）	-0.0992 （0.1147）
初级技能等级	0.0847** （0.0369）	0.0278 （0.0673）	0.1093** （0.04388）
中级技能等级	0.0914 （0.0705）	-0.0163 （0.0818）	0.1528** （0.081）
工资（对数）	0.7413*** （0.0603）	0.7663*** （0.1164）	0.7238*** （0.0708）
当地生活成本（对数）	-0.2383*** （0.0633）	-0.3341*** （0.1095）	-0.1969*** （0.0769）
当地工作时间	0.2259*** （0.0286）	0.2858*** （0.0532）	0.1992*** （0.0343）
当地工作时间平方	-0.0199*** （0.0028）	-0.0264*** （0.0057）	-0.0173*** （0.0033）
外出务工距离	0.000058** （0.000024）	0.00016*** （4.49E-05）	1.08E-05 （2.79E-05）
社会保险	-0.0314 （0.0433）	0.0471 （0.0682）	-0.0813 （0.0565）
回流意愿	0.2595*** （0.0392）	no	no
常数项	3.8964*** （0.6993）	3.8541*** （1.2792）	3.694*** （0.8401）
Log pseudo likelihood	-3029.95	-946.63	-2069.63
Wald 值	521.66	144.84	331.24
样本数	2246	643	1603

其中 *、**、*** 分别代表1%、5%、10%的显著水平；回归结果均为稳健方差下的区间回归，括号内为稳健方差。

1. 回流意愿与农民工汇款

从表5-1对全部农民工汇款的回归结果来看，笔者发现回流意愿对农民工的汇款行为有显著正向影响，有回流意愿的农民工年汇款量比无回流意愿农民工的年汇款量高25.95%，这与 Cai（2003）的估计基本一致，进一步揭示了有回流意愿农民工的汇款意愿更强。这大致可以从以下几个方面解释。一是户籍制度造成较强的劳动力市场分割，农民工主要处于次要劳动力市场，工资不高且工作岗位缺乏稳定性，随时面临失业等不确定风险。有回流意愿的农民工大多是风险厌恶者，希望通过汇款从农村老家获得一个隐性的契约保证——在失业的时候可以从老家获得再资助或者返乡生活。无回流意愿的农民工（如新生代农民工）更具有冒险精神，希望通过自身的努力在城市获得发展机会甚至永久居民资格，这也使得他们对家乡的依赖较少，汇款动机不足。二是有回流意愿的农民工更倾向于委托家人在农村住宅、牲畜以及小商业方面进行投资，为自己未来返乡居住或者创业等奠定基础，而无回流意愿的农民工更容易被输入地吸收同化，倾向于在输入地进行财产性投资或消费，这也使得有回流意愿农民工的汇款动机远强于没有回流意愿的农民工。这可以看作农民工利己行为的一种形式。三是有回流意愿的农民工偏好于把打工收入汇回家乡储蓄或消费，甚至可以讲，迁移者（有回流意愿农民工）本质上是一个"储蓄主义者"（Target Saver），其外出的目的就是获得一定的收入，然后汇到家乡储蓄（Ahlburg D. A. and R. P. C. Brown，1998）。

2. 居留时间、迁移距离与农民工汇款

一般来说，迁移者的居留时间与利他动机相关，迁移者在外的时间越长，回老家的频率越低，与老家的联系会减弱，利他动机逐步削弱（Banerjee，1984；Funkhouser，1995），汇款量也随之减少。同时，迁移者在工作地的居留时间越长，对工作地信息了解越全面，越容易获得稳定工作，面临的收入不确定性风险也会逐步减少，对输出地家庭的保险依赖就越小，其汇款量也随着居留时间的增加而减少（Brown R. P. C.，1997）。这就是著名的"汇款衰退"（Remittances Decay）假说。从笔者的回归分析结果来看，在三个回归方程中，当地工作时间均与农民工年汇款量显著正相关，但当地工作时间的平方对农民工年汇款量有显著负向影响，居留时间与农民工汇款量之间呈倒"U"形关系，并不支持"汇款衰退"假说，这一结果与 Liu Q. and B. Reilly（2004）对济南地区外来农民工汇款问题的研究结论基本一致。另外，从回归系数来看，有回流意愿农民工的居留时间对农民工汇款的影响稍大于无回流意愿的农民工：农民工当地工作时间每增加一年，有回流意愿农民工的年汇款量增加28.58%，而无回流意愿农民工的年汇款量仅增加19.92%。农民工当地工作时间的平方每增加一年，有回流意愿农民工的年汇款量减少2.46%，而无回流意愿农民工的年汇款量减少1.73%。

从利他动机的经典检验中可以获知，在其他条件不变的情况下，迁移者的汇款量随着迁移目的地与家乡距离的增加而减少（Branislav Pelević，2010）。不过，笔者的实证结果并不支持这个假定，全部样本回归结果显示，外出务工距离与农民工汇款量显著正相关，而且外出务工距离对有回流意愿农民工的汇款量有正的显著影响，但对无回流意愿农民工的汇款行为没有显著影响。这说明，对于有回流意愿的农民工来讲，离家距离越远，

其对家庭子女的看护或者农业生产等活动的投入会越少,汇款成为支付这些服务的重要手段;距离的远近并不改变无回流意愿农民工与家乡的联系情况和他们对家庭的责任感,作为家中经济条件比较好的成员(无回流意愿的农民工一般拥有较好的稳定收入来源),他们可能会以汇款的形式为农村老家承担一定的经济责任。

3. 工资、当地生活成本与农民工汇款

工资是体现迁移者汇款能力的核心指标(Brown,1997),一般来讲,迁移者工资与汇款量显著正相关,工资越高,汇款量越大(Lianos and Cavoundis,2006)。从三个方程的回归结果来看,工资对农民工的年汇款量有正的显著影响,这与胡枫(2008)、李强等(2008)研究结论接近。但工资对有回流意愿农民工汇款的影响大于没有回流意愿的农民工。工资每增加1%,有回流意愿农民工的年汇款量增加0.7663%,而无回流意愿农民工的年汇款量仅增加0.7238%。这也可以解读为有回流意愿的农民工对农村老家的依赖更多,相对于无回流意愿的农民工来讲,其汇款具有更强的共同保险动机。

不过,当地生活成本的上涨对农民工年汇款量有较大的消极影响,特别是对有回流意愿的农民工。当地生活成本每增加1%,无回流意愿农民工的年汇款量就减少0.1969%,而有回流意愿农民工的年汇款量则减少0.3341%。从这里也可以看出,有回流意愿农民工从事的工作大多缺乏完善的工资增长机制,工资不高且可能多年未进行有效调整,这一点笔者可以从广东省总工会2005年1月19日公布的《广东省进城务工人员劳动经济权益维护和工会组建相关问题》调查报告得到证实,该研究显示珠三角地区农民工月工资12年来只提高了68元。在当地生活成本持续上涨(物价上涨)的情况下,农民工工资不能获得有效增长,必然影响其汇款能力,对家乡的支持也就随之减少。

4. 农民工个人特征与汇款

从三个方程的回归结果来看,年龄(年龄的平方)、性别对农民工的年汇款量都没有显著影响,这与Cai(2003)的结论不太吻合,Cai的研究证实男性在中国拥有比较高的家庭地位,需要照顾妻小,也有义务赡养老人,要承担更多的家庭责任和期望,这直接导致男性的汇款量显著高于女性。但笔者没有发现这一证据,这可能是因为在珠三角务工的农民工以青壮年农民工(新生代农民工)为主,他们外出的目的可能是以自我发展为主,

对家庭的支持有限，而通过汇款形式来承担家庭责任在年龄及性别上的差异并不明显。

从受教育程度对农民工年汇款量的影响来看，有回流意愿农民工中的高中学历拥有者以及大专以上学历拥有者的年汇款量都比初中及以下学历拥有者低，但并不显著，这一点与（Liu Q. and B. Reilly, 2004）的研究结论一致，说明有回流意愿农民工中的高学历者一般来自农村比较富裕的家庭，家庭需要的帮助较少，农民工无需利用汇款来偿还教育投资。而无回流意愿农民工中高中学历拥有者的年汇款量显著高于初中及以下学历拥有者，与 Lucas and Stark（1985）的假定相符，显示无回流意愿农民工的汇款存在一定的偿债动机。

相对于受教育程度，技能水平对农民工汇款的影响，特别是对无回流意愿农民工的汇款影响更为显著。在无回流意愿农民工样本的回归中，初级技能等级、中级技能等级与农民工年汇款量均显著正相关，初级技能农民工比无技能农民工的汇款高 0.1093%，而中级技能农民工的汇款额比无技能农民工高 0.1528%，技能水平越高，农民工的年汇款量越多。这一方面说明，技能人才在企业获得了更高的收入，技能水平越高获得的工资越高，其汇款能力越强；另一方面，也进一步印证了 Lucas and Stark（1985）的假定，技能越高的农民工可能承担较高的技能教育成本（如技校费用较高等），与家庭之间存在一个隐性的偿贷契约，在获得稳定的收入后以汇款的形式偿还，技能程度越高，技能投资越大，用于偿贷的汇款就越多（B. Poirine）。

5. 农民工社会保险与汇款

三个模型的回归结果显示，社会保险对农民工汇款量均不存在显著影响。这与两方面的原因有关：一是农民工参加社会保险的比例不大，有回流意愿农民工的参保比例为 18.89%，无回流意愿农民工的参保比例最高也只是 28.3%。二是参保农民工很难享受各项社会保障。这些因素都使得农民工在汇款及迁移决策中，极少考虑社会保险对自身收入的影响，更多考虑通过汇款与农村老家之间建立紧密的共同保险体系，以期在遭遇失业或者病患等情况下从农村老家获得支持。

（四）结论与讨论

本研究利用 2005 年《广东省企业用工情况调查》数据，采用区间回归模型，对影响农民工汇款的关键因素进行了系统的实证分析。研究表明，有回流意愿农民工汇款具有更强的利己动机，而无回流意愿农民工汇款更多地表现为利他主义动机以及部分偿贷动机。

第一，迁移目标是农民工汇款量的核心决定因素。有回流意愿的农民工具有更强的汇款倾向，其年汇款量也显著高于无回流意愿的农民工。

第二，居留时间与农民工汇款量之间呈倒"U"形关系。在初期，农民工的汇款量会随着当地工作时间的增加而增加，当达到峰值后，当地工作时间继续增加，农民工的汇款反而出现递减趋势，不支持"汇款衰退"假说。外出务工距离对有回流意愿农民工的汇款行为有正的显著影响，不支持外出利己假说，但外出务工距离对无回流意愿农民工的汇款行为没有显著影响，外出务工距离改变不了无回流意愿农民工与家乡的联系。这些都进一步揭示农民工汇款具有一定的利他动机，而无回流意愿农民工的利他动机更强。

第三，工资、当地生活成本是影响农民工汇款的关键因素。工资越高，农民工的汇款能力越强，对家乡的支持力度越大。工资对有回流意愿农民工汇款的影响大于无回流意愿的农民工，说明有回流意愿农民工的汇款具有更强的共同保险动机。但这种支持随着当地生活成本的上升，受到较大削弱。工资和当地生活成本的增加对有回流意愿农民工的汇款行为影响更大，这进一步证实了有回流意愿农民工从事的工作大多缺乏完善的工资增长机制。

第四，年龄、性别对农民工的年汇款量都没有显著影响，但受教育程度、技能等级对有回流意愿农民工和无回流意愿农民工汇款的影响有较大差异。受教育程度、技能等级对有回流意愿农民工的汇款没有显著影响，但对无回流意愿农民工的汇款行为影响较大，无回流意愿农民工中高中学历拥有者的年汇款量显著高于初中及以下学历拥有者，而无回流意愿农民工的技能水平越高，年汇款量越高，说明无回流意愿农民工的汇款有一定的偿贷动机，而有回流意愿农民工则没有这一倾向。

第五，社会保险对有回流意愿农民工和无回流意愿农民工的汇款行为均没有显著影响，社会保险尚未成为农民工汇款决策的主要考虑因素。

第二节　夫妻外出、子女教育与农民工汇款
——基于北京、天津、上海、广州的调查[*]

前文利用《广东省企业用工情况调查》数据和区间回归模型，考察了中国农民工汇款的关键影响因素及汇款动机，特别是回流意愿、居留时间、迁移成本对汇款的影响。不过研究还存在两个不足：一是《广东省企业用工情况调查》中没有家庭外出情况和子女教育情况的相关调查条目，无法考察家庭特征对汇款的影响。二是研究并没有考虑汇款的选择性偏差问题。基于此，本部分将继续利用 2008 年在北京、天津、上海、广州 4 个城市进行的"迁移和流动劳动力与中国大城市的发展"调查数据，采用 Heckman 两步法对外出农民工汇款动机及其关键影响因素进行实证分析。

（一）数据来源及样本数据特征

1. 数据来源

文中使用的数据来自 2008 年 3 ~ 4 月南开大学人口与发展研究所在北京、天津、上海、广州 4 个城市进行的"迁移和流动劳动力与中国大城市的发展"调查。调查采用分层随机抽样与深度访谈相结合的方法，对在北京等 4 个城市迁移和流动劳动力的就业与收入、消费支出、居住、子女教育、社会保障、社会交往和社会活动等进行调查，有效获取调查员记录问卷 1797 份，其中外出农民工问卷 917 份。本部分选取其中对"平均每月给家乡寄钱多少（元）"进行有效回答的 543 份问卷进行实证分析。

2. 变量和数据描述

从表 5 – 2 可以看出，外出农民工年汇款量整体不高。在全部 543 个样本中，外出农民工月汇款数量平均为 343.49 元，400 元以内的占总样本的 61.69%，大部分农民工给家里的年汇款额不足 5000 元，没有汇款的农民工占整体样本的 21.36%，这与李强（2008）的调查"农村转移劳动力的汇款率为 70 % 左右"基本吻合，符合当前农民工汇款现状。

---

* 本节内容参考明娟：《外出农民工特征变量及行为抑制：从汇款动机生发》，《改革》2011 年第 3 期。

表 5 - 2　外出农民工汇款总体特征

月汇款量（元）	样本量（个）	所占比例（%）	累计百分比（%）
0	116	21.36	21.36
200 以下	93	17.13	38.49
200 ~ 399	126	23.20	61.69
400 ~ 599	114	21.00	82.69
600 ~ 799	22	4.05	86.74
800 ~ 999	10	1.84	88.58
1000 以上	62	11.42	100
月平均汇款量（元）	343.49		

从表 5 - 3 来看，样本中夫妻共同外出的比例较大，占总体的 63.9%，共同外出的平均月汇款量远低于单独外出的农民工；有子女在原籍上学的农民工比例也较高，占 79%，其月平均汇款量也高于没有子女在原籍上学的农民工；绝大部分外出农民工在务工城市不拥有住房，拥有住房农民工的月平均汇款量远低于没有住房者。

表 5 - 3　家庭特征与外出农民工汇款

单位：元，%

个人特征		平均月汇款量	样本所占比例
夫妻共同外出	共同外出	36.02	63.9
	单独外出	517.17	36.1
子女在原籍上学	有	362.72	79.0
	没有	338.38	21.0
在城市拥有住房	拥有	271.95	7.55
	不拥有	349.34	92.45

从表 5 - 4 可以看出，样本中男性农民工的比例稍高于女性，但男性农民工的平均月汇款量稍低于女性；外出农民工以青壮年为主，35 岁以下的农民工占总体的 66.49%，平均月汇款量随着年龄的上升而增加，在 30 ~ 34 岁达到一个峰值（458 元）后有所回落，但在 45 岁以后又逐步上升，甚至超过峰值；外出农民工大部分具有初中及以上文化程度，小学、文盲或识字很少者仅占 14.37%，整体来看，农民工受教育程度越高，平均月汇款量越大，但拥有小学学历外出农民工的平均月汇款量比文盲或识

字很少的外出农民工低 17.12 元；样本中已婚农民工占总体的 71.82%，已婚农民工的平均月汇款量达到 399.40 元，比未婚农民工的平均月汇款量高出 198.42 元。

表 5-4　个人特征与外出农民工汇款

单位：元，%

个人特征		平均月汇款量	样本所占比例
性别	男	322.57	58.38
	女	358.41	41.62
年龄	16～24 岁	180.99	24.13
	25～29 岁	342.85	23.94
	30～34 岁	458	18.42
	35～44 岁	384.77	26.15
	45～54 岁	429.69	5.89
	54 岁以上	506.25	1.47
受教育年限	文盲或识字很少	300	2.21
	小学	282.88	12.16
	初中	344.87	58.93
	高中或相当于高中	345.47	19.52
	大专及大专以上	442.82	7.18
是否已婚	已婚	399.40	71.82
	未婚	200.98	28.18

表 5-5 描述了务工特征与外出农民工汇款的特征，外出农民工绝大多数是普工，仅有 9.58% 是专业技术人员（或者老板），专业技术人员平均月汇款量高于普工；农民工大部分具有 1～3 年的外出经历，有 20.63% 的农民工具有 7～9 年的外出经历；农民工月工资水平整体上不高，1500 元/月以下的仍占 34.62%，而工资水平与平均月汇款量之间的关系并不明显，月工资在 800～999 元的农民工的汇款量最高，平均达到 391.89 元；有返乡意愿农民工的比例达到 61.69%，有返乡意愿农民工的汇款额高于无返乡意愿者；过去 1 年有失业经历的农民工仅占 31.12%，有失业经历的农民工汇款有所减少，稍低于无失业经历者。

表 5 - 5　务工特征与外出农民工汇款

单位：元，%

个人特征		平均月汇款量	样本所占比例
从事职业	专业技术人员	472.5	9.58
	普工	329.83	90.42
外出务工年限	1～3年	78.74	50.09
	4～6年	403.14	29.28
	7～9年	901.79	20.63
工资	800元以下	368.18	4.05
	800～999元	391.89	6.81
	1000～1499元	342.87	23.76
	1500～1999元	358.09	20.26
	2000～2999元	311.76	19.52
	3000～3999元	336.32	17.50
	3999元以上	347.73	8.10
是否有回流意愿	返乡	365.54	61.69
	留城或不确定	307.79	38.31
是否有失业经历（过去1年）	有失业经历	325.15	31.12
	无失业经历	351.78	68.88

（二）外出农民工汇款动机及其影响因素实证分析

1. 估计方法

本部分数据中存在很多农民工汇款量为零的样本，在实证分析中如果剔除这些样本，用普通最小二乘法进行估计分析，将会导致样本选择偏误；如果包含这些样本，忽略是否有意愿汇款以及汇款量多大这两种决策的差异使用，使用 Tobit 回归同样也会导致估计偏误。Heckman 两步法可以解决大量零值数据问题，它分为两个阶段。

第一阶段利用所有观测数据，对有汇款行为采用二值 Probit 模型来分析，是否有汇款意愿的决策可以用汇款选择方程来表示：

$$p_i^* = x_{2i}\beta_2 + \varepsilon_{2i} \tag{1}$$

其中 p_i^* 是外出农民工汇款概率，是一个二值变量，有外出汇款的农民工样本为 1，否则为 0；p_i^* 由样本个体的可观测特征变量 x_{2i} 决定，ε_{2i} 是误差项。

根据式（1）得到估计值 ε_{2i} 的标准差 σ_2，计算对个体 i 的逆米尔斯比率：

$$\lambda_i = \frac{\varphi\ (x_{2i}\beta_2/\sigma_2)}{\Phi\ (x_{2i}\beta_2/\sigma_2)} \tag{2}$$

其中 φ 和 Φ 分别表示标准正态分布的密度函数和分布函数。

第二阶段把逆米尔斯比率放入选择样本即 $p_i^* = 1$ 的数据中，进行 OLS 回归：

$$lnrem_i = x_{1i}\beta_1 + \lambda_i\alpha + \varepsilon_{1i} \tag{3}$$

$lnrem_i$ 是第二阶段的被解释变量，即外出农民工月汇款量的自然对数，解释变量为 x_{1i}，ε_{1i} 是误差项。

对于 Heckman 两步法模型来讲，Probit 方程和水平回归方程解释变量的选择尤为关键，而模型识别的必要条件 x_{2i} 中至少有一个变量不包含在 x_{1i} 中，即 x_{1i} 是 x_{2i} 的子集。不过，Amuedo-Dorantes and Pozo（2006）也指出 Heckman 两步法选择模型必然产生识别问题，也就是说，很难判别哪些变量影响第一步选择而不影响第二步。基于此，笔者参照 Hoddinott（1992）的做法，在第一步 Probit 模型中，选入虚拟变量"过去 1 年是否有失业经历"，选入这一变量主要是考虑到：农民工特别是新生代农民工大部分渴望长期在城市居住生活，即使遭遇暂时性失业（除非遭遇大规模的外部冲击如金融危机等），他们也不会轻易返乡，相反会在务工城市储备一定量的资金以备失业时渡过危机，这就会导致有失业经历的农民工在近期更倾向于在当地储蓄而不进行汇款，使得汇款产生一定的时滞性，所以"过去 1 年是否有失业经历"只选入汇款意愿方程，而不放入汇款水平方程。另外，笔者样本中过去 1 年有失业经历农民工的比例（31.12%）与未汇款农民工的比例（21.36%）基本吻合，这也从另一个侧面说明选择把"过去 1 年是否有失业经历"放入汇款意愿方程是合理的。

两步法同时引入的其他变量有：性别、年龄、年龄的平方、受教育程度、婚姻、夫妻共同外出、有子女在原籍读书、在务工地拥有住房、外出从事职业、外出务工年限、外出务工年限的平方、外出月工资水平。同时，考虑到有回流意愿移民和无回流意愿移民在汇款决策上有较大差异：

有回流意愿移民的迁移行为是暂时性的，他们与家庭之间的联系更为密切，而且更加倾向于在国内储蓄、消费以及投资，甚至迁移的目的就是获得一定量的国外储蓄，然后把储蓄汇到国内用于投资或消费。而无回流意愿者的迁移行为大多是持久性迁移，移民更大程度上把母国家庭作为一个保险共同体，而汇款仅仅是为了维系保险合约的运转，甚至是基于母国情感的回馈，在支持力度上自然无法与有回流意愿移民的汇款相比。因此，笔者在模型中引入回流意愿虚拟变量，进一步考察暂时迁移流动对农民工汇款行为的影响。

2. 估计结果

从表 5 - 6 可以看出，汇款决定方程中 IMR（逆米尔斯比率）在 1% 的水平下显著，表明样本存在显著的选择性偏误，因此引入 Heckman 两步法来避免选择性偏误是必要的。其在最后一列给出了 Tobit 回归结果，我们可以发现 Heckman 两步法比 Tobit 回归更有效，特别是在解释收入水平影响汇款行为方面。

表 5 - 6　农民工汇款意愿及汇款量决定因素的 Heckman 两步法分析结果

解释变量	Heckman 两步法		Tobit
	汇款意愿（Probit）	汇款水平（OLS）	
个人特征			
性别	− 0.0447（0.1372）	0.0359（0.0838）	0.0102（0.2762）
年龄	− 0.1095 *（0.0647）	0.0502（0.0366）	− 0.1787 *（0.1199）
年龄平方	0.00157 *（0.0009）	− 0.0005（0.0005）	0.0026（0.0015）
受教育年限	0.0385（0.0281）	0.0164（0.0168）	0.0849（0.0547）
婚姻	0.2993（0.2358）	− 0.0447（0.1492）	0.5375（0.4836）
家庭特征			
夫妻共同外出	− 0.2764 *（0.1417）	− 0.3952 ***（0.0856）	− 0.6703 **（0.2799）
子女在原籍读书	0.4823 ***（0.1772）	0.1844 *（0.1044）	1.252 ***（0.3212）
在务工地拥有住房	− 0.1048（0.2386）	− 0.1548（0.1501）	− 0.3513（0.4908）
外出务工特征			
外出从事职业	− 0.2988（0.2233）	0.155（0.1504）	− 0.6812（0.4748）
外出务工年限	0.0027（0.0375）	− 0.0244（0.0226）	0.0004（0.0754）
外出务工年限平方	9.17E − 06（0.0017）	0.001（0.001）	0.0001（0.0034）
外出月工资水平	0.1098 **（0.1185）	0.6026 ***（0.0811）	− 0.1987（0.2441）

解释变量	Heckman 两步法		Tobit
	汇款意愿（Probit）	汇款水平（OLS）	
有返乡意愿	0.1127*** （0.1405）	0.1105*** （0.088）	0.4179*** （0.2831）
过去1年有失业经历	-1.07*** （0.1571）	—	—
常数项	3.8393（1.4272）	0.5145（0.8952）	7.7577（2.8071）
IMR（逆米尔斯比率）	—	-0.6874***	—
观测值	543	426	543

注：*、**、*** 分别代表1%、5%、10%的显著水平；括号内为标准差。

（1）个人特征与外出农民工汇款

除年龄和年龄的平方项影响汇款意愿外，其他个人特征变量（性别、受教育程度、婚姻）对农民工汇款意愿和汇款水平均没有显著影响，这与Cai（2003）的估计一致。这从另一角度也说明，一是外出农民工以青壮年劳动力为主，并且大部分从事普工工作，汇款行为的个体差异并不显著；二是外出农民工的文化程度以初中文化为主，初中文化程度占58.93%，属于九年义务教育，教育投入较少，子女基本没有偿债压力。另外，与移民类似，农民工中的高学历者可能来自比较富裕的家庭，家庭需要的帮助较少，致使外出农民工的偿债和利他动机很弱。

（2）家庭特征与外出农民工汇款

从回归结果可以看出，家庭特征对农民工汇款意愿和汇款水平有较大影响。一是夫妻共同外出对农民工的汇款行为有显著负影响。夫妻共同外出的农民工汇款意愿比单独外出农民工的汇款意愿低，而且在月汇款量上，夫妻共同外出的农民工月汇款量比单独外出的农民工月汇款量低481.15元。这与Banerjee（1984）及Lianos and Cavoundis（2006）对印度和阿尔巴尼亚移民汇款的研究类似，夫妻共同迁移会显著降低移民汇款的意愿和汇款水平。这也证实了农民工汇款具有一定的利他动机。二是子女在原籍读书对农民工的汇款行为也有显著影响。有子女在原籍读书的农民工更倾向于汇款，而且在月汇款数量上比没有子女在原籍读书的农民工高出7.19%，这与Secondi（1997）的估计基本一致。这说明外出农民工汇款具有较大的交换动机，这也进一步揭示在当前户籍制度下，中国农民工流动主要是一种暂时性迁移行为，农民工离家外出务工，一般会把子女留在老家，需要父母或者其他未外出家庭成员的照看，而汇款正是支付照看服务或日常支出的常用手段。

另外，在务工地拥有住房对农民工的汇款行为有消极影响，但不显著。这说明在城市拥有住房并不改变外出农民工与家乡的联系和他们对家庭的责任感，在城市拥有住房的农民工一般拥有较稳定的收入来源，作为家中经济条件比较好的成员，他们也可能会在自身的能力范围内承担一定的经济责任。

（3）务工特征与外出农民工汇款

一般来说，迁移者的居留时间与利他行为相关，迁移者在外地的时间越长，与老家的联系就越弱，利他动机逐步削弱，汇款量随着居留时间的增加而逐步减少。同时，迁移者在工作地的居留时间越长，对工作地的信息了解越全面，越容易获得稳定工作，面临的收入不确定性风险会逐步减弱，对输出地家庭的保险依赖就越小，其汇款量也随着居留时间的增加而减少。这就是著名的"汇款衰退"（Remittances Decay）假说。从我们的回归分析结果来看，外出务工时间对汇款量有负影响，外出务工时间的平方对农民工汇款量有正的影响，但是两者均不显著，没有显著证据支持"汇款衰退"假说。

工资是体现迁移者汇款能力的核心指标，迁移者工资水平与其汇款意愿和汇款量显著正相关，工资水平越高，汇款意愿和汇款量就越大。这一点在笔者的回归中得到证实。农民工月工资水平对汇款意愿和汇款量具有显著正影响。农民工月工资水平越高，越倾向于往老家汇款，并且农民工月工资水平每增加1%，其月汇款量就增加0.6026%，这与Cai（2003）的估计一致，也进一步证实外出农民工汇款具有一定的利他动机。

最后我们来看回流意愿对农民工汇款的影响，回流意愿对农民工汇款意愿和汇款量均有显著影响，有回流意愿农民工更倾向于汇款，而且有回流意愿的农民工月汇款量比无回流意愿农民工的月汇款额高18.76%，这与Cai（2003）的估计基本一致，进一步揭示有回流意愿的农民工汇款意愿更强。这大致可以从以下两个方面解释。一是有回流意愿的农民工更倾向于在农村住宅以及小商业方面进行投资，为自己未来返乡居住或者创业等打下基础，而无回流意愿的农民工更容易被劳务输入地吸收同化，倾向于开始在劳务输入地进行财产性投资或消费，这也使得有回流意愿移民的汇款远高于没有回流意愿的移民。这可以看作农民工利己行为的一种形式。二是有回流意愿的农民工偏好于把打工收入汇回家乡储蓄或者消费，甚至可以讲，迁移者（有回流意愿农民工）本质上是一个"储蓄主义者"（Target

Saver)，其外出的目的就是获得一定的收入，然后汇到家乡储蓄。

（三）结论与启示

本研究利用于 2008 年在北京、天津、上海、广州 4 个城市进行的"迁移和流动劳动力与中国大城市的发展"调查数据，采用 Heckman 两步法对外出农民工汇款动机及其关键影响因素进行了实证分析。研究表明，一是个人特征变量（性别、受教育程度、婚姻）对农民工汇款意愿和汇款水平均没有显著影响。二是夫妻共同外出和子女在原籍读书对农民工的汇款行为有显著影响。夫妻共同外出的农民工汇款意愿更低，而且在汇款数量上，夫妻共同外出的农民工汇款也比单独外出的农民工汇款低。子女在原籍读书对农民工的汇款行为也有显著影响，有子女在原籍读书的农民工更倾向于汇款，而且在汇款数量上比没有子女在原籍读书的农民工高。三是工资是影响农民工汇款能力的核心指标，外出农民工工资水平越高，其汇款意愿和汇款量就越大。回流意愿对农民工汇款意愿和汇款量均有显著影响，有回流意愿的农民工更倾向于汇款，而且汇款量远高于无回流意愿的农民工。不过，外出务工时间对汇款量有负影响，但是不显著，"汇款衰退"假说没有得到证实。

因此，我们可以看出农民工汇款更多地表现为交换动机和利己主义，利他主义也得到部分证实。这对我国当前正在推行的统筹城乡就业战略具有一定的政策启示。

第一，逐步消除制度隔离，给农民工及其子女平等的就业机会、社会保障权利及教育权利。这一方面可考虑让部分有较高收入的农民工在城市获得常住户口，实现家庭持久性迁移；另外一方面可以考虑户籍与社会福利脱钩，建立覆盖农民工群体的社会保障体系，让在城市就业的农民工享有同等的教育、医疗等福利保障。

第二，建立农民工工资增长的长效机制。农民工工资水平决定其汇款量，农民工工资水平也直接决定其在务工地的消费行为。因此，可以考虑通过适时、有效调整最低工资等方式建立农民工工资增长的长效机制，使农民工生存或者支付能力得到有效提升，这样农民工才有能力通过汇款、投资或者消费等形式为劳务输入地或者劳务输出地的经济发展做出更大的贡献。

第三，改善农村创业发展环境，引导回流资金合理配置。当前农民工汇款用途较为单一，大部分用来进行子女教育或者住房建设等，没有形成有效投资，制约了其对农村经济的推动作用。这就需要劳务输出地政府部门出台有力措施和政策，营造良好的创业环境，如完善投资基础设施、出台创业优惠政策、建设农民工创业园等，引导回流资金合理投资，推动农村经济持续快速发展。

第六章　农民工家乡住房投资行为研究[*]

第一节　农民工住房现状

近年来，随着城镇化的持续推进，农业迁移人口市民化问题受到更多关注，而住房问题是实现农民工持久定居的关键。在此，笔者看到两种境况。一是在务工地，受户籍制度、技能水平等约束，外出农民工的工资水平普遍偏低，大多数农民工在务工城市买不起住房。2012 年全国农民工监测调查报告显示，仅有 0.6% 的外出农民工在务工地自购住房，而面向农民工的廉租房及经济适用房供给十分有限，大部分农民工在务工城市缺乏长期稳定的住房（全国人大农委，2010)[①]，这也成为制约我国城镇化速度和质量稳步提升的重要障碍。二是在劳务输出地，农民工进行住房投资的现象比较普遍。其中以翻建、扩建或者改建老家住房为主，2005～2012 年，农村新建住宅面积年均增长 5.6%，而农民人均住房建筑面积由 2005 年的 29.7 平方米增加到 2012 年的 37.1 平方米，年均增加 3.27%，高出同期城镇居民人均住房建筑面积增速约 1 个百分点。[②] 另外，部分外出农民工还实现了在老家县城或者乡镇购房，2010 年 5 月国家人口和计划生育委员会对全国 106 个城市流动人口动态监测的结果表明，在农业户籍流动人口中，19.2% 的人打算在户籍地城镇买房（《中国流动人口发展报告 2011》）。

不过，目前大多数研究仍以农民工务工地住房现状及其影响因素为主（郑思齐等，2011；郭新宇等，2011；杨俊玲等，2012），关于农民工家乡

---

[*]　本章部分内容已发表。参见明娟、曾湘泉：《农村劳动力外出与家乡住房投资行为》，《中国人口科学》2014 年第 4 期，第 110 – 120 页。

[①]　《农委关于农民工工作情况的调研报告》，中国人大网，www.npc.gov.cn，2010 年 4 月 29 日。

[②]　根据 2006～2013 年《中国统计年鉴》相关数据计算得到。

住房投资的实证研究并不多见。胡枫等（2013）利用 2006 年北京大学与国务院发展研究中心的数据，讨论了哪些因素可能会影响农民工汇款投资用途（日常消费、大宗消费、农业生产、教育健康与创业投资等），其中对于住房的考察，是把它与自己或子女结婚、购买家电摩托等耐用消费品合并为大宗消费考察，并没有单独考察农民工在家乡的住房投资行为。农民工为什么会选择在家乡进行住房投资，在什么情况下才进行住房投资仍是一个有待继续深入研究的问题。

改革开放不仅使广东成为外贸大省、经济大省，而且成为流动人口大省。第六次人口普查显示，广东仍为流动人口第一大省，其中，跨省流动人口（户口登记地在外省且离开户口登记地半年以上的人口）约为 2150 万，占广东常住人口的 20.6%。而这些流动人口也成为广东劳动力市场的主要支撑，利用在广东进行的调查数据讨论外出务工与农民工家乡住房投资问题，无疑更具有代表性。基于此，本部分利用 2012 年 1 月在广东 21 个地市进行的劳动力转移情况调查数据，考察三个问题：一是哪些因素可能会影响农民工在家乡进行住房的投资的行为，采用 Probit 模型来估计；二是农民工住房投资事件史分析模型（Event History Analysis Model），即从无住房投资状态到住房投资转换的影响因素，使用 Cox 风险比例模型；三是住房投资对农民工汇款行为的影响，采用 Tobit 模型。

第二节　文献综述与研究假设

（一）　文献综述

关于国际迁移与劳务输出地经济发展之间关系的研究，学术界侧重从汇款的用途出发，考察国际移民对劳务输出地经济发展的影响，形成两种相反的观点：一是认为国际迁移对劳务输出地经济产生积极影响，因为移民汇款可以放松农户的信贷、保险等约束，用来支持生产经营资金投入以及新生产技术投资等，同时，稳定的汇款收入也可以为家庭提供收入保障（Lucas and Stark，1985；Adams，1998；Taylor and Lopez-Feldman，2010；Wouterse，2010）；二是认为国际迁移会弱化劳务输出地的发展，因为移民汇款绝大部分用于私人消费，很大比例的汇款被用在"身份取向"（Status-oriented）的消费上，如住房建设、土地和珠宝等，这些对整个经济来讲都不是必要的生产性行为，没有对劳务输出地经济发展起促进作用，反而加剧了劳务输出地经济对国际迁移的依赖作用（Reichert，1981；Entzinger，1985）。

而大量实证研究也证实，移民更偏向在家乡进行住房投资，最典型的研究为对墨西哥－美国移民的研究。这些研究表明，移民的汇款和储蓄很大程度上用于非生产性投资，如家庭维护和健康，建造或改造房屋和购买消费品（Massey，1987；Mines and De-Janvry，1982；Durand et al.，1996；Taylor et al.，1996）。Gilani et al.（1982）对巴基斯坦的研究也证实，巴基斯坦移民除了将国外获得的汇款用于基本消费开支外，剩下的主要用于住房投资。调查显示，62%的汇款用于当前消费，22%用于投资住房，13%用于直接投资，3%用于金融投资。Richard and Adams（1991）利用埃及三个村庄的调查数据，通过比较埃及移民家庭和非移民家庭的消费行为，分析汇款的经济作用和影响时发现，53.9%的汇款收入用于非循环支出，如建造和整修房屋。不过与 Gilani et al.（1982）的结论略微不同的是，研究指出移民没有将汇款收入浪费在个人消费上，因为移民家庭在迁移前并不富裕，因此他们更倾向于将汇款收入看作临时的收入流，不会将其用于新增欲望消费品上，而是用于住房投资。在探讨尼日利亚移民家乡住房投资决策时，Osili（2004）也发现，移民汇款大多被用于在家乡投资，如住房、土地和商业投资，而越来越多的移民倾向于在家乡投资房产。Mezger and Beauchemin（2010）利用塞内加尔外出移民和回流者的事件史数据，考察了国际迁移经历对家乡房地产投资和商业投资的影响。结果发现，与非移民相比，迁移经历会刺激私人投资行为，不过移民和回流者的投资行为有较大差异，移民倾向于投资房地产，而回流者更倾向于从事商业活动。也有学者探讨了国际迁移对中国住房投资的影响，如 Liang and Zhang（2004）利用中国1995年1%人口抽样调查数据，考察了国际迁移对住房的影响。最终发现，国际迁移对住房有显著影响，国际迁移对住房的影响因劳务输出地特征不同而有所差异，在农村地区，迁移对住房的影响主要表现在住房面积的变化上，汇款更多用于建造新房或增加高层的住房建设，包括私有的厨房和厕所。

为什么移民更偏向在家乡进行住房投资或者国际汇款在劳务输出地更多地用于住房投资？研究者也从不同的理论视角给出解释。

一是新劳动迁移经济理论。该理论认为移民在外出工作期间，仍是家中起决策作用的重要成员（Sturino，1990），家乡的住房投资决策不是移民个体愿望,而是家庭联合决策,是家庭投资收益最大化行为,它可以为家庭提供直接收益和间接收益。直接收益是指投资的房产可以提供给家庭留守成员居住。Osili(2004)对尼日利亚的调查显示,移民投资的住房50%由移民留守成员居住。间接收益是指移民家乡住房投资行为能产生信号作用,它能体现移民的经济资源及其对家庭的贡献和承诺,从而拓展家庭获得家乡正式和非正式市场信息的渠道,包括信贷和保险市场,这样家庭即使不享受直接的居住收益,也可以从移民住房投资中受益,如信贷市场。住房投资作为家庭从移民那里获得资源的一个信号,放款人愿意提供更低的利息信贷给移民家庭,因为有移民国外经济资源作保障。特别地,移民在家乡的住房提供了一个更强的联系家庭的动机,使得家庭在遭受冲击时能从移民那里获得更多的汇款。

二是身份认同。移民对家乡都有较强的故土情结,希望通过维持与家乡的联系,强化其作为劳务输出地成员的身份认同,在家乡进行住房投资是一个常用的方式。老家资源较丰富或家庭条件较好的移民更倾向于在劳务输出地进行住房投资,因为住房耐久而且看得见,比短期消费(如娱乐)更能显示其经济地位的提升。而外出的移民建造住房的一个主要目的是获得更多的尊重(Yeboah,2003)。一个人在家乡建筑住房的能力决定了他去世时受尊重的程度,住房象征和代表着归属感,应该建在一个人所属的地方,如果一个人去世了,通过他建造的住房,人们就能记住他(Smith and Mazzucato,2009)。

三是成员权利。长时间外出的移民因为长久不住在劳务输出地,老家的经济和社会活动也很少参加,其成员权利越来越被淡化,在老家建筑住房,也是未来回流计划的一部分,为移民维持劳务输出地成员资格提供稳固的基础(Mooney,2003)。移民关心成员权利,因为他们希望保持回流到劳务输出地的权利。在输出地基于血统和亲属纽带的成员权利是松散的,投资住房的经济联系则增强了成员权利(Barnes,1974),家乡的住房投资证明了移民是当地永久居民的身份,所以移民的房产投资通常与未来回流计划相联系(Lawless,1986),计划回迁的移民更倾向于选择在家乡建房投资。不过,维持输出地成员权利的价值是变化的,家庭资产增加和家乡发展会增加移民维持成员权利的价值,对家乡住房投资产生积极影响。

四是标准投资理论,认为移民投资的住房资产能提供一系列收益,这一系列收益包括隐含的租金收入以及未来出售或出租房产而获得的投资回报（Osili，2004）。在投资渠道有限的情况下，住房投资可能成为移民在家乡投资的首选，因为在许多发展中国家，居民面临的生产性资产（如土地、农业资产）通常风险高而收益低（Besley，1995）。住房投资能提供独特的优势，因为他们是耐用品，属于可见投资，而且风险低，监控成本也低。而且随着市场的不断完善，房产投资意味着未来的高收益，特别是在通胀率较高的情况下，房产是可以获得最好回报的投资品。Akyeampong（2000）对加纳的研究也指出，移民对加纳经济所做的潜在投资中，住房投资被认为是相对安全的，至少与加纳国内货币的通胀是保持一致的。

五是利他主义。该理论认为移民从根本上关心家乡发展，可以从家乡住房投资中获得效用。移民希望通过在家乡的住房投资行为，带动建材及相关房地产行业发展，增加当地的就业机会，使当地居民受益（Osili，2004）。所以家乡经济越不发达，移民进行住房投资的概率越大。

（二）实证检验假设

中国长久以来实行的城乡隔离的户籍制度，使得大部分外出农村劳动力无法实现持久性迁移，家庭与工作分离，形成了独特的往返于城乡之间的循环流动，而农民工返乡住房投资也具有自身的特点。结合移民家乡住房投资的相关理论，笔者提出以下几个理论假设。

假设 1：农民工家乡住房投资与农民工成员权利正相关，即农民工在家乡的住房投资行为与其在农村的耕地承包、宅基地划分、集体资产收益等成员权利有关，农民工在农村的成员权利潜在价值越高，农民工在农村进行住房投资的可能性越高。在老家建筑住房，也是未来回流计划的一部分，为农民工维持输出地成员权利提供基础。

假设 1a：在家乡人均耕地承包面积越多，农民工返乡进行住房投资的概率越大。

假设 1b：农民工所在村庄经济情况越好，即距离乡镇中心越近、村庄周边工厂数量越多，农民工返乡进行住房投资的可能性越高。

假设 1c：计划回迁的农民工更倾向于在家乡选择建房投资。

假设 2：农民工家乡住房投资与其给留守家庭成员带来的潜在收益正相关，即留守家庭成员对住房的需求程度越高，农民工进行住房投资的可能性越大。所以，一个家庭在同一城市外出务工者数量越多，农民工在家乡进行住房投资的可能性越低。

假设 3：农民工家乡住房投资与其身份认同正相关，即农民工年龄越大、在外工作时间越长，获得家乡社会认可和社会尊重的意愿会更加强烈，在家乡进行住房投资的可能性越高。

假设 4：农民工在家乡的住房投资与利他动机相关，即家乡经济越不发达（距离乡镇中心越远、周边企业数量越少），移民进行住房投资的概率越大。

第三节　数据来源与描述性统计

（一）数据来源

数据来源于 2012 年 1 月在广东进行的劳动力转移情况专题调查，调查由广东省政协委托华南师范大学劳动经济研究所在广东 21 个地市进行。调查有 4 个子项目，分别为用工企业调查、外出务工人员调查、培训机构调查、用工地政府调查。本研究使用的数据来自外出务工人员调查子项目。剔除重复、部分缺失数据以及第一次外出前已经新建住房的样本，最终获得有效分析样本 1456 个。

该调查数据覆盖了广东主要用工地区，且在问卷发放中要求调查地区按照企业类型和企业规模随机抽取企业填写，这在一定程度上保证了调查数据的准确性和代表性。调查问卷涵盖外出务工人员个人基本状况、家庭及家乡状况、工作状况、培训情况、生活状况等 5 类 80 个问题，调查内容详尽，有助于我们在回归方程中引入足够多的控制变量来构造一种类似于实验的环境，以获得关注变量的净效应。

（二）描述性统计

1. 调查样本农民工概况与基本特征

根据表 6－1，调查样本农民工大致呈现以下几个特征。

一是以新生代农民工为主，受教育程度相对较高。从平均年龄来看，平均年龄约为 32 岁，新生代农民工（20 世纪 80 年代以后出生、年满 16 周岁以上）占总样本约 60%。分年龄段看，16~20 岁占 4.66%，21~30 岁占 44.32%，31~40 岁占 36.81%，40 岁以上农民工仅占 14.21%，远低于同期全国水平（《2011 年我国农民工调查监测报告》显示，40 岁以上农民工所占比重为 38.3%）。广东用工结构以青壮年劳动力为主的格局仍没有大的改变。从受教育程度来看，农民工以初中文化程度为主的结构并没有改变，农民工平均受教育程度为 10.34 年，略高于初中文化程度。从教育水平区间来看，53.29% 的农民工拥有初中文化程度，而高中或者中专以上文化程度所占比例明显要高于全国平均水平（39.44% vs 17.7%）。

二是就业呈现长期化和家庭化趋势。参与本次调查的农民工，首次外出打工的平均年龄为 21.28 岁，截至目前累计外出打工的年数平均为 4.5 年，外出 3 年以上者占约 51%，大部分具有一定的外出工作经验，也积累了一定资金。从外出模式来看，农民工家庭平均外出人数为 1.5 人，单人外出仍是家庭劳动力输出的主要方式，约 66% 的农民工家庭仅有 1 人在外务工，还有部分是夫妻共同外出或者举家迁移，如约 18% 的家庭有 2 个成员在外务工，而 16.07% 的农民工家庭有 3 个人在外务工。

三是城市融入困难，与家乡保持紧密联系。调查显示农民工融入城市困难，73.83% 的农民工在城市有心理压力，而农民工家庭在务工地月消费水平为 1243 元，约一半的家庭平均月消费在 1000 元以下，这与中国经济报告课题组（2011）的调查结论一致。相应的农民工仍然与家乡保持紧密联系，在劳务输出地仍保留一定的承包耕地，人均承包耕地面积约为 1.8 亩，接近 59% 的农民工每年回乡两次以上，而农民工部分甚至是大部分务工收入净结余被转移回了农村，农民工年平均汇款量接近 6000 元。这可能促使他们最终选择返乡发展，调查也显示约 43% 的农民工已经有返乡发展的计划。

表 6 - 1　主要变量均值及频数分布

变量	平均值	分布区间	人数（比例）	变量	平均值	分布区间	人数（比例）
年龄	31.98 岁	16～20 岁	68（4.67%）	家庭承包耕地面积	1.8 亩	1 亩以下	780（53.56%）
		21～30 岁	645（44.30%）			1.1～2 亩	420（28.85%）
		31～40 岁	536（36.81%）			2.1～3 亩	70（4.81%）
		41～50 岁	190（13.05%）			3 亩以上	186（12.8%）
		50 岁以上	17（1.17%）				
性别	0.5968	男	869（59.68%）	家庭外出总人数	1.5 人	1 人	962（66.06%）
		女	587（40.32%）			2 人	260（17.86%）
						3 人以上	234（16.07%）
初次外出年龄	21.28 岁	14～20 岁	853（58.58%）	家庭城市居民月消费	1253.7（元）	1000 元	720（49.46%）
		21～30 岁	539（37.02%）			1001～1500 元	451（30.97%）
		31 岁以上	64（4.4%）			1501 元以上	285（19.57%）

续表

变量	平均值	分布区间	人数（比例）	变量	平均值	分布区间	人数（比例）
受教育程度	10.34 年	0～6 年	107（7.37%）	回乡次数	1.87 次	0 次	160（10.99%）
		7～9 年	776（53.29%）			1 次	441（30.29%）
		10～12 年	387（26.58%）			2 次	602（41.35%）
		12 年以上	186（12.86%）			3 次以上	253（17.37%）
工作时间	53.97 个月	12 个月以下	308（21.15%）	年平均汇款量	5927.6 元	1000 元以下	316（21.7%）
		13～24 个月	237（16.28%）			1001～3000 元	163（11.2%）
		25～36 个月	172（11.81%）			3001～5000 元	619（42.51%）
		37～60 个月	394（27.06%）			5001～10000 元	226（15.52%）
		61 个月以上	345（23.70%）			10001 元以上	132（9.07%）
是否有心理压力	0.7383	有	1075（73.83%）	是否有返乡意愿	0.4341	有	632（43.41%）
		无	381（26.17%）			无	824（56.59%）

2. 农民工家乡住房投资情况

在总样本中有 660 人进行了住房投资，占总样本的 45.33%，农民工家乡住房投资现象较普遍。导致整体上出现这一局面的原因大致有两个。一是农民工住房相对购买力不足。在广东务工的农民工收入水平整体不高，2010 年农民工月工资水平约为 1917 元[1]，略高于同期全国平均水平（《2010年农民工监测报告》[2] 显示全国平均水平为 1690 元），但远低于同期广东在岗职工月平均工资水平（2010 年为 3363 元）。[3] 相对于农民工的低工资而言，同期广东房价持续上涨。2009 年，广东省商品房销售均价为 6518 元/平方米，创历史新高，涨幅达 10.64%[4]；2010 年，广东商品房销售均价为 7479 元/平方米，同比增长 14.8%[5]。最终导致农民工住房相对购买力不足。二是农民工保障住房覆盖率较低。广东为流动人口第一大省，但广东公租房建设迟缓，"十一五"以来，仅建有 60 多万套保障房，而且大部分面向户籍人口。虽然有农民工可以申请公租房的政策，但申请过程烦琐、

---

[1] 孙中伟、舒玢玢：《最低工资标准与农民工工资——基于珠三角的实证研究》，《管理世界》2011 年第 8 期。

[2] 《2010 年农民工监测报告》，载于《2011 中国发展报告》。

[3] 广东省统计局：《广东省统计年鉴》（2010～2011）。

[4] 广东省房协市场分析课题组：《2009 年广东房地产市场分析报告》，广东房地产网，2010 年 1 月 29 日。

[5] 广东省房协市场分析课题组：《2009 年广东房地产市场分析报告》，广东房地产网，2010 年 1 月 27 日。

各种附加条件繁多，大部分农民工被排斥在制度之外，在部分地区甚至出现保障房空置，而农民工无法入住的现象。[①]

表 6－2　住房投资和未进行住房投资农民工特征比较

	总样本均值	住房投资	尚未投资	差值
年龄（岁）	31.98	34.61	29.80	4.81***
性别（男性＝1）	0.5968	0.6682	0.5377	0.1305***
婚姻（已婚＝1）	0.6909	0.8318	0.5741	0.2577***
受教育程度	10.34	10.23	10.43	－0.2061
工作时间（月）	53.97	65.61	44.31	21.30
家庭16岁以下人数	1.17	1.31	1.05	0.2548
家庭外出总人数	1.50	1.43	1.56	－0.128*
家庭人均耕地面积（亩）	1.80	2.316288	1.37	0.95***
村庄与乡（镇）中心距离（里）	9.80	8.97	10.49	－1.52***
村庄企业数量（家）	2.68	3.06	2.36	0.698
城市月消费对数	6.98	7.00	6.96	0.048
是否有心理压力（有＝1）	0.7383	0.7803	0.7035	0.0768***
是否有返乡意愿（有＝1）	0.4341	0.5167	0.3656	0.1511***
年平均回乡次数（次）	1.87	1.95	1.80	0.151**
样本数	1456	660	796	

农民工在家乡进行住房投资现象普遍存在，不过农民工是否在家乡进行住房投资仍存在较大的个体差异（见表6－2）。大致呈现以下三大特征。一是已婚者、男性和年龄较大者倾向于在家乡进行住房投资。家乡住房投资者中男性和已婚者的比例比未进行家乡住房投资者显著高约13个和26个百分点，而在年龄上，家乡住房投资者的平均年龄比未进行住房投资者显著大4.8岁。原因可能在于已婚的男性要承担更多家庭责任，而年龄越大者其外出时间可能越长，务工积累资金较多，加大了他们进行住房投资的可能性。二是家庭外出人数越多，进行住房建设的可能性越低。家乡住房投资者的家庭外出总人数比未进行住房投资者低约0.13人。家庭外出人数越多，迁移家庭在城市的生存能力越强，家庭永久定居的能力和意愿也相对

―――――――――

① 刘宏宇：《公租房申请手续吓跑农民工：至少需办7个证等90天》，新华网，2014年1月1日。

较强，这会削弱他们在农村的住房投资行为；家庭外出人数多，留守家庭人员数量会相对减少，家庭成员在农村居住的需求也相对减少，这也会削弱外出农民工进行家乡住房投资的动机。三是村庄交通便利、家庭人均耕地面积越多，农民工进行住房投资的可能性越高。家乡住房投资者所在村庄距乡（镇）中心要比未进行家乡住房投资者近约 1.5 公里。村庄与乡（镇）中心距离越近，农民工住房投资的价值及居住便利性越高，他们进行投资的可能性会随之加大。而人均耕地面积越多，农民工在家乡可得到的与成员资格相关的权利会越大，这种维持动机会强化其住房投资动机。四是城市融入越困难，与家乡联系越密切者，进行家乡住房投资的概率越高。进行家乡住房投资者在城市面临的心理压力显著高于未进行住房投资者，这些人返乡的意愿显著高于未进行住房投资者，而其与家乡的联系程度也显著高于未进行住房投资者。这也初步说明，城市融入困难、和家乡联系更密切的外出者，他们对家乡的依赖更强，进行家乡住房投资的可能性更高。

第四节　实证估计结果

（一）农民工家乡住房投资决策

农民工家乡住房投资行为受个体、家庭、输出地和输入地特征影响，笔者借鉴 Osili（2004）关于移民家乡住房投资决策的分析框架，考察各因素对农民工家乡住房投资行为的影响。Y_i 用来刻画移民在家乡是否进行住房投资活动，如果进行住房投资则取值 1，否则取值 0，采用 Probit 分析移民在家乡进行住房投资的可能性。

$$P\ (Y_i = 1 \mid X)\ = \Phi\ (X_i \beta)$$

其中 β 为变量估计参数，X_i 包括农民工个人特征（年龄、性别、受教育程度、工作经验）、家庭特征（婚姻、家庭 16 岁以下人口数量、家庭外出人数、家庭耕地承包面积）、输出地特征（与乡镇中心的距离、村庄周边企业数量）、务工地工作生活特征（家庭消费对数、在城市的心理压力、是否有返乡计划、与家乡之间的联系）。

从表 6－3 回归结果可以看出，农民工家乡住房投资主要受年龄、婚姻、工作经验、家庭外出规模、家庭承包耕地情况、村庄交通便利程度、在城市心理压力、返乡意愿以及与家乡联系等因素影响。

表 6 - 3　农民工家乡住房投资决策分析

变量	估计系数	边际效应	
年龄	0.0305 *** (0.0061)	0.012	均值上增加一岁
性别（男性 = 1）	0.0965 (0.0769)	0.038	男 vs 女
受教育程度	0.0197 (0.0140)	0.0078	均值上增加 1 年
工作时间（月）	0.0029 *** (0.0009)	0.014	均值上增加 12 个月
婚姻（已婚 = 1）	0.3782 *** (0.1074)	0.147	已婚 vs 未婚
家庭 16 岁以下人数	0.0318 (0.0452)	0.013	均值上增加 1 人
家庭外出总人数	- 0.0772 ** (0.0304)	- 0.031	均值上增加 1 人
家庭人均耕地面积（亩）	0.0607 *** (0.0137)	0.024	均值上增加 1 亩
村庄与乡（镇）中心距离（里）	- 0.0110 * (0.0061)	- 0.044	均值上增加 10 里
村庄企业数量（家）	0.0047 (0.0048)	0.019	均值上增加 10 家
城市月消费对数	0.0289 (0.0645)	0.011	均值上增加 1 单位
是否有心理压力（有 = 1）	0.2127 ** (0.0828)	0.083	有压力 vs 无压力
是否有返乡意愿（有 = 1）	0.2526 *** (0.0736)	0.01	回流 vs 无回流意愿
年平均回乡次数（次）	0.0565 ** (0.0266)	0.022	均值上增加 1 次
常数项	- 2.499 *** (0.5796)	—	
城市虚拟变量	控制		
Log pseudolikelihood	- 856.4		
Wald chi2（34）	248.94（0.000）		
Pseudo R2	0.1460		
样本量	1456		

注：括号内为稳健方差；* $p < 0.1$，** $p < 0.05$，*** $p < 0.01$。

具体来看，年龄对农民工家乡住房投资有显著正影响。年龄每增加一岁，农民工家乡住房投资的概率增加 1.2 个百分点，即年老的移民更倾向于在家乡进行住房投资；而工作经验对农民工家乡住房投资也有显著影响，工作经验每增加一年，农民工家乡住房投资概率增加 1.4 个百分点，结论与 Osili（2004）的一致。这表明年龄越大、在外工作时间越长，农民工思乡、回乡的愿望越强烈，而住房投资无疑是他们在家乡获得身份认同和社会尊重的最好方式。

从家庭特征来看，已婚者在家乡进行住房投资的概率要高于未婚者，这与移民生命周期理论相吻合，即已婚移民有更大的维持家庭生存的需要，多数人在 30 岁左右结婚、组成家庭、养育孩子，在这个阶段，家庭维护、住房和医疗保健的需求是最大的。因此，移民的汇款首先会满足家庭这些基本消费需求。只有在基本需求得以保障的情况下，移民才会转向生产性活动，所以投资住房的比例较大（Massey，1987）。家庭在城镇务工人数越多，在家乡进行住房投资的概率越低，外出务工总人数每增加一人，农民工在家乡进行住房投资的概率减少 3.1 个百分点。一方面，多人或者举家外出可能提升农民工在城市的生存能力以及抵抗风险的能力，进而影响他们的住房投资决策。同时，多人或者举家外出融入城市或者在城市定居的意愿更加强烈，这会冲击他们在家乡的住房投资决策。另一方面，可能与住房投资收益有关，因为家庭在城市务工人数越多，家乡投资住房空置的可能性越大，其放松信贷约束等间接效应也大打折扣，因此，在农村住房没有交易市场的情况下，建房更多是基于家庭留守成员的福利提升。

在老家承包地人均耕地面积与农民工住房投资可能性显著正相关，承包耕地面积每增加 1 亩，农民工在家乡进行住房投资的可能性增加 2.4%。在现有制度约束下，农民工老家的地和房子才是他们最后的依靠。家庭在当地有资格承包的耕地面积越多，外出农民工成员资格的价值可能越大，其维持成员资格的动力会越强，在家乡进行住房投资的可能性越大（Massey and Basem，1992；Durand et al.，1996）。村庄经济发展程度对农民工住房投资有显著影响，村庄与乡镇（中心）的距离每增加 10 里，农民工进行住房投资的概率就减少 4.4 个百分点，而村庄企业数量越多，农民工进行住房投资的可能性越大，虽然并不显著。劳务输出地经济发展也反映了农民工维持成员权利的价值，家乡的发展预示着住房投资的未来收益，会促进农民工的住房投资活动，而农民工也会为增强成员权利而扩大家乡的住房投资活动。这一点与董玄（2014）对浙江嘉善县外来农民工的调查结论相吻合，他的调查发现，宅基地塑造农民工的人生计划图，农村宅基地、房屋升值预期，共同导致农民工把积蓄投到农村、老家房屋而不是城市房屋。

从务工地工作生活特征来看，务工地消费对农民工家乡住房投资的影响并不显著，这可能与农民工在务工地消费水平不高有关。再看移民与家乡的联系，我们可以看出移民与家乡的联系越密切，在家乡进行住房投资的可能性越大，平均回老家的次数每增加一次，农民工在家乡进行住房投资的可能性增加2.2%。这说明，与家乡联系密切的农民工，其故乡情结更强，归属感或者维持与家乡关系的意愿也更加强烈，所以通过住房投资维持这种意愿的可能性就越大。而在城市有心理压力的农民工在家乡进行住房投资的概率比无心理压力者高8.3个百分点，有回流意愿者进行住房投资的概率也比无返乡意愿者高1个百分点。这说明，农民工在家乡进行住房投资与他在城市中的工作生活状态紧密相关，城市生活压力大、无法实现永久性迁移可能促使农民工不得不在家乡购房或者建房安家，而回流会促进其住房投资行为，农民工在家乡的住房投资行为通常与未来回流计划相联系（Lawless，1986；Galor and Stark，1990），即有回流意愿的农民工将外出收入用于家乡住房投资，为回流做准备。

（二）住房投资事件史分析

不过，Probit分析仅仅考察移民在家乡进行住房投资的可能性，即投资是否发生，没有考虑农民工家乡住房投资前的停留时间，这段停留时间被称作生存时间（Survival Time），在特定时间投资发生的概率被称为风险率（Hazard Rate）。风险期从外出那一年开始，到住房投资的那一年结束，否则，风险期到调查时结束。被解释变量为风险比率，用来刻画 t 时刻移民投资的可能性，即从一种无住房投资状态转变为住房投资状态，依赖于农民工个人特征、家庭、流入地和流出地特征和流逝的时间。

参数回归中要求风险率与特征或者生存时间与特征之间的关系，设定风险方程服从特殊的形式可能存在不足。而从风险率的非参数估计（见图6-1）可以看出，住房投资行为不存在单调趋势，而是随着外出时间的增加，住房投资行为先增加，在15期左右达到一个顶点后出现下降趋势，并在第25期左右下降到谷底，然后出现反向上升。由此，笔者选择用Cox风险比例模型来估计，Cox估计对于风险曲线的单调性并没有严格要求（Jenkins，2005；Kirdar，2007），并且估计参数解释可参照回归估计。

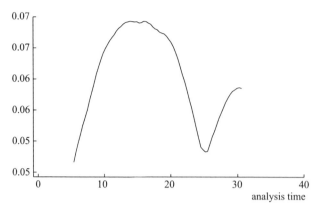

图 6 - 1　风险率的非参数估计

在 Cox 风险比例模型中，在生存时间 t 上的风险率 $h(t)$ 定义为：

$$h(t) = h_0(t)\exp(\beta_1 x_1 + \cdots + \beta_k x_k)$$

$h_0(t)$ 为基线风险，t 为首次外出到进行住房投资的时间。因变量不是单纯的住房投资是否发生，而是在某一特定生存时间内的投资发生率（风险率）。自变量包括农民工个人特征（首次外出务工年龄、性别、受教育程度）、家庭与输出地特征（家庭承包耕地人均面积、村庄与乡镇的距离、村庄周边工厂数量）、与家乡的联系及务工地宏观经济特征（就业状态、物价指数）。

表 6 - 4 估计了农民工家乡住房投资风险，LR test 和 Score test 均显著，模型拟合程度较好。在 Cox 风险比例模型中，变量的估计系数为正，代表对住房投资风险有正向影响，反之则表示对住房投资风险有负向影响。从估计结果可以看到，年龄、家庭承包耕地人均面积、村庄发展程度对家乡投资风险都有显著正效应，即年龄越大、家庭承包耕地人均面积越多、村庄越发达，在外务工农民工进行家乡住房投资的风险越大。这与 Probit 估计一致，进一步证实农民工家乡住房投资行为更多的是为了维持社区成员权利，而不是纯粹的利他行为。

考虑到宏观经济冲击对农民工家乡住房投资的影响，笔者在模型中考虑就业状况以及务工地生活成本的影响。农民工在外就业状态越好，他们返乡投资的动力或者拉力越弱，反之，就业状况不佳或者就业不稳定会加速他们返乡投资的进程。就业状况笔者用广东加工贸易出口增长率表示，因为广东农民工就业大部分集中在加工制造业等外向型经济体，加工贸易出口情况直接影响农民工的就业状态。对于务工地生活成本，笔者选用广东消费价格指数来表示，务工地物价上涨有两个效应：一是收入效应，务工地物价上涨使农民工的可支配收入减少，可能对家乡住房投资有负效应；二是务工地物价上涨可能促使农民工把务工收入更多地往家乡投资，因为家乡的货币购买力可能相对较高，这会显著提升农民工家乡住房投资行为。务工地物价上涨对农民工家乡住房投资的影响取决于这两个效应的冲击。

　　笔者把这两个宏观冲击指标分别放入 Cox 风险比例模型中，估计结果在表 6 - 4 的第 2 列和第 3 列。我们可以看到，加工贸易出口增长率与投资风险都显著负相关，这说明就业状况越好，农民工在城市获得稳定工作或者实现持久定居的可能性越高，这会削弱他们返乡投资住房的可能性。而 CPI 与农民工家乡住房投资风险也存在显著负相关，可以证实物价上涨对外出农民工的可支配收入影响较大，因为在持续工资增长机制缺位的情况下，农民工工资调整缓慢，物价上涨削弱了农民工对家乡的支持力度。

表 6 - 4　农民工家乡住房投资行为风险率估计

	模型（1）	模型（2）	模型（3）
初次外出务工年龄	0.0234 ***	0.0206 **	0.0163 *
	(0.0091)	(0.0091)	(0.0092)
性别（男性 = 1）	0.0775	0.1335	0.1152
	(0.0858)	(0.0862)	(0.0858)
受教育程度	0.0604 ***	0.0529 ***	0.0540 ***
	(0.0160)	(0.0161)	(0.0160)
家庭人均耕地面积（亩）	0.0405 ***	0.0410 ***	0.0427 ***
	(0.0074)	(0.0074)	(0.0074)
村庄与乡（镇）中心距离（里）	- 0.0112 *	- 0.0142 **	- 0.0150 **
	(0.0067)	(0.0068)	(0.0069)
村庄企业数量（家）	0.0018	0.0033	0.0032
	(0.0040)	(0.0040)	(0.0041)
年平均回乡次数（次）	0.0380	0.0430	0.0439
	(0.0284)	(0.0283)	(0.0282)
加工贸易出口增长率（%）		- 2.0491 ***	
		(0.3801)	
消费价格指数			- 2.6146 ***
			(0.4708)
城市虚拟变量	控制		
LR test	15.792 *	15.624 *	15.099 *
Score test	15.842 *	15.206 *	15.414 *
样本量	1456	1456	1456

　　注：括号内为稳健方差；* $p < 0.1$，** $p < 0.05$，*** $p < 0.01$。

（三）住房投资、回流意愿与农民工汇款

汇款是移民影响劳务输出地经济发展的重要途径（Mamun and Nath，2010）。探讨农民工家乡住房投资行为，汇款成因及汇款用途是另外一个不可忽视的问题。在这一部分，笔者以农民工年平均汇款为解释变量，构建一个Tobit模型，来检验住房投资、回流意愿等对农民工汇款的影响。

$$r_i = \alpha_i + \theta_1 \text{return}_i + \theta_2 \text{hinvestment} + \theta_3 \text{incident}_i + \theta_4 v_i + \varepsilon_i$$

其中，return 为回流意愿，hinvestment 为住房投资，incident 为过去一年中家庭是否有亲人病故或者病重，v 为其他控制变量。

表 6 – 5　农民工汇款决策估计

	（1）	（2）	（3）	（4）
年龄	59.08 *	53.59 *	29.00	29.01
	(30.71)	(30.669)	(30.81)	(30.81)
性别（男 = 1）	862.45 **	756.79 *	662.9 *	662.9 *
	(392.02)	(392.5)	(389.6)	(389.6)
受教育程度	274.78 ***	293.9 ***	275.2 ***	275.1 ***
	(73.06)	(73.14)	(72.63)	(72.69)
婚姻（已婚 = 1）	698.7	642.1	386.8	385.59
	(547.9)	(546.5)	(544.4)	(546.1)
家庭 16 岁以下人数	1501.8 ***	1492.2 ***	1459.9 ***	1460.2 ***
	(231.2)	(230.5)	(228.7)	(228.9)
家庭人均耕地面积（亩）	72.13	61.5124	27.10	26.97
	(52.98)	(52.94)	(52.94)	(53.14)
村庄与乡（镇）中心距离（里）	− 64.73 **	− 62.75 **	− 53.66 **	− 53.66 **
	(26.98)	(26.90)	(26.72)	(26.72)
年平均回乡次数（次）	305.17 **	330.3 **	295.48 **	294.7 **
	(136.22)	(136.1)	(135.12)	(137.8)
是否有返乡意愿（有 = 1）		1108.3 ***	920.1 **	919.54 **
		(383.7)	(382.4)	(382.9)
是否进行住房投资（有 = 1）			1943.1 ***	1942.5 ***
			(397.1)	(397.8)
是否有亲人病故或者病重（有 = 1）				16.26
				(566.9)
常数项	− 1916.5	− 2449.5	− 1807.1	− 1805.8
	(1742.4)	(1746.7)	(1736.9)	(1737.4)
城市控制变量	控制			
LM test	494.4 ***	495.05 ***	495.63 ***	496.3 ***

	（1）	（2）	（3）	（4）
N	1456	1456	1456	1456

注：括号内为稳健方差；* $p < 0.1$，** $p < 0.05$，*** $p < 0.01$。

表6-5估计住房投资、回流意愿与农民工汇款决策。我们从中可以看到，男性外出者汇款显著高于女性，而受教育程度越高，汇款额越高，这可能与汇款能力有关。因为男性和受教育程度高者在劳动力市场上具有一定就业优势，更有能力支持家乡住房投资。同时，我们也可以看到，家庭16岁以下子女数量越多，农民工汇款额越高，而村庄与乡镇中心的距离越远，农民工汇款越少。这符合汇款的利己假说，即农民工汇款主要是为了子女教育、家庭发展等。而家庭承包耕地人均面积越多，农民工汇款量越大，但影响并不显著，说明目前农民工外出对于农业生产的支持十分有限，汇款很少被用在提升农业生产率等的投资上，这也是目前外出务工导致农业生产率低下的原因。

最后再来看回流意愿、住房投资以及突发事件对农民工汇款的影响，我们可以看到，回流意愿对汇款有显著影响，有回流意愿者明显加大对家乡的资金支持力度，这与Cai（2003）的估计基本一致，进一步揭示有回流意愿的农民工的汇款意愿更强，有回流意愿的农民工更倾向于委托家人在农村住宅、牲畜以及小商业方面进行投资，为自己未来返乡居住或者创业等奠定基础，而无回流意愿的农民工更容易被输入地吸收同化，倾向于在输入地进行财产性投资或消费，这也使得有回流意愿的农民工的汇款动机远强于没有回流意愿的农民工。同时，我们可以看到，进行家乡住房投资的农民工汇款更加积极，有住房投资农民工的汇款额显著高于没有住房投资的农民工，平均高出约1940元。由此可见，住房投资无疑是农民工外出汇款的主要原因之一。而在过去一年中有亲人去世或者病故等突发事件对农民工汇款也有正影响，但并不显著，说明突发事件并不是推动农民工汇款的主要原因。

第五节　结论与建议

本部分基于广东迁移劳动力调查数据，实证考察了农民工家乡住房投资行为。研究结果显示：（1）成员权利、身份认同与留守家庭福利提升等是农民工家乡住房投资的主要原因；（2）农民工住房投资与务工地就业状况、务工地生活成本显著相关，务工地就业状况越好、生活成本越高，农民工进行家乡住房投资的可能性越低；（3）住房投资、回流动机等是农民工汇款的主要原因，但农民工汇款对农业生产的支持可能有限。

由此可见，农民工家乡住房投资是农民工在一定的制度文化条件下做出的理性决策，是居住需求、归属需要、认同与尊重需求等多重目标共同作用的结果。要有效解决农民工住房问题就必须考虑农民工的多元需求，统筹劳务输入地和输出地相关政策，设计新型城镇化背景下农民工住房政策的联动机制。

一是把"就地城镇化"纳入城镇化战略范畴，改善农村人居环境，放开小城市落户限制，满足农民工返乡居住意愿。通过加大农村公共服务投入，引导农民适度集中居住，把公共服务向中心镇、村延伸，实现公共服务城乡均等化，让农民在当地过上现代生活。另外，要打破户籍藩篱，全面放开小城市落户限制，引导农民工在劳务输出地中小城市购房，就地实现市民化。

二是建立农村产权流转交易公开市场体系，引导农户进行财产优化配置。实现迁移人口市民化，需要把农民工从农村彻底释放出来。这需要对耕地承包、农村宅基地、集体资产确权，赋予农民占有、使用、转让等权利，促进农村住房和承包耕地、宅基地等合理流转，解决农民工后顾之忧，也可为农民工在流入地购房提供一定资金支持，推动实现永久性迁移。

三是建立农民工工资增长长效机制，提升农民工就业质量，增强其在务工地城市的住房购买能力。一方面，及时提高最低工资标准并严格执行，保障农民工的底线工资；另一方面，完善劳资集体协商和谈判机制，通过集体谈判的形式来确定工资水平和工资增幅，逐步建立农民工工资增长长效机制，提升农民工的城市住房购买能力。

四是加大农民工保障性住房建设支持力度，在资金、政策等方面重点倾斜。一方面，将农民工住房纳入城镇住房保障体系，加大保障房建设和供给力度，放宽申请条件，保障房政策更多向农民工群体倾斜；另一方面，把农民工纳入住房公积金的覆盖范围，给他们提供稳定的资金，保障他们住房购买基本能力。

第七章　农民工外出与农户发展

第一节　劳动力外出与农户生产率[*]

（一）农民工外出与农户生产率研究现状

自 2004 年我国出现劳动力短缺以来，农村劳动力外出增势有所放缓，但外出就业的整体态势并未逆转，外出农民工规模仍高位运行且小幅增加。农村青壮年劳动力大量外出务工，"谁来种地"的问题也日渐突出。国家统计局农民工监测报告显示，2012 年底 26261 万农村劳动力转向了城镇和非农产业就业，占当年农村从业人员总数的 48.76%。尽管目前在农业中从业的劳动力还有 2.7 亿多人，但其中中老年人和妇女占多数（陈锡文，2013）。不过同期，我们却看到，我国粮食产量仍稳定增长，2013 年粮食总产量首次突破 6 亿吨大关，实现"十年连续增长"。

在农村劳动力大规模外出的背景下，我国粮食生产仍能实现稳定持续增长，有点令人匪夷所思，农村劳动力外出真的降低了农业效率吗？在此，Rozelle et al.（1999）和 Taylor et al.（2003）利用在河北和辽宁的农户家庭调查数据分别探讨了劳动力外出对农业生产（玉米）和农户收入的影响，而王子成（2012）也采用 2006 年中国综合社会调查数据估计了外出务工、汇款对农户生产经营行为的影响。这些研究均证实"劳动力外出对农户农业生产产生显著负效应"，不过由于研究中没有处理好两个问题，研究结论也受到局限。一是没有具体考察农户家庭禀赋（Household Endowment），如土地、受教育程度等对农业生产的影响，也未考虑在外出选择内生的情况下，参与外出农户和未参与外出农户家庭禀赋对产出的影响差异。二是忽

---

[*] 本节内容参考王子成《农村劳动力外出降低了农业效率吗?》，《统计研究》2015 年第 3 期，第 54~61 页。

视对劳动力外出影响效应的动态考察。劳动力外出对农户生产的影响机制复杂，特别是劳动力外出可能存在迟滞效应或者衰退效应，即劳动力外出对农户生产的影响可能随外出时间的长短发生改变，忽视这一效应可能导致估计偏误。

目前国外研究对于"迁移是否提升了农业效率"，实证检验并未取得一致结论。一方面，很多变量本身既影响迁移行为又影响家庭生产、家庭收入等迁移结果，致使迁移行为方程和迁移结果方程的协变量重叠（Stolzenberg and Relles，1997），而且很难找到合适的工具变量来解决内生性和选择性偏差问题，最终导致估计结果出现偏差。另一方面，迁移对农户生产的影响机制复杂。家庭生产函数的参数可能随着迁移而发生变化，如当家庭得到汇款支持时，可能转向采用新的农业技术，对产出会造成较大影响。所以在实证研究中，严格检验迁移对收入及生产活动的影响会更加困难（Taylor and Lopez-Feldman，2010），这也使得现有研究结果之间可能存在不一致性甚至相互冲突。采用更高质量的调查数据或者更严格的计量方法，进一步评价迁移对农业效率的影响无疑是新迁移经济学拓展的一个重要方向。

基于此，本文利用农业部农村固定观察点数据，在前期研究的基础上，进一步评价劳动力外出对农业效率的影响。笔者的研究大致有以下三个方面的拓展：一是利用有代表性的追踪数据（农业部农村固定观察点数据，后文简称 RCRE 数据）和内生转换回归模型（Endogenous Switching Regression Model）的方法来探讨劳动力外出对土地、教育等要素产出率的影响；二是考虑劳动力外出影响效应的迟滞性或者衰退性，通过调整实验基期（Treatment Year）来检验结论的稳健性；三是估计外出务工对种子和化肥使用、生产性资产投资的影响，对外出务工影响效应的传导因素进行考察。

（二）数据与估计方法

1. 数据来源

本研究所用的数据来自农业部农村固定观察点数据，全国农村固定观察点调查系统是 1984 年经中共中央书记处批准设立的，于 1986 年正式建立并运行至今。目前有调查农户 20000 户左右，调查村 360 个行政村，样本分布在全国除港澳台外的 31 个省（区、市），年度常规调查数据每年 12 月底按统一口径由县级观察点主管部门统一报送，年度常规调查农户指标涵盖家庭成员构成情况、土地情况、农户家庭生产经营情况、家庭全年收支情况等，行政村指标涵盖行政村经济概况、农户人口情况、劳动力情况等。

RCRE 数据为全国性调查数据，不仅样本量大、调查指标涵盖范围广，而且长期追踪村庄和农户的比重较高，用于探讨农村劳动力外出对农户生产率的影响，具有较好的代表性。为了更清晰地考察劳动力外出对农业效率的影响，样本选择地区为安徽、江西、四川、湖南、湖北、河南、广西、重庆、贵州等劳务输出重点地区。RCRE 农户调查问卷自 1986 年开始，前后经历 4 次大幅调整，到 2003 年调查才新增了"家庭成员的构成及就业情况"调查条目，所以最终选择数据调查区间为 2003 ~ 2011 年。

2. 估计方法与变量设置

关于劳动力外出对农业效率的影响，笔者试图利用内生转换回归模型（Endogenous Switching Regression Model）来评估。

首先假定农户在 $t-\tau$ 期有至少一个劳动力外出，笔者把这些农户视为处理组，把在 $t-\tau$ 期没有劳动力外出的农户视为控制组。考虑到劳动力外出影响效应的滞后性或者沉淀效应，笔者以 t 期农业产出（用农业收入来表示，y_t）为结果变量，评估 $t-\tau$ 期农户是否参与外出对结果变量的影响，其中 τ 至少为 1。

不过，迁移是选择性的行为（Lee，1966），农村劳动力外出也不例外（王子成、赵忠，2013），$t-\tau$ 期外出务工家庭并不是一个随机选择组，直接采用 OLS 估计必然会产生估计偏差，得到有偏估计参数。处理组选择的内生性问题，可以通过内生转换回归模型（Endogenous Switching Regression Model）来解决：

$$I_{t-\tau}^i = 1 \qquad \text{if } \gamma_{t-\tau} Z_{t-\tau}^i + u_{t-\tau}^i > 0 \tag{1}$$

$$I_{t-\tau}^i = 0 \qquad \text{if } \gamma_{t-\tau} Z_{t-\tau}^i + u_{t-\tau}^i \leqslant 0 \tag{2}$$

$$regime1: \qquad y_t^{1i} = \alpha_t^{1i} + \beta_t^{1i} X_t^{1i} + \varepsilon_t^{1i} \qquad \text{if } I_{t-\tau}^i = 1 \tag{3}$$

$$regime2: \qquad y_t^{2i} = \alpha_t^{2i} + \beta_t^{2i} X_t^{2i} + \varepsilon_t^{2i} \qquad \text{if } I_{t-\tau}^i = 0 \tag{4}$$

其中，$I_{t-\tau}^i$ 为农户组别（regime）决定方程（在 $t-\tau$ 期农户家庭是否参与外出），$regime1$ 为处理组，$regime2$ 为控制组，$Z_{t-\tau}^i$ 为影响劳动力外出的因素，X_t^{1i}、X_t^{2i} 分别为影响外出农户和未参与外出农户产出的变量，$u_{t-\tau}^i$、ε_t^{1i}、ε_t^{2i} 为均值为 0 的方差。方程协方差矩阵表示如下。

$$\Omega = \begin{bmatrix} \sigma_u^2 & \sigma_{1u} & \sigma_{2u} \\ \sigma_{1u} & \sigma_1^2 & \cdot \\ \sigma_{2u} & \cdot & \sigma_2^2 \end{bmatrix}$$

其中，σ_u^2 为选择方程误差项的方差，σ_1^2 和 σ_2^2 分别为 regime1 和 regime2 的方程。σ_{1u} 为 $u_{t-\tau}^i$ 和 ε_t^{1i} 的协方差，σ_{2u} 为 $u_{t-\tau}^i$ 和 ε_t^{2i} 的协方差。

假定 $\sigma_u^2 = 1$，模型可以通过非线性求解识别，方程（3）、（4）的似然函数可写为：

$$\ln L = \sum_i (I_i [\ln\{F(\eta_{1i})\} + \ln\{\varepsilon_{1i}/\sigma_1\}]) + (1 + I_i)[\ln\{1 - f(\eta_{2i})\} + \ln\{f(\varepsilon_{2i}/\sigma_2)/\sigma_2\}]$$

其中 F 为累积正态分布函数，f 为正态密度分布函数：

$$\eta_{ji} = \frac{(\gamma Z_i + \rho_j \varepsilon_{ji}/\sigma_j)}{\sqrt{1 - \rho_j^2}} \quad j = 1, \ 2$$

其中，$\rho_1 = \sigma_{1u}^2/\sigma_u \sigma_1$，为 $u_{t-\tau}^i$ 和 ε_t^{1i} 的相关系数，$\rho_2 = \sigma_{2u}^2/\sigma_u \sigma_2$，为 $u_{t-\tau}^i$ 和 ε_t^{2i} 的相关系数。在估计结果中，如果 ρ_1（或者 ρ_2）显著，说明 regime1（或者 regime2）的选择并不是随机的，因此采用内生转换矫正是合理的。

利用内生转换回归模型估计的优势在于：如果能够找到合适的工具变量来矫正处理组选择的内生问题，就可以获得一个在 $t - \tau$ 期处理组对 t 期产出影响的一致估计。因为劳动力外出行为要前置于结果变量（外出在 $t - \tau$ 期发生，而产出是在 t 期），同时，工具变量与收入变量方差正交，可以不用考虑在收入方程中的不可观测家庭特征与劳动力外出的相关性。笔者的目标是比较处理组（$t - \tau$ 期有成员外出的农户）和控制组（$t - \tau$ 期没有成员外出的农户）农户要素生产率。

对于结果变量，本文主要探讨外出务工对种植业收入的影响，同时把种植业收入分为粮食作物收入和经济作物收入分别进行考察，另外还考虑外出务工对农户畜牧业收入的影响。X_t^{1i} 包括的变量选择参考 Taylor and Lopez-Feldman（2010）。这些变量选择的依据是：它们决定农业收入，同时在实验基期（Treatment Year）和 2011 年基本没有变化。最终这些变量包括家庭经营耕地面积、户主受教育程度、户主性别、平均地块面积、是否平原。变量定义及描述性统计如表 7 - 1 所示。

表 7 – 1 变量定义及描述性统计

变量名称	变量定义	观测值	均值	标准差
农户种植业收入	种植业收入取自然对数[a]	6710	8.96	8.65
农户粮食作物收入	粮食作物收入取自然对数[b]	6250	8.74	8.40
农户经济作物收入	经济作物收入取自然对数[c]	2037	7.33	8.22
农户畜牧业收入	畜牧业收入取自然对数[d]	2938	8.68	9.69
耕地面积	用实际经营耕地面积表示（亩）	6710	10.47	57.90
户主受教育程度	用户主受教育年限来表示（年）	6710	6.95	2.49
户主性别	男性户主 =1，女性户主 =0	6710	0.094	0.23
平均地块面积	用实际经营耕地面积除以地块数	6710	2.20	3.78
是否平原	平原耕地 =1，其他类型耕地 =0	6710	0.343	0.475
2003 年村庄外出务工人数	村庄 2003 年在外务工总人数（人）	6710	202.5	187.5

注：描述性统计根据有效样本估计得到；a 种植业收入为粮食作物收入 + 经济作物收入；b 粮食作物收入为小麦、稻谷、玉米、大豆、薯类五大类作物的年收入的加总；c 经济作物收入为棉花、油料、糖类、麻类、烟草等五类作物年收入的加总；d 畜牧业收入为生猪、肉牛、肉羊、肉禽、蛋禽、奶牛、淡水产品、海水产品八个生产经营类型的年经营收入加总。

3. 模型假定

识别劳动力外出决策方程，最好能够使用一个工具变量来控制处理组选择（Migration Treatment）的内生性。有效的工具变量必须与处理组选择（Migration Treatment）相关，但是与 2011 年收入结果变量无关。关于工具变量的选择，我们参考 Taylor et al.（2003）及 Du et al.（2005）的思路，把村庄迁移网络作为工具变量来解决外出务工的内生性问题。这样做的原因主要有两个：一是村庄迁移网络是影响劳动力迁移决策的重要因素，村庄迁移网络越密集，后续迁移的可能性越高，因为先前迁移有助于把输入地的工作信息传回输出地，并且可以在安家等方面为后续迁移者提供便利，减少后续移民的迁移风险、物质成本和心理成本（Massey and Espinosa, 1997；Munshi, 2003）；二是村庄迁移网络与农户农业生产活动分属经济活动的两个层面，一般认为村庄层面的迁移网络不直接影响农户层面的农业生产活动，即村庄迁移网络与农户农业生产活动正交（Taylor et al., 2003；Du et al., 2005）。

在实证分析中，笔者使用"村庄外出务工人数"作为村庄迁移网络的替代变量，即村庄外出务工人数越多，村庄迁移网络越密集，预期农户参与外出务工的可能性越大。考虑到同期村庄迁移网络与同期农户生产活动可能存在潜在关联（Chen 等，2010），我们最终采用滞后一期（$t-\tau-1$）

的村庄外出务工人数作为 $t-\tau$ 期农户是否参与外出务工的工具变量使用，可以最小化潜在关系网络内生性的缺点。

除内生性外，识别处理组选择（Migration Treatment）的影响效应仍需要明确三个问题。

一是处理组的选择。笔者假定农户在 $t-\tau$ 期有至少 1 个劳动力外出，笔者把这些农户视为处理组。这个假定必须满足一个条件，就是在 $t-\tau$ 期有至少 1 个劳动力外出的农户在 t 期也至少拥有 1 个外出劳动力。因为自 2004 年出现农民工短缺现象以来，农民工市场供需出现逆转态势，"招工难"是我国劳动力供求关系已经发生根本性变化的具体反映（张车伟等，2012）。农民工外出在城市获得的就业机会相对增加，农民工在城市就业的稳定性会显著提升，这保证了在样本区间内 $t-\tau$ 期有劳动力外出的农户在 t 期至少有 1 个劳动力外出。另外，从家庭劳动力平均外出趋势可以看到，2003～2011 年，家庭平均外出劳动力稳定小幅增加，满足了处理组在后续年中至少有 1 个劳动力外出，又保证了控制组在后续时段的状态基本保持不变（见图 7-1）。

二是实验基期（Treatment Year）的选择。一般认为，迁移影响效应具有一定的迟滞性（López and Schiff，1998）。本文的分析从 2004 年开始，到结果估计年度（2011 年），跨度有 7 年，为估计迁移的迟滞效应或者沉淀效应提供了足够的空间。同时，在稳健性检验中，本文也分别尝试选择不同试验基期，并考察其对估计结果的影响。

三是生产要素的投入固定不变假设。利用内生转换回归模型估计劳动力外出对农业效率的净效应，需要假定生产要素在实验基期（Treatment Year）和 2011 年之间没有变化，即生产要素的投入固定不变。在研究时段内，有两种生产要素——农户经营耕地面积和户主受教育水平，满足这一假定。农户经营耕地面积在 2003～2011 年基本不变，维持在 10.2 亩左右。出现这种情况的原因大致有两个。第一，农户家庭承包耕地面积基本不变。2003 年 3 月 1 日，第九届全国人民代表大会常务委员会第二十九次会议通过的《农村土地承包法》第二十条明确规定"耕地的承包期为三十年"，同时还规定"按中央规定已经形成的新一轮承包关系，在本法实施后视为有效，不得重新承包或者调整承包土地"。第二，农村耕地流转规模维持不变。从图 7-1 可以看到，在样本时期内，农户参与土地流转始终在一个较低的稳定水平。关于户主受教育程度，2011 年样本中户主的平均年龄为 53 岁，其接受教育基本上在 30 多年前就已经完成，在样本期 2003～2011 年不可能发生大的变化。从户主受教育程度变动趋势来看，样本区间内户主受教育程度基本维持在 6.9 年上下，稍高于小学文化程度，但略低于初中文化程度，这也客观反映了当前户主的受教育水平。

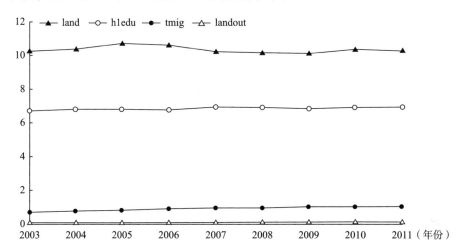

图 7 - 1 户主受教育程度、耕地面积、土地流转与外出务工人数

注：h1edu 代表户主受教育程度；land 代表家庭经营耕地面积；landout 代表耕地流转比例；tmig 代表家庭外出务工人数。

（三） 估计结果

1. 估计结果

耕地面积、户主受教育程度对农户种植业收入的影响估计如表 7 - 2 所示。在外出选择估计中，我们可以看到工具变量"2003 年村庄外出人数"与家庭参与外出务工显著正相关，证实村庄迁移网络是一个较好的工具变量。ρ_1 和 ρ_2 显著为负，处理组（regime1）和控制组（regime2）并不是随机选择，lns1 和 lns2 均拒绝了零假设，LR test 也拒绝了方程独立估计假设，进一步说明采用 OLS 估计会产生估计偏误，而内生转置回归模型估计结果是可信的。

修正选择性偏差估计结果显示，如果农户在 2004 年参与外出（至少有 1 个成员外出），那么其 2011 年土地的边际回报显著高于没有参与外出的农户。在其他条件不变的情况下，参与外出农户耕地面积每增加一亩，种植业收入就会增加 8.33%，而对于未参与外出农户而言，其耕地面积每增加一亩，种植业收入仅增加 6.36%。户主受教育程度对农户种植业收入并没有显著影响。

表7-2 耕地面积、户主受教育程度与农户种植业收入

项目	regime1 (Mig=1)	regime2 (Mig=0)	Probit for Migration
耕地面积	0.0833 *** (0.0024)	0.0636 *** (0.0013)	0.0023 (0.002)
户主受教育程度	0.00554 (0.0075)	-0.0041 (0.0048)	0.0027 (0.0065)
户主性别	-0.0114 (0.08434)	-0.1175 ** (0.0531)	-0.0598 (0.0735)
平均地块面积	0.0837 *** (0.0117)	0.0478 *** (0.0062)	-0.0647 *** (0.0094)
是否平原	0.2731 *** (0.0378)	0.1587 *** (0.024)	-0.0223 (0.0331)
2003年村庄外出人数			0.001 *** (0.0001)
_cons	8.527 *** (0.1117)	7.829 *** (0.0774005)	-0.3764 *** (0.0973)
lns1	0.1033 ***		
lns2	-0.3032 ***		
ρ_1	-0.9594 **		
ρ_2	-0.1762 **		
LR test of indep. eqns.	chi2 (1) = 6752.23 (0.0000)		
Number of obs	6710		

注:括号内为标准差;*、**、***分别代表在10%、5%和1%水平下显著。

笔者把种植业收入分为粮食作物收入和经济作物收入分别进行估计,另外也估计了耕地面积和户主受教育程度对畜牧业收入的影响(见表7-3)。

表7-3 耕地面积、户主受教育程度与分类收入

项目	regime1 (Mig=1)	regime2 (Mig=0)
粮食作物收入对数		
耕地面积	0.0786 *** (0.0026)	0.0629 *** (0.0018)
户主受教育程度	-0.0023 (0.0077)	-0.0062 (0.0062)
ρ	-0.9775 **	0.9772 **
Number of obs	6250	6250
经济作物收入对数		
耕地面积	0.0348 *** (0.0056)	0.0479 *** (0.0039)

续表

项目	regime1 （Mig = 1）	regime2 （Mig = 0）
户主受教育程度	0.0367 ** （0.0163）	0.0159 （0.0137）
ρ	− 0.5628 **	− 0.7140 **
Number of obs	2037	2037
畜牧业收入对数		
耕地面积	− 0.0035 （0.0057）	− 0.0002 （0.0032）
户主受教育程度	0.0058 （0.0197）	0.0209 （0.0135）
ρ	0.8162 **	0.2917 **
Number of obs	2938	2938

注：括号内为标准差；*** 代表在 1% 水平下显著。

从表 7 - 3 的估计结果可以看出，在粮食作物生产方面，参与外出的家庭拥有更高的土地边际产出，耕地面积每增加一亩，外出家庭粮食作物收入就提升 7.86%，而非外出家庭粮食作物收入仅提升 6.29%。与种植业收入估计一致，畜牧业户主受教育程度对产出并没有显著影响。不过，对于畜牧业来讲，不管是外出农户还是非外出农户，耕地面积对畜牧业产出影响都不显著。对于经济作物收入，笔者发现外出农户耕地边际产出略低于非外出农户，耕地每增加一亩，非外出农户经济作物产出就上升 4.79%，而外出农户经济作物产出仅上升 3.48%。外出务工对经济作物产出的贡献低于非外出农户，这可以理解为：经济作物需要劳动力投入量更大，在当前农业劳动力市场缺失的情况下，留守家庭成员在当地可能无法雇用到合适的劳动力，可能减少经济作物种植和投入，最终导致外出农户土地产出低于非外出农户。

2. 稳健性检验

对土地和教育边际产出的估计主要依赖实验基期的选择，特别是实验的起始点选择，因为外出可能存在迟滞或者沉淀效应，对土地边际产出的影响可能随着时间的变化而变化。

为了检验这一效应，笔者分别选择 2005 年、2006 年、2007 年、2008 年、2009 年、2010 年（$t - \tau = 1, 2, 3, 4, 5, 6$）六个时间点作为实验基期（Treatment Year）进行估计，结果按照收入类型分别表示（见图 7 - 2），因为土地、教育对畜牧业收入的估计，不管是外出农户还是非外出农户，都不显著，所以笔者并没有给出不同实验基期的估计比较图。由于在估计结果中，户主受教育程度对产出的影响，不管是外出还是非外出农户，均不显著，所以在稳健性检验中笔者不再对户主受教育程度做进一步估计和分析。类似于土地的边际产出，从图 7 - 2 可以看出，2004～2010 年，土地对种植业收入特别是其中的粮食作物收入有显著影响，而对于外出农户来讲，其土地边际产出高于非外出农户。

不过，从变动趋势中可以看到，对于种植业收入来讲，尽管实验基期选择不同，但非外出农户土地边际产出维持在 6.5% 左右的稳定水平；而对于外出农户来讲，实验基期选择点不同，土地的边际产出有小幅变动。具体来讲，外出对土地边际产出影响最大的是滞后 1 年，达到 9.6%，而滞后 2 年和 3 年后分别降低到 9% 左右，滞后 4 年后维持在 8.5% 左右。对粮食作物收入来讲，非外出农户土地边际产出稳定在 6% 左右，而外出农户的土地边际产出有一定的波动，外出滞后 1 期，其土地产出率达到 8.9%，而滞后 2 期和 3 期，土地边际贡献为 8.5%。滞后 4 期后稳定在 7.5%。不过，从对经济作物的估计来看，非外出农户土地的产出显著高于外出农户，非外出农户土地边际产出维持在 5% 左右。外出农户在滞后 3 期内维持在一个较高的水平，如滞后 1 期达到 5%，而在滞后 2 期和 3 期后维持在 4% 左右，滞后 4 期后仅有 3.3% 左右。

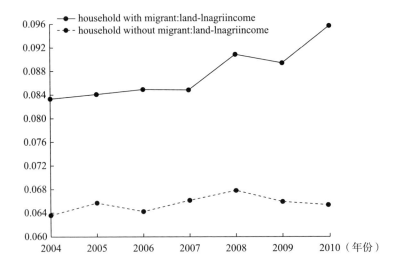

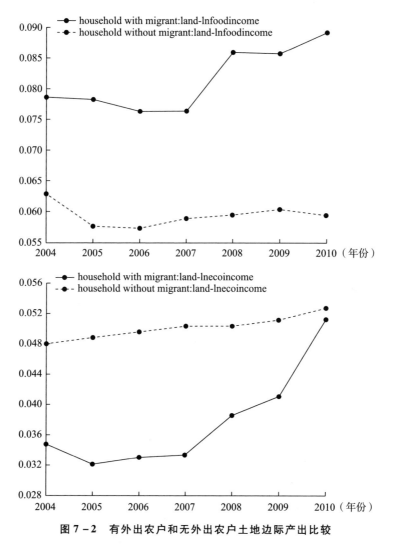

图 7 - 2　有外出农户和无外出农户土地边际产出比较

　　由此我们可以看出，外出务工对整个种植业产出及粮食作物产出、经济作物产出都没有产生沉淀或者迟滞效应，这与 Taylor et al.（2010）的结论相反，外出务工不仅没有表现出迟滞效应，反而出现了衰退效应，也就是说，外出前 3 年对农户的贡献较大，而后随着外出时间的增加，外出务工对农业产出效应的影响反而出现了下降趋势。这可以理解为：随着农民工在外时间的增加，他们回老家的频率会降低，而且与老家的联系会减弱，利他动机逐步削弱（Funkhouser，1995），汇款等对输出农户的支持也随之减少。同时，迁移者外出时间越长，对工作地信息了解越全面，越容易获得稳定工作，面临的收入不确定性也会逐步减少，对输出地农业生产的依赖就越小，其汇款量等对输出农户的支持也随着外出时间的增加而减少（Brown，1997）。

（四）结论与政策启示

1. 结果讨论

从新迁移经济理论角度来讲，劳动力外出会导致一定的劳动力流失，而在农村劳动力市场不完全的情况下，农户无法雇用替代劳动，这必然会产生劳动力流失效应，影响农业生产。笔者的研究则显示，劳动力外出提升了土地的边际产出。这可以解读为，外出务工可能提升农业技术性投入，如化肥、种子或者农业机械等替代劳动，弥补了劳动力流失对农业生产产生的负效应。

为了进一步印证这一判断，笔者同样采用 RCRE 2003～2011 年面板数据来估计外出务工对农户化肥投入（取对数形式 Lnchemical）、种子投入（取对数形式 Lnseed）和生产性资产积累（取对数形式 Lnproductasset）的影响，进一步揭示农村劳动力外出为什么导致土地边际产出上升（见表 7 - 4）。从面板估计结果我们可以看出，在其他因素不变的情况下，劳动力外出对农户种子和化肥投入均有显著正影响，家庭每新增一个劳动力外出，就会导致家庭化肥投入增加 1.82%，种子投入增加 4.56%。不过，劳动力外出对农户家庭生产性资产积累产生显著负效应，家庭新增一个外出劳动力，农户生产性资产投资反而降低 2.85%。

表 7 - 4　劳动力外出与农业技术更新

	Lnchemical	Lnseed	Lnproductasset
家庭外出人数	0.0182 *** (0.0045)	0.0456 *** (0.0053)	- 0.0285 ** (0.0144)
户主年龄	0.0134 *** (0.0009)	0.0277 *** (0.0011)	—
户主年龄平方	- 0.00003 *** (3.92e - 06)	- 0.00005 *** (4.65e - 06)	—
户主受教育程度	- 0.00007 (0.00053)	0.0005 (0.0006)	0.0232 ** (0.0091)
户主是否参与农业培训	0.0453 ** (0.0188)	0.0009 (0.0221)	—
耕地面积	0.1007 *** (0.001)	0.1002 *** (0.0012)	0.0532 *** (0.0074)

续表

	Lnchemical	Lnseed	Lnproductasset
平均地块面积	0.0737 ***	0.0909 ***	-0.1340 ***
	(0.0107)	(0.0127)	(0.034)
家庭纯收入对数	—	—	0.1417 ***
			(0.0172)
住房价值对数	—	—	-0.0016
			(0.0021)
家庭非农就业比例	—	—	-0.026
			(0.038)
常数项	3.355 ***	2.77 ***	4.986 ***
	(0.0412)	(0.0486)	(0.1475)
F test that aLL u_i = 0	6.28（p = 0.0000）	5.63（p = 0.0000）	5.85（p = 0.0000）
Number of groups	4988	5009	4407

注：面板估计方法为固定效应；括号内为标准差；＊、＊＊、＊＊＊分别代表在 10%、5% 和 1% 水平下显著。

这一结论可以进一步解释，在农村劳动力大规模外出的情况下，粮食产量为什么还能实现"十连增"。那就是：在劳动力外出的情况下，农户加大了化肥和良种的投入来弥补劳动投入，反而增加了粮食产出，提高了农业产出率。这一点也得到多方印证：一是环保部生态司司长庄国泰指出，中国南方农作物的复种指数很高，基本上靠化肥来支撑①，而南方农作物产区如湖南、江西等均为劳务输出大省，大量使用化肥与其劳动力务工情况有直接关联。二是为了追求作物产量过度使用化肥，导致农业对化肥产生严重依赖性，中国农科院土壤肥料研究所检测到的调查数据显示，目前中国已有大半的地区氮肥平均施用量超过国际公认的上限 225 千克/公顷②。三是河南省统计局地调队对多年来良种的更新换代引起的粮食单产提高情况进行调研及量化分析，指出"优质高产的良种不断更换以及主导品种推广率的不断提高及良种良方的配套使用，才是粮食增产的根本原因"③。

同时，我们也看到，外出务工对农业机械等生产性资产投资反而产生了显著负影响，外出务工并没有带来农业机械化水平的提升，这可能是因为农机具等机械化设备使用需要一定技术劳动力，而青壮年劳动力大量外

---

① 《我国粮食产量十连增背后：地下水抽上来能当肥料》，《华夏时报》2014 年 3 月 14 日。
② 《土壤污染触目惊心，政策发力支持新型化肥》，《中国证券报》2013 年 12 月 9 日。
③ 河南省统计局地调队：《农产量与农村住户处　优良品种在粮食增产中的作用分析》，http://www.ha.stats.gov.cn/，2013 年 1 月 30 日。

出，降低了他们购置或者更新农机具的可能性。

2. 政策启示

在农村劳动力大规模外出的情况下，我国粮食生产仍能实现"十连增"，"农村劳动力外出真的降低了农业效率吗？"引发关注和争论。本章利用农业部固定观察点数据和内生转换回归模型进一步评价了劳动力外出对农业效率的影响。研究结果显示，农户参与劳动力外出会显著提升农业效率，特别是土地的边际产出。不过，稳健性检验也发现，农村劳动力外出对农业效率的影响程度与实验基期的选择有关，在外出前3年对农业产出的影响较大，而3年后出现了不同程度的递减。这无疑说明劳动力外出对农业效率的影响存在衰退效应，在外出初期，外出成员对家庭或者土地的依赖性较强，对农户的反馈支持力度更大。随着农民工在城市工作时间的增加，外出务工收入可能成为家庭经济的重要来源，相应地对农业的支持会减弱。不过，从估计结果中可以看出，即使在外出务工后期，务工家庭土地边际产出仍然为正，甚至高于非务工农户。这可以解读为：一是农户实现举家外出的比例仍不高，留守劳动力仍承担较多的农业生产劳动；二是农业仍是外出农民工最后的依靠，他们不会轻易放弃农业收入。

这些研究结论具有一定的政策含义，农村劳动力大规模外出并没有降低农业效率，反而粮食产量出现了"十连增"，出现这一情况的最大原因在于：农业劳动力外出，农户通过追加化肥等投资来替代劳动（外出的劳动力流失），进而维持产量，而劳动机会成本（外出务工收入）不断上升将进一步加剧农作物生产中化肥持续大量的投入。依靠化学品投入的农业生产方式，虽然可以维持或者提高农业产能，但过度使用农药化肥、土地粗放耕作，必然会付出沉重的生态环境代价，影响农业的可持续发展。这要求在农村劳动力大规模转移趋势不可逆转的情况下，必须转变农业发展方式：一是扶持家庭农场、专业大户、农民合作社等新型经营主体，吸引年轻人务农，培养职业农民，推动农业投入方式和组织方式转变；二是推广节本增效技术，发展循环农业，最大限度地减少在农业生产过程中化肥等人工物品投入量，减轻对耕地系统的环境压力；三是探索建立农业生态补偿长效机制，有计划、分步骤地推进土壤污染的治理与修复，提高耕地质量，保障耕地的永续耕作。

第二节　农民工流动模式与农户生产经营活动：迁移异质性视角[*]

（一）农民工流动模式变化

改革开放特别是 20 世纪 90 年代以来，大量农村劳动力从中西部地区流向东部沿海地区，截至 2012 年，在东部地区务工的农民工达到 16980 万人，占农民工总量的 64.7%（《2012 年全国农民工监测调查报告》）。不过，在户籍以及建立在户籍基础上的一系列制度安排下，农民工虽然从农业部门转移到了非农业部门，实现了职业上的转换，但很难在务工地获得常住户口，也无法与务工地当地居民享有同等公共服务，难以实现永久性迁移，形成了"经济吸纳，社会排斥"的"半城市化"局面（熊易寒，2012）。在这种情况下，大量农民工处于"亦工亦农、亦城亦乡"的"候鸟式"流动状态，构成了具有中国特色的农村劳动力流动的基本特点（中国社科院"农民工返乡机制研究"课题组，2009）。突出表现为：一方面，外出务工的兼业性突出，农民工外出并没有完全脱离农业，外出农民工与农业之间仍保持紧密的联系，或利用家庭辅助劳动力（妇女、孩子、老人等）来经营农业，或者季节性返乡"农忙务农，农闲务工或经商"（程名望等，2008）；另一方面，外出务工者的返乡行为始终与其外出行为长期共存，农民工回流是暂时性的，大部分回流农民工会选择再迁移，留乡发展的概率并不高（王子成等，2013）。

不过随着农村劳动力迁移进程的推进，农民工流动模式发生了一定的变化。一是在务工地工作居住趋于长期化。农村劳动力流动已经由初期的以农闲时节外出务工的季节性流动，转变为以务工为主要收入来源的全年性、多年性流动，乃至在流入地长期居住（韩俊等，2009）。《2007 中国人口与劳动问题报告》显示，在转入非农产业的全部农村劳动力中，已经有接近 40% 的劳动者常年在外从事非农产业。而《2012 年全国农民工监测调查报告》也指出，举家外出农户正在稳步增加，2008～2012 年举家外出农民工占总外出农民工的比例维持在 20% 左右。二是农民工流动方向多元化。

---

[*] 本节内容参考王子成《劳动力外出对农户生产经营活动的影响效应研究——迁移异质性视角》，《世界经济文汇》2015 年第 2 期，第 74～90 页。

中西部吸纳农民工能力提升，农民工省内流动趋势加强。2012 年，在中西部地区务工的农民工占农民工总量的 35.3%，比上年增加了 0.7 个百分点，而中部和西部农民工跨省流动分别占 66.2% 和 56.6%，比上年分别降低 1 个百分点和 0.4 个百分点（《2012 年全国农民工监测调查报告》）。

农民工流动模式的变化，对农业生产必然产生冲击。例如，常年外出人员的增加使得外出务工的兼业性减弱，而举家外出彻底改变了传统的"农村男性在外打工、女性在家务农"的家庭劳动力配置模式，给农业生产带来更大的负面效应。Kuiper（2005）的研究就指出，中国跨省流动劳动力永久性迁移趋势明显，导致农户开始改变农业种植方式，把"两季稻"改为"一季稻"来减少劳动投入。产业转移等带来中西部地区劳动吸纳能力的提升，会增加劳动力省内流动的概率，这可能给劳务输出地农业生产活动带来积极影响。因为省内流动务工地距离家乡相对较近，农民工协助照看家庭农业生产经营活动的成本相对较低，这可能促使家庭在输出劳动力的同时加大对农业生产和非农活动的投入，提升农业劳动生产率。在此背景下，探讨农民工流动模式的变化对农业生产活动的影响，特别是常年外出、省内流动等对农业生产活动的影响具有重要的研究价值。

不过，目前对农民工流动影响效应的研究主要集中于考察家庭是否参与外出以及家庭外出劳动力总量对农户家庭生产经营行为的影响。例如，Rozelle et al.（1999）关注了迁移、汇款对农业生产率的影响，而 Taylor et al.（2003）探讨了外出对输出地农户收入的影响，但这些研究并没有考虑到农民工流动的异质性问题。基于此，本书借鉴 Mendola（2008）和 Wouterse（2010）的思路，进一步考察农民工流动的异质性，即农民工流动模式的差异对农户家庭生产经营活动的影响。

（二）迁移与输出地经济发展研究述评

劳动力迁移对劳务输出地经济发展的影响，已经成为当前农业经济学和发展经济学关注和讨论的核心（Taylor et al.，2001）。特别是自 Stark and Bloom（1985）及 Stark（1991）提出新迁移经济学理论（New Economics of Labor Migration，NELM）以来，大量研究文献也开始聚焦于微观家庭层面的实证考察，如探讨劳动力迁移对农户家庭收入、农户农业生产的影响效应等。

Stark（1991）、Stark and Bloom（1985）认为迁移决策不是个体独立做

出的最优化决策，而是由更大单元的相关群体"农户或家庭"做出的联合决策。劳动力迁移是在不完全市场条件下，家庭为了克服资金约束或者农业收入不确定性风险而进行的劳动供给联合决策。新迁移经济学强调，农村地区的市场不完全性，而不是 Todaro（1969）强调的劳动力市场扭曲，是迁移的主要动因。从这个角度讲，迁移可能会增加农业生产，因为移民汇款可以帮助家庭克服生产的信贷和风险约束。不过，由于迁移对流动性资金约束、风险约束以及劳动力约束情况的影响程度并不确定，所以迁移对农村生产经营活动的影响可能会产生相互冲抵效应：一方面，汇款可以放松农户的信贷、保险等约束，用来支持生产经营资金投入以及新生产技术投资等，同时稳定的汇款收入也可以为家庭提供收入保险，从这个角度来讲，汇款对家庭生产经营活动有积极正效应（Taylor et al. , 2003）；另一方面，汇款会拉紧家庭面临的劳动力约束，如果家庭不存在剩余劳动力或者剩余劳动力很少，那么成员外出必然会导致家庭劳动力短缺。在农村当地劳动力市场缺失的情况下，家庭难以雇用替代劳动，那么这种由迁移导致的劳动力流失必然会对农业生产以及自雇用等非农经营活动产生较大的负效应（Wouterse，2010）。劳动力迁移对农户家庭生产经营活动的净效应取决于这两个效应的冲减。

在实证检验方面，大多数研究支持"迁移（汇款）可促进农业生产或者提升农业劳动生产率"的观点。例如，Lucas（1985）、Lucas and Stark（1985）的研究都发现，家庭成员外出可以为农业生产活动提供融资，支持家庭农业生产。Lucas（1987）首次在 Harris-Todaro 模型（保留了风险中性假设）的基础上，建立了新劳动迁移经济学经验方程，并利用博茨瓦纳等 5 个南部非洲国家于 1946～1978 年在南非的矿业移民数据，探讨了暂时性外出移民（Temporary Labor Migration）对农户农业生产的影响。研究的估计方法使用的是联立方程，考察了国际移民的决定及其对劳动力供给国家的经济影响，同时考虑了劳动力退出对传统粮食生产和国内劳动力市场工资的短期效应，还考察了由采矿收入形成的储蓄对母国粮食生产及牲畜投资的长期影响效应。估计结果显示，在短期，农业生产劳动力退出会导致迁移家庭农作物产出下降；但在长期，移民汇款投资，可以提升农业劳动生产率和牲畜购买力，对农业产出有一个正向反馈。Adams（1998）对巴基斯坦移民汇款的研究也得到证实，即移民汇款有助于增加农村生产性投资，如旱地和水田投资等。此后，Taylor（1992）利用墨西哥的跟踪数据检验了移民汇款对农户收入的直接、间接以及跨期影响，发现移民汇款对农户农业收入水平有直接、间接和同期影响，汇款通过刺激投资实现对收入水平和收入分布的影响。Taylor and Wyatt（1996）对墨西哥米却肯州（Michoacan）的研究也发现，国外移民的汇款可以缓解农户农业生产面临的信贷和风险约束，增加农业收入，而作用在土地上的汇款对家庭农业收入的影响更大。Brown and Leeves（2007）对两个小型岛屿经济体（斐济和汤加）的研究也证实，汇款为家庭提供了更大的资源配置空间，在推动农村经济由传统维持生计的农业生产和工资性就业活动向创业导向型经济活动转型的过程中发挥了重要作用。Quinn（2009）的研究更具有代表性，他进一步归结并提出了新迁移经济理论的两个经典假设：一是风险假定，预期迁移的数量与新种子使用概率正相关。二是信贷假定，认为汇款是推动受信贷约束家庭投资新技术的至关重要的因素，汇款与采用新种子的可能性成正相关。Quinn 随后利用来自墨西哥迁移项目（Mexican Migration Project）的数据探讨了迁移、汇款对采用高产种子的影响，不过最终得到的结论取决于计量方法的选择以及汇款测量。Probit 回归仅支持信贷假定，第二阶段的 OLS 回归结果同时支持风险假定和信贷假定，而第三阶段的 OLS 回归的结果取决于汇款的测量：如果放入的是用于支持农业生产的汇款，那么支持风险假定；如果放入的是总汇款量，那么支持信贷假定。Taylor and Lopez-Feldman（2010）使用来自墨西哥的农户调查数据探讨了迁移影响农户收入、土地生产率以及人力资本的途径，最终结果显示：移民美国人数的增加会提高人均收入，这一般通过汇款或者提升输出移民家庭的土地生产率来实现。研究不支持迁移削弱移民输出地经济发展的观点，也不支持暗含的农户分离模型，即迁移和汇款只影响农户收入而不影响农户生产活动的观点。Zahonogo（2011）也在新迁移经济学的框架下，利用 2003～2004 年布基纳法索农户的调查数据，采用系统方程估计了迁移对农业生产的影响。最终发现：迁移对农业生产有显著负效应，虽然移民汇款对农业生产有一定的正效应，但这个效应不显著，迁移汇款并不能弥补由迁移带来的家庭农业损失。

不过，也有学者指出，迁移对劳务输出地农业发展会产生一定的负面作用。例如，Beaudouin（2006）探讨了迁移对孟加拉国农户收入的直接和间接影响，发现迁移对总收入有劳动力流失效应，但是这种效应会得到汇回家中的移民汇款部分补偿。Sindi et al.（2006）在利用肯尼亚农村农户调查面板数据来检验 NELM 理论时也发现：迁移会导致显著的劳动力流失效应，迁移的数量对农作物以及总的农业收入产生负的影响。不过与 Beaudouin（2006）不同，Sindi et al.（2006）的研究结果显示：汇款并不能部分或者完全补偿因劳动力约束而造成的损失。

Mines and de Janvry（1982）也指出，与国内迁移相比，国际迁移对村庄经济的负面冲击更强，而这种对村庄发展的漠视主要是由国际移民的持久迁移特征引起的，这种持久性特征导致最终的汇款并没有被用在生产性投资或者农业生产率提升上。部分研究开始转向迁移异质性及其对输出地农业生产活动的影响。Mendola（2008）在探讨迁移对农户农业技术更新的影响时，就考虑了流动模式的差异，他把迁移分为国际迁移、国内循环流动和国内持久性迁移来进行分析，探讨流动模式差异给农户农业生产技术更新带来的影响。他对孟加拉国的实证研究发现：家庭参与流动模式不同对农业生产技术更新的影响有较大差异。具体来讲，就是参与国际迁移的家庭更倾向于采用现代种植技术，而参与国内迁移的农户，不管是循环流动还是持久性迁移，其采用现代种植技术的概率都显著低于无迁移农户，国内迁移并不能推动劳动生产率的提升。随后，Wouterse（2010）也利用 2003 年布基纳法索的农户调查数据检验了洲际（非洲迁移到欧洲等地区）和洲内迁移（非洲内部国家或者地区迁移）对农户两种谷物（粟和高粱）生产技术效率的影响，Wouterse（2010）同样证实，迁移的影响因迁移目的地不同而存在差异。与 Mendola（2008）相反，Wouterse（2010）却发现，洲内迁移与技术效率之间存在正相关关系，而洲际迁移对技术效率有消极影响。Wouterse（2010）也给出了导致这种情况出现的原因：在不完善市场环境下，洲内移民会带来高效率，因为它解决了男性劳动力剩余问题。而洲际迁移与技术效率之间的负相关关系，一个可能的原因是女性劳动力供给的剩余。总体而言，迁移并不能推动粮食生产实现从传统到现代的转型，因为在不完善市场情形下，以汇款形式接收的流动性资金无法被用来补偿劳动短缺。

随着城乡劳动力流动规模的不断扩大，大量农村青壮年劳动力外出，农村劳动力流动对农业生产的负面冲击凸显，在一些劳务输出地区甚至出现了大量的"空心村""撂荒"等现象，劳动力外出对输出地农业生产活动的影响引起了国内外学者的研究兴趣。在农业产出的影响研究上，农业部农村经济研究中心课题组（1996）利用 1994 年四川、安徽两省 2820 户调查数据和部分劳动力流动追加调查数据，分析了农村劳动力外出就业对农业的影响，研究发现：农村劳动力外出就业并不必然导致农业生产率的下降或提高。具体来讲，在那些现金很紧缺的地方，外出就业带回的现金收入对农业生产有普遍的正面影响，而在那些现金相对不那么紧缺的地方，外出农户农业生产往往不如非外出农户。不过，劳动力的大量外出对家庭畜牧业有比较明显的负面影响。Rozelle et al.（1999）和 Taylor et al.（2003）的研究证实：外出务工最终会导致负的劳动力流失效应以及正的汇款－产出效应。具体来讲，由外出务工导致的劳动力流失对农作物种植业有负的影响，不过，汇款可在一定程度上补偿外出务工造成的劳动力损失，推动农作物生产及自雇用活动发展。此后，邰秀军（2008）利用 2007 年 3 月在陕西省进行的农户生计调查数据，分析了农户外出务工行为对养猪行为的影响，结果发现：山区农户外出务工活动的增加，弱化了养猪的预防风险功能，最终导致散养户减栏、空栏。最近一项研究是王子成（2013）利用 2006 年中国综合社会调查数据，估计了农村劳动力外出务工及其汇款对中国农户家庭经营活动的影响。研究发现：外出务工对农户家庭农业生产、非农经营活动均产生了较大的负面影响，而汇款只能部分补偿外出务工对农户家庭生产经营所带来的负面影响。在农业技术采用及技术效率影响方面，钱文荣等（2010）基于 2009 年在江西省调研获得的数据，分析了劳动力外出务工对农户水稻生产的影响。研究发现：务工者的汇款能帮助农户在水稻生产中投入更多的化肥和农药以提高产量。不过，柳建平等（2009）对甘肃 10 个样本村调查数据的统计分析显示：农村劳动力外出务工对农业产出效率的提高和技术进步并没有明显的促进作用。刘纯彬等（2011）和蒲艳萍等（2011）的研究则证实：劳动力流动下的兼业生产行为抑制了新技术采用量，劳动力流动对先进农业科技的推广应用和现代农业的发展造成一定负面影响。

不过，这些实证研究都把迁移视为同质的，并没有考虑迁移的异质性问题，即农民工流动模式的差异，如常年在外与循环流动、省内流动与跨省流动。不同流动模式之间必然在迁移目的、迁移收入等方面存在较大差异，如常年在外者可能在城市拥有相对稳定的工作以及收入，他们有能力持续在城市工作生活，融入城市的能力和愿望更强，可能对农村生产经营活动的投入和支持更少。而循环流动者在城市工作生活的稳定性差，对农村的依赖性更强，对家庭生产经营活动的投入和支持反而更多。并且，随着农村劳动力迁移的推进，农民工流动模式发生了一定的变化，如循环流动逐步向常年在外转变，跨省流动逐步向省内流动调整，这些必然会对农村生产经营活动造成更大的冲击，进一步考察农民工流动模式的差异对农户家庭生产经营活动影响，无疑有重要的理论和现实意义。

（三）估计方法与数据

1. 估计方法

参考 Mendola（2008）和 Wouterse（2010）的研究，笔者预期外出务工对农户农业生产和非农经营活动会产生影响，但影响符号可能会存在不确定性。而农户农业生产、非农经营活动参与取决于迁移形式 M_i^J 以及家庭特征（Z_i），收入或者家庭非农经营活动的决定方程为：

$$Y_i = \beta_0 + \beta_i^J M_i^J + \beta_1 Z_i + \varepsilon_Y \quad i \in （农业生产，非农经营） \tag{1}$$

其中，Y_i 代表农业活动收入和是否参与非农活动，估计方程中考虑的家庭特征变量（Z_i），主要是家庭的物质资本和人力资本存量，笔者分别用家庭土地面积和家庭平均受教育程度来表示。M_i^J 为农户家庭迁移情况，考察的变量分别有：家庭外出劳动力总人数、家庭常年在外务工人数、家庭循环流动人数、家庭跨省流动人数、家庭省内流动人数，ε_Y 为误差项。

不过，OLS 估计参数可能有偏差，因为迁移本身是一个内生性变量。迁移是一个动态的选择过程，可观测的和不可观测的家庭特征决定了迁移的不同参与形式。选择性偏差来自农户一些不同理由的隐性迁移倾向，这些倾向基本上是不可观测的，而这些倾向可能与农业技术更新以及农业种植结构调整等之间存在正相关或者负相关。进一步来讲，当一个农户家庭决定让某个成员外出时，就会有一个同步的生产行为相牵连，肯定会相应地调整农业生产决策（Taylor and Lopez-Feldman，2010）。当农户一方面需要决定当前劳动力配置方式和其他投入，另一方面也需要决定家庭的人力和物质资源投资以及生产策略时，迁移决策和生产决策必然成为一个系统问题，不可避免要面临内生性问题。这最终会导致估计结果的偏误，有必要利用工具变量法进行处理，具体的迁移决策方程为：

$$M_i^J = \alpha_0 + \alpha_1 Z_i + \alpha_2 Z_i^{instrument} + \varepsilon_M \tag{2}$$

其中 Z_i 为影响迁移的外生控制变量，$Z_i^{instrument}$ 为工具变量，ε_M 为误差项。

方程（1）的估计可以采用联立方程估计来完成，同时考虑到方程

（1）、（2）之间很可能存在同期相关，为了解决这一问题，我们对模型的估计采用了迭代三阶段最小二乘法（Iterated Three-Stage Least Squares）。估计步骤为：

首先，采用 OLS 估计结构方程中内生解释变量的简化式模型：

$$Y_0^i = X\boldsymbol{\Pi}_0^i + E_0^i \tag{3}$$

得到：

$$\hat{Y}_0^i = X\hat{\Pi}_0^i = X(X'X)^{-1}X'Y_0^i \tag{4}$$

$$\hat{Z}_i = (\hat{Y}_0^i \quad X_0^i) \tag{5}$$

用 $\hat{Z}_i$ 替换结构方程中 $Y_i = Z_i\Delta_i + \tilde{N}_i$ 的 Z_i，进行 2SLS 的第二阶段估计，得到 Δ_i 的 2SLS 估计量：

$$\hat{\Delta}_i = (\hat{Z}'_i\hat{Z}_i)^{-1}\hat{Z}'_i Y_i \tag{6}$$

$$\hat{\hat{Y}}_i = \hat{Z}_i\hat{\Delta}_i，\text{其中}\ \hat{\hat{Y}}_i = (\hat{\hat{y}}_{i1} \quad \hat{\hat{y}}_{i2} \quad \cdots \quad \hat{\hat{y}}_{in})' \tag{7}$$

计算残差估计值为：

$$e_i = (e_{i1} \quad e_{i2} \quad \cdots \quad e_{in})'，\text{其中}\ e_{il} = y_{il} - \hat{\hat{y}}_{il} \tag{8}$$

根据计算公式计算得到：

$$\hat{\sum} = (\hat{\sigma}_{ij})，\text{其中}，\hat{\sigma}_{ij} = \frac{e'_i e_j}{\sqrt{(n-g_i+1-k_i)(n-g_j+1-k_j)}}，\hat{\sum}\otimes I = \hat{\Omega}$$

对于结构方程 $Y_i = Z_i\Delta_i + \tilde{N}_i$，应用广义最小二乘法估计，得到结构参数 Δ 的 3SLS 估计量 $\hat{\hat{\Delta}}$ 为：

$$\hat{\hat{\Delta}} = (\hat{Z}'\hat{\Omega}^{-1}Z)^{-1}\hat{Z}'\hat{\Omega}^{-1}Y$$

$$= \hat{Z}'(\hat{\sum}\otimes I)^{-1}\hat{Z})^{-1}\hat{Z}'(\hat{\sum}\otimes I)^{-1}Y \tag{9}$$

关于迁移情况工具变量的选择，笔者主要把先前村庄迁移网络和先前家庭的迁移链作为工具变量放入迁移方程。这样做的依据主要是：目前已取得广泛共识的是社会关系网络（村庄邻居间的和家庭内的）可以在减少迁移成本方面发挥重要作用。有间接迁移经验的人（不管是来自家庭内或者家庭外的）更倾向于迁移，同时可以在迁移目的地安置得更好（Massey and Espinosa，1997；Munshi，2003）。村庄迁移历史（暂时、持久或者国际移民）、家庭迁移经验被认为仅影响家庭迁移行为，与农业生产经营活动正交。

把前期村庄的外出务工网络作为工具变量来解决外出务工的内生性，主要是参照 Du et al.（2005）以及 Adams et al.（2008）的研究思路。笔者把近 4 年村庄的迁移率作为工具变量使用，可能更有效。因为相对于迁移数量来讲，村庄迁移率更能衡量迁移网络的密度，在其他条件不变的前提下，村庄迁移率越高，家庭参与外出务工的可能性越大。笔者取近 4 年外出的平均迁移率来考察村庄的迁移情况，可以避免经济冲击带来的不确定性影响，如"民工荒"等的冲击。另外，调查中大多数家庭的外出务工往往是在过去几年发生的，先前的外出务工数量可视为前定变量，而且村庄几年前的外出务工情况对当期样本家庭的生产经营活动可能不会产生直接影响，这可以最小化潜在关系网络内生性的缺点。

先前家庭的迁移链变量的选择，主要参考 Taylor et al.（2003）及 Mendola（2008）的做法，把家庭前期的迁移网络作为工具变量放入方程进行考察。另外，考虑到家人去世对外出务工的影响，笔者也把 2008 年是否有家人去世作为工具变量放入方程考察。因为如果有家人去世，外出农民工必然会返乡处理亲人后事，有些地方可能还有守孝的风俗，这会对家庭以及农民工个人的迁移决策产生较大影响。不过生老病死大多是自然规律或者意外，与家庭生产经营活动大多没有直接联系，作为工具变量可能会产生较好的效果。

基于此，在考察家庭总迁移人数的影响时，笔者放入的工具变量是近 4 年（2005～2008 年）村庄平均迁移率、家庭在 5 年前外出的总人数、2008 年是否有家人去世。在考察具体流动模式的影响时，在常年外出方程中放入的工具变量为近 4 年（2005～2008 年）村庄平均迁移率、家庭在 5 年前外出的总人数、2008 年是否有家人去世。是否有家人去世可能会改变常年外出者的迁移计划，不过对循环流动者的影响并不显著，因为不管有没有家人病故，循环流动者都有往返家乡的计划。所以在循环流动方程仅放入近 4 年（2005～2008 年）村庄平均迁移率、家庭在 5 年前外出的总人数；对于跨省流动、省内流动的估计方程，笔者放入的工具变量是近 4 年（2005～2008 年）村庄平均迁移率，同时分别放入 2007 年村庄跨省流动率、

2007 年村庄省内流动率。

2. 数据说明与统计描述

分析数据来源于中国城乡劳动力流动调查（RUMIC 2008 和 RUMIC 2009）的农村住户问卷，因为 75% 的外出劳动力来自中西部地区，在分析中我们选取了河北、安徽、河南、湖北、重庆和四川 6 个中西部省份，用以分析外出务工对中西部典型务工地区的影响效应。

关于外出农民工，笔者定义为 2008 年在本乡镇以外务工经商 3 个月以上的农村劳动力。[①] 需要说明的是，因为在村级外出人数的统计上，国家统计局对农民工的定义是在本乡镇以外外出务工，所以为了与工具变量（村庄外出网络）的统计口径一致，笔者也以乡镇为边界定义外出。同时，根据外出时间差异，笔者把外出农民工分为常年外出农民工、循环流动农民工，而基于外出务工地的差异，笔者把农民工外出也分为省内外出、跨省外出和县内外出，具体定义如下。

关于常年外出农民工，笔者定义为初次外出务工时间是在 2006 年以前，且 2007 年和 2008 年均全年累计在外务工 10 个月以上的农民工，这样定义的依据，一是大部分调查表明，外出农民工年在外从业时间的平均值大概为 10 个月。例如，国家统计局公布的 2011 年外出农民工从业时间是 9.8 个月，而本书样本中农民工外出平均从业时间也达到 9.7 个月；二是中国传统的过年习俗，大部分农民工会在春节前返乡过年，而在节后返回，一年一度的"春运"无疑是这一现象的真实写照，而春运一般为 40 天，加上农民工找工作的搜寻时间，我们把连续在外工作 10 个月定义为常年在外，与农

---

① 农民工的统计口径主要有两个（韩俊，2012）：一是国家统计局的统计口径（简称"统计局口径"），把外出农民工定义为"调查年度内，在本乡镇地域以外从业 6 个月及以上的农村劳动力"，如全国农民工监测调查；二是农业部的统计口径（简称"农业部口径"），把外出农民工定义为"调查年度内，在本乡镇地域以外从业 3 个月及以上的农村劳动力"，如全国农村固定观察点调查。两个统计口径各有侧重，国家统计局侧重于输入地（工作场所）农民工调查，农业部侧重于输出地（农户）外出劳动力调查。本文采用农业部口径的依据有三个：一是研究侧重于分析外出务工对输出地农户生产经营活动的影响，采用农业部口径更合理；二是目前研究农民工流动与输出地经济发展关系问题的文献，如 Yaohui Zhao（1999）、Rozelle et al.（1999）、Taylor et al.（2003）、韩长赋（2006）等，大部分采用农业部统计口径，所以本章采用农业部统计口径更有利于与这些前期研究成果的结论相比较；三是放宽统计口径主要影响对循环流动农民工定义（常年外出农民工被定义为初次外出务工在 2006 年以前，且 2007 年和 2008 年均为全年累计在外务工 10 个月以上的农民工），而外出从业 6 个月及以上的农村劳动力占总外出劳动力人数 93.29%，放宽对循环流动农民工的定义对计量结果的影响并不大。

民工外出的特点也比较吻合。除常年外出农民工以外的外出者，我们定义为循环流动农民工。

对于跨省外出农民工，笔者定义为 2008 年在省外务工 3 个月以上者；省内外出农民工，定义为 2008 年在县外省内务工 3 个月以上者；县内外出农民工，定义为 2008 年在乡（镇）外县内务工 3 个月以上者。

最终根据定义，同时删去存在缺失信息的样本，共获得 18122 个体样本，其中劳动力 13257 人，占总样本的 73.2%，外出农民工 3054 人，占总劳动力的 23.04%。在全部外出农民工中，1294 人为常年在外，约占总外出的 42.37%，1760 人为循环流动者，占总外出的 57.63%（见表 7-5）。由此可以看出，虽然有部分农民工常年在外，不过循环流动目前仍然是农民工外出的主要选择模式，而农民工实现持久性迁移还依然面临较大的约束。

再看外出地点的差异，笔者发现：跨省流动仍是中西部地区农民工外出的主要模式，其中省外迁移 2255 人，约占总外出的 73.8%，而县外省内流动 560 人和县内流动 239 人，分别占总外出的 18.3% 和 7.8%。这也进一步说明，虽然随着中西部经济发展，部分产业开始从东南沿海地区向中西部地区梯度转移，中西部地区也创造了一定的就业需求，但劳动力由中西部地区向东南沿海流动的趋势依然没有发生根本改变，东南沿海地区仍然是农民工外出就业的主要选择。

表 7-5　农民工流动模式分布情况

变量	频数	均值	标准差	最大值	最小值
劳动力	13257	0.732	0.443	0	1
外出农民工	3054	0.169	0.374	0	1
循环流动	1760	0.0971	0.296	0	1
常年在外	1294	0.0714	0.258	0	1
跨省流动	2255	0.124	0.330	0	1
县外省内流动	560	0.0306	0.172	0	1
县内流动	239	0.0132	0.114	0	1

我们以农户为单位，对个体数据进行加总，得到农户家庭层面的外出务工情况，删去存在缺失值的样本，最终获得分析样本 4380 户。各变量的分布特征如表 7-6 所示。首先，我们来看样本家庭的人口结构。在总样本中，农户平均家庭规模为 3.8 人，这一规模稍高于同期国家统计局公布的全

国家庭规模数据（3.16 人/户），这与农村实施的"一孩半"政策（从 1984 年起采取的在大多数农村第一孩为男孩的不得再生，而第一孩为女孩的农户在间隔 4～5 年后允许生育第二孩的弹性计划生育政策）相关，这使得农村家庭规模稍大于城市家庭规模。在家庭的人口结构中，劳动年龄人口所占比重较大，其中平均劳动年龄人口 3 人，6 岁以下人口平均为 0.203 人，7～15 岁人口平均为 0.381 人，65 岁以上人口平均为 0.182 人。

表 7 - 6　农户家庭特征描述性统计

变量	均值	标准差	最小值	最大值
外出农民工总数	0.659	0.907	0	5
常年在外人数	0.281	0.646	0	4
循环流动人数	0.378	0.688	0	5
跨省流动人数	0.482	0.822	0	5
县内流动人数	0.0527	0.281	0	3
县外省内流动人数	0.122	0.415	0	3
农业纯收入	8434.66	9204	-24555	177964
非农活动（1 = 从事）	0.231	0.422	0	1
平均受教育程度	7.998	1.881	1.2	12
家庭耕地总面积	5.491	6.107	0	127
家庭总人口	3.800	1.263	1	9
劳动年龄人口	3.034	1.052	0	7
6 岁以下人口	0.203	0.442	0	3
7～15 岁人口	0.381	0.600	0	4
65 岁以上人口	0.182	0.466	0	3

其次，笔者看样本家庭的土地和受教育程度情况。农户家庭平均拥有耕地面积 5.491 亩，人均耕地面积约 1.559 亩，稍高于同期全国人均耕地面积（1.4 亩）。从家庭平均受教育程度来看，农户家庭平均受教育程度约为 8 年，加上部分地方可能存在五年制小学的情况，家庭平均受教育年限更接近于 9 年。这也从一个侧面证实，九年义务教育的普及在提升农村教育水平方面发挥了重要作用，这为后续劳动力迁移奠定了较好的人力资本基础。

从劳动力流动模式的差异来看，样本中农户家庭平均外出人数为 0.659

人，与同期农业部全国农村固定观察点调查数据基本吻合（中部外出 0.72 人/户，西部 0.65 人/户）。其中循环流动劳动力最多，平均为 0.378 人，常年在外务工者为 0.281 人。家庭平均拥有的跨省流动者最多，为 0.482 人，其次分别是县外省内迁移者和县内迁移者，分别为 0.122 人和 0.0572 人。具体我们再看各个流动模式的频数分布（见表 7-7）。没有外出务工者的农户共 2556 户，占总样本的 58.36%；在有成员外出的家庭中，有 1 个成员外出的家庭最多，为 971 户，占总样本的 22.17%；其次是有 2 个成员外出的家庭，共 680 户，占总样本的 15.53%；有 3 个成员外出的家庭为 140 户，仅占 3.2%；3 个以上成员外出的家庭 33 户，仅占 0.75%。再看常年在外和循环流动的分布情况，在有成员外出的家庭中，家庭有 1 个成员外出的比例和 2 个成员外出的比例较高；而同样跨省流动和县外省内流动的分布中，除没有外出的家庭外，家庭有 1 个成员外出占总样本的比例和有 2 个成员外出占总样本的比例都较高。农户的平均家庭规模为 3.8 人，这个水平相当于二代户，即夫妻两人加两个孩子，家庭的外出规模以 1~2 人为主，这符合当前中西部地区农民工外出的实际情况，也就是丈夫（或者妻子）外出，妻子（或者丈夫）留守照看子女和负责家庭农业生产等活动。

表 7-7 农户迁移情况频数分布

单位：人，次

	外出农民工总数	常年在外	循环流动	跨省流动	县外省内流动	县内流动
0	2556（58.36）	3551（81.07）	3164（72.24）	3023（69.02）	3973（90.71）	4207（96.05）
1	971（22.17）	493（11.26）	844（19.27）	748（17.08）	290（6.62）	121（2.76）
2	680（15.53）	279（6.37）	313（7.15）	488（11.14）	105（2.4）	46（1.05）
3	140（3.2）	50（1.14）	50（1.14）	97（2.21）	12（0.27）	6（0.14）
4	30（0.68）	7（0.16）	8（0.18）	22（0.5）		
5	3（0.07）		1（0.02）	2（0.05）		
N				4380		

注：括号内为百分比。

最后，我们再看家庭农业收入和非农经营活动情况。农业纯收入数据录自国家统计局，指农村住户当年农业来源得到的总收入相应地扣除所发生的费用后的收入总和。如果家庭有第二、第三产业相应的经营收入就界定为从事过非农经营活动。我们对农户家庭按照迁移分组，考察迁移对农户收入和非农经营活动的影响。当然有一个问题需要厘清，当一个家庭中有多人外出时，可能存在流动模式差异，不过这在样本中比例并不高，所以对于多人外出，我们仅考虑流动模式相同的情形，删除成员流动模式不同的家庭（见表7-8）。

表7-8　农户劳动力流动模式与家庭生产经营活动

单位：元/年

	无外出农户	外出农户	常年在外农户	循环流动农户	跨省流动农户	省内县外迁移农户	县内迁移农户
农业收入	8856 (9786)	7845 (8290)	7541 (6853)	7950 (9250)	7660 (7807)	8103 (10487)	8367 (8712)
非农生产经营活动	0.2477 (0.4318)	0.2078 (0.4059)	0.2122 (0.4092)	0.2171 (0.4125)	0.2182 (0.4132)	0.1832 (0.3875)	0.2403 (0.4289)

注：（ ）内为标准差。

从表7-8我们可以大致看出，外出农户的家庭农业收入和从事非农活动的概率都低于无外出的农户，家庭成员外出对家庭生产经营活动有一定的负面影响。进一步看流动模式的差异与农户家庭生产经营活动的关系，我们也发现，常年在外农户的农业收入低于循环流动农户，不过家庭从事非农生产经营活动的概率两者差异不大。从迁移地点来看，县内迁移农户的家庭农业收入和从事非农生产经营活动的概率都高于跨省流动农户和省内县外迁移农户。跨省流动农户家庭获得的农业收入也低于省内县外迁移农户，不过，跨省流动农户家庭从事非农生产经营活动的概率高于省内县外迁移农户。

（四）实证估计结果

1. 农户家庭迁移总人数与农户生产经营活动收入

对于农户非农经营活动的估计，笔者并没有以非农活动的纯收入作为结果变量，而把是否参与非农经营活动作为结果变量，这样做的原因主要在于：一是非农经营活动的收入可能更多地受家庭原始资产等的影响，而我们的调查问卷中没有迁移前家庭原始资产等情况，估计非农经营活动收入可能存在较大偏误；二是农民工外出不仅可以带来一定的流动资金，而且务工经历有助于农民工开阔视野、提升技能和知识，而务工地的营商和创业环境也会使农民工从中汲取不少企业经营理念和经验，无形中提升农民工的创业激情，这可能会提高家庭参与非农经营活动的概率。

表 7 - 9 农户家庭迁移总人数与农户生产经营活动

变量	3SLS 估计			OLS 估计	
	农业收入	非农经营	总迁移人数	农业收入	非农经营
家庭迁移总人数	- 3393.07 *** [429.10]	- 0.0276 [0.0198]		- 1309.66 *** [171.01]	- 0.0340 *** [0.0090]
平均受教育程度	130.71 * [71.94]	0.0062 * [0.0034]		142.76 * [84.82]	0.0062 [0.0038]
家庭总耕地面积	233.30 *** [22.81]	- 0.0037 *** [0.0011]	0.0010 [0.0018]	238.59 *** [60.04]	- 0.0037 ** [0.0016]
家庭劳动年龄人口数	2150.00 *** [217.91]	0.0210 ** [0.0100]	0.3054 *** [0.0112]	1310.01 *** [182.26]	0.0235 *** [0.0076]
村庄迁移率			0.8394 *** [0.1027]		
家庭 5 年前迁移人数			0.3550 *** [0.0139]		
有家人去世 [有 = 1]			- 0.0859 [0.0756]		
常数项	1820.38 ** [732.10]	0.1559 *** [0.0341]	- 0.6531 *** [0.0404]	2870.95 *** [895.09]	0.1527 *** [0.0364]
省份	控制	控制	控制	控制	控制
N	4380			4380	
Hansen-Sargan 值	3.705 [0.5926]			—	
第一步回归 F 值	378.46 [0.0000]			—	

注：括号内为稳健标准差；*、**、*** 分别代表在 10%、5% 和 1% 水平下显著。

首先我们来看 OLS 的估计结果（见表 7 - 9），考虑到村庄层面具有相同性的特点，笔者在村庄层面进行聚类以获得稳健估计。从各变量的影响来看，家庭土地要素、劳动力要素以及人力资本对农业纯收入都有显著的正影响。劳动力迁移对家庭农业纯收入有显著负影响，家庭每增加一个迁移劳动力，家庭农业纯收入就会减少 1309.66 元。不过，OLS 估计没有考虑迁移的内生性问题，可能会出现估计偏误。笔者采用三阶段 OLS 法进行矫正，估计结果与 OLS 估计具有较强的一致性。第一步回归的 F 值远大于 10，基本可判定不存在弱工具变量问题，而对工具变量的 Hansen-Sargan 过度识别检验也显示工具变量是有效的，说明采用三阶段 OLS 估计的结果是可信的。

从三阶段 OLS 的估计结果来看，家庭迁移劳动力数量对农业纯收入有显著负影响，与 Taylor et al.（2003）的研究结论相一致。具体来看，新增一名成员外出，农业纯收入将会减少 3393.07 元，高于人均家庭农业纯收入（2450 元/人），说明家庭成员外出带来一定的劳动力流失效应，对农业生产产生负面效应。家庭成员外出对非农经营活动也有负面影响，家庭成员外出人数越多，农户从事非农经营活动的概率越低，不过并不显著。

2. 常年在外、循环流动与农户生产经营活动

为了进一步考察各迁移异质性对农业生产经营活动的影响，笔者按照外出工作时间把迁移分为常年在外和循环流动分别放入回归方程中考察，估计结果如表 7 - 10 所示。

表 7 - 10　常年外出、循环流动与农户生产经营活动

	3SLS				OLS	
	农业收入	非农经营	常年在外	循环流动	农业收入	非农经营
常年外出	- 3461.15 *** [883.22]	- 0.0928 ** [0.0431]			- 1321.2218 *** [214.6891]	- 0.0396 *** [0.0114]
循环流动	- 3176.87 [2495.60]	0.1786 [0.1218]			- 1299.8097 *** [197.8344]	- 0.0292 ** [0.0122]
平均受教育程度	130 * [74.69]	0.0067 * [0.0035]			142.8354 * [85.0473]	0.0062 [0.0038]
家庭总耕地面积	232.37 *** [25.05]	- 0.0045 *** [0.0012]	- 0.0031 ** [0.0014]	0.0042 ** [0.0016]	238.5013 *** [60.2271]	- 0.0037 ** [0.0016]
家庭劳动年龄人口数	2119.53 *** [411.54]	- 0.0081 [0.0201]	0.1207 *** [0.0085]	0.1847 *** [0.0099]	1310.2933 *** [182.4428]	0.0237 *** [0.0075]
村庄迁移率			0.2492 *** [0.0795]	0.5916 *** [0.0919]		
家庭 5 年前迁移人数			0.2952 *** [0.0106]	0.0597 *** [0.0123]		
有家人去世 [有 =1]			- 0.0976 * [0.0557]			
常数项	1860.93 ** [770.8765]	0.1857 *** [0.0370]	- 0.2912 *** [0.0308]	- 0.3618 *** [0.0356]	2869.4695 *** [897.3894]	0.1520 *** [0.0364]
省份	控制	控制	控制	控制	控制	控制
N	4380				4380	
Hansen - Sargan 值	1.259 [0.9391]					
第一步回归 F 值	常年在外 243.58 [0.0000] 循环流动 96.18 [0.0000]					

注：括号内为标准差；*、**、*** 分别代表在 10%、5% 和 1% 水平下显著。

三阶段 OLS 的估计结果显示，常年在外和循环流动对农户农业生产均产生负影响，不过循环流动对农业生产的影响并不显著。具体来看，家庭每新增一个常年在外迁移者，农户相应的农业收入就减少 3461.15 元，稍大于新增一个迁移者的负面影响（-3393.07 元）。常年在外迁移者对家庭的非农经营活动也有显著的负影响，家庭每新增一个常年在外迁移者，农户参与非农经营活动的概率就会减少 9.28 个百分点，而循环流动对农户参与非农经营活动有正的影响，不过并不显著。

与循环流动相比，常年在外对农业生产和非农经营活动的影响更显著。这一点可以理解为：一是常年在外劳动力可能在城市拥有相对稳定的工作以及收入，他们有能力持续在城市工作和生活，所以可能对家庭生产经营活动中的劳动投入很少，有些基本不再投入劳动，对家庭生产经营活动的贡献很少；二是与常年在外迁移者相比，循环流动者在城市工作和生活的稳定性差，对农村可能有较大的依赖性，可能在农忙的时候短暂返乡解决家庭劳动力紧缺问题，另外，他们也可能会利用在外挣得的收入进行一些非农活动投资，所以对非农生产经营活动会产生一些积极影响，但这一影响并不显著。这也从另一个侧面说明，目前农民工在农村创业或者从事自雇用的机会和空间并不大，循环流动并没有带来显著的创业行为。

3. 跨省流动、省内流动与农户生产经营活动

笔者在考察跨省流动、县外省内流动以及县内流动对农户生产经营活动的影响时，考虑到中西部地区县内就业空间有限，仅有 3.95% 的农户参与县内流动，因此把县内流动与县外省内流动合并为省内流动来处理。

表 7-11　跨省流动、省内流动与农户生产经营活动

	3SLS				OLS	
	农业收入	非农经营	跨省流动	省内流动	农业收入	非农经营
跨省流动	-1860.14 ** [726.43]	-0.0235 [0.0331]			-1418.21 *** [202.63]	-0.0304 *** [0.0101]
省内流动	-6546.81 [4727.19]	-0.0192 [0.2131]			-992.83 *** [233.62]	-0.0468 *** [0.0142]
平均受教育程度	129.06 [84.67]	0.0065 * [0.0039]			138.07 [84.15]	0.0064 * [0.0038]
家庭总耕地面积	226.96 *** [24.91]	-0.0037 *** [0.0011]	0.0012 [0.0018]	-0.0016 [0.0012]	239.19 *** [60.13]	-0.0037 ** [0.0016]

续表

	3SLS				OLS	
	农业收入	非农经营	跨省流动	省内流动	农业收入	非农经营
家庭劳动年龄人口数	1896.1 *** [512.05]	0.0190 [0.0230]	0.3051 *** [0.0105]	0.0774 *** [0.0071]	1319.81 *** [184.74]	0.0233 *** [0.0076]
村庄跨省流动率			0.6480 *** [0.0506]			
村庄省内流动率				0.1562 *** [0.0522]		
村庄迁移率			0.9851 *** [0.1044]	0.0551 [0.0677]		
常数项	2464.2 ** [1013.96]	0.1564 *** [0.0461]	−0.928 *** [0.0410]	−0.106 *** [0.0303]	2870.517 *** [892.9805]	0.1523 *** [0.0363]
省份	控制	控制	控制	控制	控制	控制
N	4380				4380	
Hansen-Sargan 值	27.671 [0.0001]					
第一步回归 F 值	跨省流动 223.52 [0.0000] 省内流动 23.72 [0.0000]					

注：括号内为标准差；*、**、*** 分别代表在10%、5%和1%水平下显著。

从三阶段 OLS 的估计结果（见表 7－11）来看，我们发现，只有跨省流动对农业收入有显著影响，不过模型工具变量过度识别检验并没有通过，这可能有两方面的原因。一是与工具变量的选择有关。笔者选择 2007 年村庄层面跨省流动率、省内流动率作为工具变量，这些变量直接录自国家统计局的村庄调查数据，在调查时主要通过村长（支书）的估计获得，这些数据是一个区间数据，笔者很难准确知道村庄省内流动、省外迁移以及县内迁移的具体比例，只能取区间中值或者作为虚拟变量放入方程进行处理，笔者对这两种处理方法都进行了估计分析，最终的计量结果均不理想，很难利用这些工具变量来有效处理内生性问题。二是中西部地区提供的就业机会有限，劳动力可能很难在中西部地区找到合适的工作岗位，就业环境和就业空间的限制使得中西部地区劳动力选择了跨省流向东部沿海地区，从这个角度来讲，劳动力省内流动和跨省流动决策本身并不是一个内生的选择，而是外生的。

所以，对于跨省流动和省内流动对农户生产经营行为的影响，笔者用 OLS 回归结果来解释。从中我们不难看出：省内流动和跨省流动对家庭农业收入都有显著负影响。不管是省内流动还是跨省流动都会对输出家庭产生一定的劳动力流失效应，进而影响家庭的农业生产活动。省内流动对家庭农业收入的负面影响低于跨省流动的影响，家庭新增一个跨省流动者，农业收入就相应减少 1418.21 元，新增一个省内流动者，农业收入就相应减少 992.82 元，这可能与跨省流动、省内流动本身的特性有关。与省内流动相比，跨省流动的目的地离老家的距离更远，劳动力在农忙时短暂返乡帮助家庭料理农业生产活动所付出的直接交通成本等高于省内流动，加上往返的时间、精力等的耗费，导致跨省流动者照看家庭农业生产的成本明显高于省内流动，因此部分跨省流动者放弃农忙返乡的计划，这使得有跨省流动者的家庭不得不选择耕地外包、耕地粗放种植或者种植低投入低产值农作物，最终使得跨省流动对农业生产的负面影响显著大于省内流动。

再看，跨省流动和省内流动对非农生产经营活动的影响。回归结果显示，跨省流动和省内流动均对家庭非农经营活动产生显著负面影响，不过省内流动对家庭非农经营活动产生的负效应大于跨省流动。具体来看，家庭新增一个省内流动者，农户参与非农生产经营活动的概率就减少 4.68 个百分点，而家庭新增一个跨省流动者，农户参与非农生产经营活动的概率就相应地减少 3.04 个百分点。可能的原因是：中西部地区劳动力跨省务工的地点主要是东南沿海发达地区，相对于在中西部地区省内务工而言，在沿海发达地区务工的农民工可能会接受更多的技能训练，更重要的是在发达地区农民工可能接触和感触到更多的创业营商氛围以及企业运营运作模式，这些更有利于他们推动家庭投资非农经营活动或者返乡后从事非农经营活动。不过，由于目前农村的创业环境等并不成熟，农民工及输出农民工的农户获得非农经营机会或者成功进行非农创业的概率并不高，导致跨省流动对农户非农生产经营活动积极影响小于其外出务工带来的劳动力流失效应，最终对家庭非农生产经营活动的影响仍然为负，但小于省内流动者对农户非农生产经营活动的影响。

（五）结论与政策含义

参考 Mendola（2008）和 Wouterse（2010）的研究，本章采用中国城乡劳动力流动调查数据，进一步估计了迁移异质性即劳动力流动模式对中西部地区农户生产经营活动的影响，结果发现：农村劳动力外出对农业生产和非农经营活动具有负面影响，不过对非农经营活动的影响并不显著；迁移异质性对农户生产经营活动产生的影响也有较大差异。具体来说，常年在外会带来较强的劳动力流失效应，对农业收入和非农经营活动的负面冲击都大于循环流动；省内流动和跨省流动对家庭农业生产和非农经营活动都有显著负面影响，而跨省流动对农业生产的负面影响大于省内流动，不过，跨省流动对非农经营活动产生的负面效应小于省内流动带来的负面效应。

研究结果具有较强的政策含义。一是劳动力外出对农业生产产生负效应，常年外出和跨省外出对农业生产的冲击更大。这要求必须推动农村迁移人口市民化，只有让那些常年在外务工者实现永久定居，完全脱离农业，让耕地有效流转、规模化经营，才能从根本上提升农业劳动生产率。二是劳动力外出，不管是常年在外还是循环流动，不管是省内流动还是跨省流动，都对农村非农经营活动产生了负面影响。这与国外研究显著不同，外出务工并没有带动农村自雇用、创业等的发展，也凸显在落后农村地区资源掣肘，而稳步推动小城镇建设，实现产业与资源聚集，无疑是吸引农民工返乡创业的必由之路。

第三节　农村劳动力外出与农户支出结构*

改革开放特别是 20 世纪 90 年代以来，大量农村劳动力从中西部地区流向东部沿海地区。不过，在户籍以及建立在户籍基础上的一系列制度安排下，农民工虽然从农业部门转移到了非农业部门，实现了职业的转换，但是很难在务工地获得常住户口，也无法与务工地当地居民享有同等公共服务，难以实现永久性迁移，处于"亦工亦农、亦城亦乡"的"候鸟式"流动状态，而农村和农业也成为外出农民工最坚实的最后依靠，农民工对家乡和家庭农业生产的支持较多，如在农忙期间回家务农、更新农业设备等。不过，随着农村劳动力迁移进程的推进，农村劳动力外出模式发生了一定的变化，劳动力流动已经由初期的农闲时节外出务工的季节性流动，转变为以务工为主要收入来源的全年性、多年性流动，乃至在流入地长期居住。这突出表现为：完全脱离农业生产、常年外出打工的农民工已经占较大比

---

* 本节内容参考王子成、郭沫蓉《劳动力外出模式对农户支出结构的影响》，《中南财经政法大学学报》2015 年第 1 期，第 149 ~ 155 页。

例。《2013 年全国农民工监测调查报告》显示，外出农民工年从业时间平均为 9.9 个月，在外出农民工中，举家外出的 3525 万人，占外出农民工的 21.22%。

农村劳动力外出模式的变化，对农村和农业生产的支持力度也有影响，如季节性外出、循环流动向常年外出转变，使得农民工外出务工的兼业性减弱，可能会进一步削弱劳动力输出家庭生产性支出的份额。不过，目前对中国农民工流动与农户支出影响的研究主要还集中在考察家庭参与外出以及家庭外出劳动力总量对农户家庭消费、投资的影响。例如，De Brauw 和 Rozelle 的研究证实，农民工迁移对家庭住房以及其他耐用消费品投资的影响比平均消费水平要高 20%，但没有发现农民工迁移与农户生产投资之间存在关联的证据。De Brauw 和 Giles 也证实农民工迁移与农户人均消费正相关，迁移对住房财富和耐用消费品积累都有积极作用，不过没有发现农民工迁移对农业生产性资产投资有显著促进作用，也没有证据支持城乡迁移可以增加农户在非农生产上的投资。李树苗等的研究则指出，汇款对农户食物消费和生产性投资都有直接和间接的影响，汇款对食物支出和生产性支出的直接影响效应大于间接影响效应。王美艳的研究也进一步证实，汇款主要是被农户用于当前消费性支出，而不是投资性支出。

不过，这些研究大多没有考虑迁移异质性问题，即农村劳动力外出模式差异对农户投资消费的影响，都把迁移视为同质的。迁移具有异质性。一是迁移模式不同，如暂时性迁移与永久性迁移，迁移者对输出家庭的支持有较大差异。暂时性迁移者，其主要家庭成员仍在输出地生活，迁移者一般有较强的回流打算，他们在迁入地的大部分收入以汇款的形式转移到输出地，在家乡进行投资或者为日后回流消费做储备。永久性迁移者则会更多地选择在输入地储蓄和消费，通常会把大部分收入花费在融入（Integration Costs）上，如学习当地语言、购买房屋和社会交往活动。因此永久性迁移者对输出家庭的支持较少，他们的汇款仅仅是一种利他行为。二是不同的迁移类型代表了家庭多样化策略。不同的迁移模式会导致迁移者在生产性活动中采取不同的风险分担行为，如高品质种子的采用、先进农业设备更新等，对家庭投资和消费会带来不同的影响。

仅有杜鑫考虑了迁移异质性问题，把迁移劳动力分为就地迁移和异地迁移来比较研究。其研究发现：就地转移会使农户人均生活消费和人均居住支出水平提高，异地转移却对农户人均生活消费和人均居住支出没有显著影响，这两种转移方式对农户人均生产性固定资产购置支出均没有产生显著影响。不过，其研究并没有考虑农村劳动力外出模式本身可能存在选择性偏差问题，即不可观测特征对迁移选择的影响，忽视这个问题，必然带来估计偏误，削弱研究结论的一致性和说服力。基于此，本章将借鉴 Adams 和 Cuecuecha 的思路，进一步考察农村劳动力外出模式对农户支出结构的影响，无疑有一定的理论和现实意义。

（一） 估计方法与数据说明

1. 估计方法

对各类家庭边际支出的估计，我们参考 Adams 和 Cuecuecha 的思路，假定农户家庭某一类别的支出由家庭总支出及家庭特征决定，具体可写为以下经验方程：

$$C_i/EXP = \beta_i + \alpha_i/EXP + \lambda_i(\ln EXP) + \sum_j \left[\mu_{ij}Z_j/EXP + \theta_{ij}(Z_j) \right] \tag{1}$$

其中假定误差项为常数，EXP 为农户家庭人均总支出，C_i/EXP 代表 i 类人均支出在总人均支出中的比重，我们研究中的支出分为两类：家庭生产性支出和家庭消费性支出。Z 为家庭特征等控制变量，我们放入的控制变量有家庭人口结构（包括劳动年龄人口数、老人数量、未成年人数量等）、家庭的人力资本情况（用家庭最高教育程度来表示）、当地收入水平、农户所在省区域虚拟变量。

依据方程 （1） 我们可以求出 i 类支出的边际预算比例以及平均预算比例。

$$MBS_i = dC_i/dEXP = \beta_i + \lambda_i(1 + \ln EXP) + \sum_j \theta_{ij}(Z_j) \tag{2}$$

$$MBS_i = C_i/dEXP \tag{3}$$

而从公式 （2） 可以看出，家庭特征变量在家庭不同支出的回归中固定不变。

为了探讨劳动力迁移模式的差异对农户生产投入的影响，笔者首先要对农户进行分类。因为在样本中部分家庭既参与了常年外出迁移，又参与了循环流动，不过比例并不高（占外出家庭总样本的 10% 左右）。为了获得独立的农户参与外出分类，在研究中，笔者舍弃这部分样本，仅考虑参与单一外出模式对家庭支出结构的影响。最终笔者把农户分为三类：无成员外出农户、常年外出农户、循环流动农户。在这种情况下，农户首先进行一个独立的外出模式选择：不外出、常年外出和循环流动，然后再进行家庭各种支出的最优份额决策。C_{si} 即为农户选择 s 迁移模式下的 i 类支出。

由于外出模式选择本身可能存在选择性偏差问题，有成员外出的家庭可能有一些不同于没有参与外出家庭的不可观测特征（如技能更高、外出意愿或者能力更强）。忽视这个问题，必然会带来估计偏误，这需要利用两步多元选择进行估计。笔者利用 Dubin and McFadden 法来进行纠偏，估计方程如下：

$$C_{si}/EXP = \beta_{si} + \alpha_{si}/EXP + \lambda_{si}(\ln EXP) + \sum_k \left[\mu_{sik}Z_k/EXP + \theta_{sik}(Z_k) \right] + \sum_{h \neq s} \pi_{sih}r_{ih} + \upsilon_{si} \tag{4}$$

其中 υ_{si} 的均值为 0，s 代表选择迁移模式，r_{ih} 代表选择迁移模式 s 下的偏差矫正变量。

为了进一步估计外出模式对家庭边际支出份额的影响，笔者需要进行多元 Treatment 估计，参考 Lechner 的方法，笔者通过配对比较来识别平均处理效应（Average Treatment Effects on the Treated，ATT）。

$$ATT_{ml} = E\ (MBS_m \mid s = m)\ - E\ (MBS_l \mid s = m) \tag{5}$$

其中 $E\ (MBS_m \mid s = m)$ 为在选择 m 迁移模式下的家庭边际支出份额，$E\ (MBS_l \mid s = m)$ 为反事实的家庭边际支出份额，即 m 外出模式下的家庭选择 l 模式得到的家庭边际支出份额，其中 m 和 l 为配对比较选择。

笔者选择的配对比较即常年外出 vs 无外出、循环流动 vs 无外出。最终得到两个 i 类支出的平均处理效应：

$$ATT_{13} = E\ (MBS_1 \mid s = 1)\ - E\ (MBS_3 \mid s = 1) \tag{6}$$

$$ATT_{23} = E\ (MBS_2 \mid s = 2)\ - E\ (MBS_3 \mid s = 2) \tag{7}$$

其中 1 代表常年外出，2 代表循环流动，3 代表无外出。

2. 数据来源与变量描述

文章使用的数据来自中国城乡劳动力流动调查（RUMIC2008 和 RUMIC2009）的农村住户问卷，在分析中笔者选取了河北、安徽、河南、湖北、重庆和四川 6 个典型中西部劳务输出省份进行研究。

关于外出农民工，笔者定义为 2008 年在本乡镇以外务工经商 3 个月以上的农村劳动力。这里需要说明的是，因为在村级外出人数的统计上，国家统计局对农民工的定义是在本乡镇以外外出务工，所以为了与工具变量（村庄迁移网络）的统计口径一致，笔者这里也以乡镇为边界定义外出。同时根据外出时间差异，笔者把外出农民工分为常年外出农民工、循环流动农民工。具体定义如下。

关于常年外出农民工，笔者定义为初次外出务工在 2006 年以前，且 2007 年和 2008 年均全年累计在外务工 10 个月以上的农民工。这样定义的依据：一是大部分调查表明，外出农民工年在外从业时间的平均值大概在 10 个月，例如，国家统计局公布的 2013 年外出农民工年从业时间是 9.9 个月，本文样本中农民工外出平均从业时间也达到 9.7 个月；二是按照中国传统的过年习俗，大部分农民工会在春节前返乡过年，并在节后返回，一年一度的"春运"无疑是这一现象的真实写照，而春运一般为 40 天，加上农民工找工作的搜寻时间，笔者把连续在外工作 10 个月定义为常年外出，与农民工外出的特点也比较吻合。除常年外出农民工以外的外出者，笔者定义为循环流动农民工。

对于支出的定义，因为笔者的支出数据来自国家统计局，所以本章关于各类支出的界定都参照国家统计局的定义。具体来讲，农户家庭消费性支出主要指农户物质和精神生活方面的支出，包括食品支出、衣着支出、居住支出、家庭设备用品支出、交通通信支出、教育文化娱乐支出、医疗费用支出、其他支出 8 个类别，笔者把这 8 类数据加总得到农户总的消费性支出。农户家庭生产性支出指农户以家庭为单位从事生产经营活动的商品和劳务等支出，包括农户家庭经营费用支出、农户家庭生产性固定资产支出以及建造固定资产需要的人工支出 3 类。为了后文计量分析的需要（因为对边际支出比例的求导要求各部分的支出比重总和等于 1），本文的家庭总支出只考虑农户的生产性支出和消费性支出，两者加总得到农户家庭总支出。将农户家庭消费性支出、生产性支出和支出总额分别除以家庭总人口数，得到农户家庭人均消费性支出、农户家庭人均生产性支出和农户家庭人均总支出。生产性支出比重和消费性支出比重，分别用人均生产性支出和人均消费性支出除以家庭人均总支出得到。其他变量本文均取自调查问卷，其中总劳动年龄人口指家庭中 16~64 岁拥有农村户口成员的总数。家庭人力资本状况采用家庭成员中最高学历者的受教育程度来表示。当地收入水平取自问卷"2007 年本村农民人均年纯收入属于下列哪个区间",由于数据是区间数据,笔者取区间中值来代替。

根据农户家庭劳动力外出情况,笔者定义常年外出农户为家庭中至少有一个劳动力常年在外务工(其中约59%的家庭为单个劳动力外出),循环流动农户为家庭中至少有一个劳动力参与循环流动(其中69%的家庭为单个劳动力参与)。没有劳动力外出的农户为无外出农户。当然有一个问题需要厘清,即当一个家庭中有多个人外出,而外出模式不同时如何来区分的问题。为了简化统计分析,笔者只考虑成员外出模式相同的家庭,删去多人外出但外出模式不同的农户,同时删去存在缺失信息的样本,获得分析样本4266户,各变量的分布特征如表7-12所示。从中,我们可以看到样本的基本分布特征,其中农户家庭人均年总支出为5823元,与同期国家统计局公布的数据吻合(中部地区为5134.69元/年)。农户家庭人均消费性年支出为3813元,也与同期中部地区人均消费性年支出3375.55元相近,说明本文的数据具有较强的一致性和代表性。再看家庭最高学历程度的分布,接近60%的家庭其成员最高受教育程度为初中,其次是高中学历,约占25.6%。这也说明九年义务教育普及对农户家庭教育程度的提升起到了很好的作用。

我们再来看农户家庭参与迁移情况,其中参与迁移农户1630家,占总样本的38.21%,农户循环流动的占比高于参与常年外出迁移的占比,常年外出农户为611家,占总样本的14.3%,而循环流动农户为1019家,占总样本的23.89%。这说明,虽然当前部分劳动力选择常年外出务工,但劳动力循环流动的大趋势仍然没有改变。为了进一步分析不同外出模式与农户家庭支出结构的关系,本文采用均值比较法来处理。

表7-12　不同迁移模式下农户家庭支出的均值比较

单位:元/年

变量	无外出农户	常年外出农户	循环流动农户	均值差(1)	均值差(2)	均值差(3)
人均总支出	6541.77 (7687.96)	4473.26 (3903.69)	4774.07 (4555.39)	2068.51 *** (320.21)	1767.70 *** (256.67)	-300.81 (221.18)
人均生产性支出	2380.70 (5631.98)	1280.63 (1924.70)	1491.36 (2777.70)	1100.08 *** (230.93)	889.34 *** (184.55)	-210.73 * (127.53)
人均消费性支出	4161.07 (4263.25)	3192.64 (2990.73)	3282.72 (3038.90)	968.43 *** (182.05)	878.36 *** (146.09)	-90.08 (154.578)

续表

变量	无外出农户	常年外出农户	循环流动农户	均值差（1）	均值差（2）	均值差（3）
生产性支出比重	0.3003 (0.1889)	0.2754 (0.1587)	0.2907 (0.1657)	0.0249 *** (0.0082)	0.0096 (0.0067)	-0.01538 ** (0.00838)
消费性支出比重	0.6997 (0.1889)	0.7246 (0.1587)	0.7093 (0.1657)	-0.02491 *** (0.0082)	-0.0096 (0.0067)	0.01532 ** (0.0083)

注：括号内为标准差；*、**、*** 分别代表在 10%、5% 和 1% 水平下显著。

在表 7 - 12 中，均值差（1）代表无外出农户与常年外出农户各变量的均值差，均值差（2）代表无外出农户与循环流动农户各变量的均值差，均值差（3）代表常年外出农户与循环流动农户各变量的均值差。从均值差（1）和均值差（2）我们可以看出，无外出农户人均总支出、人均生产性支出、人均消费性支出都显著高于常年外出农户和循环流动农户。不过，在支出结构上，循环流动和常年外出农户的消费性支出比重高于无外出农户，但循环外出农户与无外出农户的差异并不显著。从均值差（3）我们可以看出，常年外出迁移农户的人均总支出、人均生产性支出、人均消费性支出、生产性支出比重都低于循环流动农户，但其消费性支出比重高于循环流动农户。更严格的推论需要借助数据回归分析来实现。

（二）实证估计结果

1. 农户迁移模式的决定

Dubin and McFadden 法首先要估计农户参与模式的决定，获得矫正选择性偏差的 r 值，参与模式的估计通过多项 Logit 模型（Multinomial Logit Model）来实现，农户有三个选择：常年外出、循环流动以及不外出。识别家庭外出参与方程，有效的工具变量必须与家庭外出参与决策相关，而与家庭消费投资行为无关。参考 Taylor et al. 及 Du et al. 的思路，把村庄迁移网络作为工具变量来解决外出务工的内生性问题。其原因主要有两个：一是村庄迁移网络是影响劳动力迁移决策的重要因素，村庄迁移网络越密集，后续迁移的可能性越大；二是村庄迁移网络与农户消费投资行为属于经济活动的两个层面，一般认为村庄层面的迁移网络不直接影响农户层面的消费投资行为，即村庄迁移网络与农户消费投资行为正交。

从表 7 - 13 可以看出，村庄迁移率对常年外出和循环流动决策均有显著正影响，村庄迁移率越高，农户选择常年外出和选择循环流动的可能性都显著高于不外出的概率，而且工具变量的卡方检验值为 25.37，在 1% 水平下显著，说明工具变量的选择较好。

表 7 - 13 农户迁移模式的多元选择估计

变量	常年外出	循环流动
村庄迁移率	2.1449 (0.7235) ***	2.6971 (0.5386) ***
家庭耕地总面积	- 0.0139 (0.0243)	0.0120 (0.0070) *
劳动年龄人口数	0.8348 (0.0660) ***	0.6183 (0.0489) ***
6 岁以上儿童数量	0.2208 (0.1130) *	0.0908 (0.1008)
7～15 岁人口数量	0.4579 (0.0964) ***	0.1294 (0.0774) *
65 岁以上人口数量	0.5657 (0.1039) ***	0.2148 (0.0997) **
初中学历	0.8556 (0.2210) ***	0.5857 (0.1414) ***
高中学历	0.9174 (0.2351) ***	0.5036 (0.1608) ***
大专及以上学历	0.9135 (0.4048) **	0.7407 (0.3012) **
当地收入水平	- 0.0002 (0.0001) ***	- 0.0003 (0.0000) ***
常数项	- 4.3244 (0.4129) ***	- 2.9853 (0.2850) ***
其他控制变量	省份虚拟变量	
Log likelihood	- 3384.41	
Pseudo R^2	0.1311	
工具变量 Wald Chisquared	25.37 (0.0000)	
N	4237	

注：括号内为稳健标准差，通过在村庄层面聚类获得；＊、＊＊、＊＊＊分别代表在 10%、5% 和 1% 水平下显著。

2. 农户家庭支出结构估计

利用 Dubin and McFadden 法笔者对选择性偏差进行了修正，对家庭生产性支出的具体估计结果见表 7 - 14。因为本文所考察的支出仅有两类，分别是家庭生产性支出和家庭消费性支出，而家庭生产性支出比重和家庭消费性支出比重之和等于 1，所以最终对家庭消费性支出比重影响因素的估计系数与对家庭消费性支出估计的系数绝对值相同，只不过符号相反而已。所以本章只汇报了对家庭生产性支出的估计结果。首先来看三个选择性修正变量 (r_1, r_2, r_3) 的估计，笔者发现三个方程对家庭支出比重有显著作用，特别是常年外出务工方程，说明笔者对选择性偏差的修正效果较好。

表 7-14 家庭生产性支出估计

变量	无外出农户	常年外出农户	循环流动农户
人均总支出对数	0.1383（0.0148）***	0.0201（0.0517）***	0.0317（0.0507）***
家庭耕地总面积	0.0035（0.0014）***	0.00055（0.0067）	0.0014（0.0024）**
劳动年龄人口数	0.0321（0.0083）***	0.0054（0.0375）**	0.0176（0.0159）*
6 岁以上儿童数量	0.0185（0.0131）	−0.0536（0.0269）	0.0592（0.0425）
7~15 岁人口数量	0.0217（0.0075）	−0.0829（0.0367）	0.0425（0.0244）*
65 岁以上人口数量	0.0471（0.0194）	0.0098（0.0316）	−0.0129（0.0489）
初中学历	0.0083（0.0229）	−0.0351（0.0678）**	0.013（0.0469）*
高中学历	0.0481（0.0251）**	−0.0614（0.0837）**	0.0324（0.0470）***
大专及以上学历	−0.0536（0.0549）***	0.059（0.1389）	0.0518（0.0729）
当地收入水平	−2.60E−06（4.73E−06）	−1.1E−05（1.95E−05）	−3.79E−06（0.000015）
r_1	0.1571（0.0925）*		0.1324（0.0876）
r_2	−0.1304（0.0864）	0.2861（0.1429）**	
r_3		−0.1879（0.1207）*	−0.109（0.0608）*
常数项	−0.9801（0.1417）	0.4680（0.4923）	−0.0298（0.4881）*
控制	省份虚拟变量、各外生变量与人均总支出倒数的乘积、人均总支出倒数		
调整 r^2	0.1510	0.1557	0.1744
N	611	1019	2636

仅通过估计系数，笔者尚不能准确估计迁移模式的选择对家庭生产经营支出的影响效应，需要进一步计算平均处理效应（ATT），ATT 按照公式（6）和公式（7）计算得到，计算用的系数来自表 7-14，计算结果如表 7-15 所示。

我们可以看到，无外出农户家庭生产性支出的边际份额高于常年外出农户和循环流动农户。常年外出迁移农户和循环流动农户家庭生产性支出的平均处理效应也显示，常年外出迁移的农户，其家庭生产性支出的边际份额会显著降低，降低约 13.15%；而循环流动的农户，其家庭生产性支出份额也会显著降低，不过降低的幅度较小，约为 2.57%。相反，我们可以看到，外出务工可以显著提升农户家庭消费性支出的边际份额，而常年外出对家庭消费性支出边际份额的影响更大。

表 7 - 15　边际支出份额及平均处理效应

支出类型	无外出农户（估计值）	常年外出迁移农户			循环流动农户		
		估计值	反事实	ATT	估计值	反事实	ATT
家庭生产性支出	0.3921	0.31786	0.3603	- 0.0424437 **** (- 12.3295)	0.3473	0.3562	- 0.0089337 *** (- 4.0412)
家庭消费性支出	0.6079	0.68214	0.6397	0.0424469 **** (12.3304)	0.6527	0.6438	0.0089579 *** (4.0522)

外出务工对农户生产经营边际支出有负效应，也就是说，农村劳动力外出会减少农户在家庭经营生产活动方面的投入。出现这种情况的原因可能在于两个方面：一是外出务工对农户造成了一定的劳动力流失效应，使得农户不得不调整在农业方面的投入，如放弃一些高劳动投入的生产或者经营活动，使得生产性投资的份额减少；二是务工劳动力在外可能会获得高于农业生产经营活动的收入，而且他们会把部分收入寄回老家以维持家庭开支等，这使得有劳动力外出务工的农户，在家庭农业生产经营活动方面的投入降低导致生产性投资的边际份额减少。循环流动农户在家庭生产经营活动中的投资稍高于常年外出农户，这可能是因为常年外出者在城市可以获得稳定的收入，对农业生产经营活动收入的依赖性不高，扩大或者维持农业生产投入的积极性很低，而循环流动者可能尚不具备在城市长久立足的能力，农业生产经营收入可能仍是他们维持家庭开支的主要来源之一，这使得他们会增加一些农业投入，但由于务工往返于城市和农村之间，其精力和时间有限，他们投资农业的力度也不大，所以也产生了一定的负面效应。

从消费角度看，我们也可以获得另外一些思考，农户生产经营边际支出的降低也可能是因为外出家庭消费性支出增长较快引致的结果。具体来说，目前户籍制度等制度隔离，使得农民工无法享有与城市居民平等的教育、医疗、养老、住房等公共服务和社会福利待遇，加上农民工本身知识技能不高，大部分只能在次要劳动力市场上获得工作岗位，工作的稳定性、发展空间以及收入都不能维持他们在城市定居的需要，所以大部分农民工仍把输出地的老家作为他们最稳定的依靠，而农民工工资的大部分以各种形式反哺老家，不管是常年外出工作的农民工还是循环流动农民工，其一年主要的精力和劳动时间可能都集中在外出务工上，对家庭生产经营活动的投入自然不多。但是外出务工可能也拓宽了农民工的视野和价值观，这会使得他们加大对家庭消费支出的投入力度,如购买家用电器、加大对子女教育的投入等。这使得最终参与迁移家庭的消费性支出的增加幅度较大,导致相应生产性支出的边际份额降低。常年外出迁移对农户消费性支出的影响强于循环流动,这可能是因为常年外出迁移者对家庭的支持力度大于循环流动者,常年外出务工者可能获得了更稳定和收入更高的工作,他们支持家庭开支的能力远高于循环流动者。

(三) 结论与启示

迁移在家庭投资和消费中充当了比较复杂的角色,而农村劳动力外出模式的差异可能会造成农户支出结构的差异。基于此,本章把农村劳动力外出模式分为循环流动和常年外出,来考察外出模式差异带来的支出结构差异。实证研究发现,农村劳动力外出对农户家庭生产性支出有显著负效应。无外出农户家庭生产性支出的边际份额高于常年外出农户和循环流动农户。常年外出迁移农户和循环流动农户家庭生产性支出的平均处理效应也显示,常年外出的农户,其家庭生产性支出的边际份额会显著降低,约为 13.15% ;而循环流动的农户,其家庭生产性支出份额也会显著降低,不过降幅较小,约为 2.57% 。同时,我们可以看到,外出务工可以显著提升农户家庭消费性支出的边际份额,常年外出迁移对家庭消费性支出边际份额的影响更大。

研究结果具有较强的政策含义。一是劳动力外出会导致农户支出结构更偏向于消费性支出,这必然会对农业生产产生负效应,而常年外出对农业生产的冲击更大。这要求必须推动农村迁移人口市民化,让那些常年外出务工者实现永久定居,完全脱离农业,让耕地有效流转、规模化经营,只有这样才能从根本上提升农业劳动生产率。二是外出务工者并没有带动农村自雇用、创业等的发展,这也凸显了落后的农村地区在创业资源整合上存在障碍,无法把务工农民平时积累的生产技术、管理知识、先进理念等转化为有效的创业活动。因此,稳步推动小城镇建设,实现产业与资源聚集,无疑是吸引农民工返乡创业的必由之路。

第八章　农民工回流职业选择与
创业行为研究

第一节　农民工回流动因及关键影响因素研究
——基于安徽太和、宿松的调查分析

　　农民工的暂迁特性决定了未来必然有大量农民工返乡，势必对城乡经济发展造成巨大冲击。不过，关于乡 – 城迁移的研究发现，回流是迁移者的负向选择。也就是说，回流者一般是在城市工作和生活的失败者，回流者的教育程度和技能较低，年龄大，在城市寻找工作和适应城市生活存在困难（Borjas，1989；Lee，1984；Newbold，2001；Reyes，1997）。这些发现均强调人力资本的重要性，即城市容易拒绝不适应城市生活的迁移者，留下那些技能较高而且能更好地适应城市生活的人。不过，对于农民工回流存在较大的争论。Ma（2001，2002）、Murphy（2002）等的研究指出，回流代表智力流失的逆转，而回流者充当了信息传递、创业以及经济多样化中介的角色。Liang and Wu（2003）、Wang and Fan（2006）的研究则指出，失败的回流者很普遍，回流者的教育程度和技能较低，年龄偏大，在城市寻找工作和适应城市生活存在困难。

　　什么原因促使农民工回流？回流者是创业驱动还是家庭驱动？这无疑值得进一步研究探讨。基于此，本章选择以安徽两个典型劳务输出大县——太和、宿松为调查个案，通过对调查数据和个案的比较分析，探讨农民工回流的动因及关键影响因素。

（一）回流农民工特征分析

　　本调查于 2008 年 8 月在太和、宿松两地企业展开，采用等距分层抽样方法，共抽取两地二十家企业，发放问卷 150 份，回收有效问卷 147 份，其中回流农民工 126 人，没有外出务工经历者 21 人。回流农民工大致呈现以下几个特点。

从性别来看，在总调查样本 147 人中，男性 55 人，占 37.41%；女性 92 人，占 62.59%。曾外出务工人员 126 人，占调查总数的 85.71%，其中男性 45 人（占总数 35.71%），女性 81 人（占总数 64.29%）。由此可见，回流农民工以女性为主，说明随着年龄的增长，由于婚育、家庭等原因，女性易于回流。不过，这可能与调查样本企业以加工制造业为主、女性从业者较多有一定的关系。从婚姻状况来看，回流农民工中已婚者占较大比例。调查显示，回流农民工中未婚者 43 人，占总数的 34.13%；已婚者 83 人，所占比例为 65.87%。在有外出经历的劳动力中，未婚女性为 28 人，已婚女性达到 53 人，未婚男性为 15 人，已婚男性达到 30 人。从这一点也可以看出，已婚者比未婚者更容易回流，已婚女性比已婚男性更容易回流，家庭成为制约农民工长期留城务工的重要因素。

从年龄来看，抽样调查的农民工年龄情况显示，调查的全部劳动力的平均年龄为 29.74 岁，其中女性平均年龄为 29.17 岁，男性为 30.08 岁。回流者平均年龄为 30.02 岁，高于未外出者的平均年龄（29.32 岁），但二者年龄相当接近。从回流农民工的文化程度来看，回流者的文化程度不高，甚至低于没有外出经历者。回流农民工受教育程度为小学以下 4 人，小学 23 人，初中学历 62 人，高中学历 23 人，大专学历 3 人，缺省 11 人。平均受教育年限为 7.88 年，大致相当于初中水平。而未外出务工者的文化程度为小学以下 0 人，小学 3 人，初中 7 人，高中 8 人，大专 3 人。平均受教育年限是 9.57 年，相当于初中水平，但比有外出经历者的受教育程度略高。

从农民工回流者当前收入来看，所调查的全部劳动力的月平均工资为 1104.18 元，有外出打工经历的回流者月平均工资为 1107.44 元，从未外出者月平均工资为 1079.50 元，二者收入水平相差不大。不过调查显示，农民工外出务工的工资明显高于当地工资水平。有过外出打工经历的劳动者在外出务工时平均收入为 1517.52 元，与在当地工作得到的收入相比高 400 多元，有比较大的差距。这说明，一方面，农民工外出务工以从事普通技能工作为主，自身技能水平并没有因外出而得到根本性提升，回流农民工工资收入与没有外出经历者并没有太大差异；另一方面，回流农民工在当地的收入低于在外务工的收入，农民工回流的直接货币收入不高，但农民工依然选择回乡工作，说明家庭、城市认同、心理成本或者其他社会成本对农民工回流决策造成较大影响。

（二）农民工回流的动因分析

为了进一步分析农民工回流的动因及关键因素，本章对有外出打工经历的 126 人的回流动因进行了调查，农民工回流原因大致有以下几种：5 人选择回家创业；5 人选择年龄偏大；5 人选择外出就业困难，工作不好找；7 人选择外出打工工资偏低；2 人选择农业税费取消、粮食直补等政策使种地收益大增；5 人选择结婚、恋爱；2 人选择在外得不到尊重；55 人选择想家，照料父母、孩子；11 人选择厌倦打工生活；29 人选择其他。归结起来，农民工回流的动机有以下四个主要方面：一是想家，照料父母、孩子，占回流者的 43.65%；二是厌倦在城市的打工生活，占回流者的 8.73%；三是外出打工工资偏低，占回流者的 5.56%；四是创业，占回流者的 3.97%。下文对导致农民工回流的四个关键因素进行具体分析。

由于户籍等壁垒，与国际劳动力迁移一般趋势相比，中国农民工乡 - 城迁移具有明显的暂迁特性，有流动无迁移或迁移很少，且外出、回流和留城过程分割（盛来运，2007）。农民工无法实现举家迁移，背井离乡无疑是这一现象的真实写照。这会导致两种不利局面，加重农民工外出负担。

一是离家外出会给外出农民工带来巨大的心理成本。农民工大多数说一个人或者两个人（不带小孩）孤独在外，无法照顾家庭，家人终年难团聚让许多农民工饱受思念亲人之苦，也为此带来巨大的心理负担。一旦劳务输出地出现工作机会，部分农民工特别是女性农民工会考虑立即返乡。

二是子女教育问题也促使农民工返乡。目前，农民工子女有两种情形：一种是父母迫于城市生活消费的高昂，将孩子们留在村庄，或由祖父母监管，或寄宿其他亲戚家的留守儿童；另一种是为了更好地照顾孩子，父母让孩子跟在身边，在城市里不停辗转的流动儿童。这两种状态对农民工子女教育都十分不利，虽然国家在解决农民工随迁子女教育问题上，出台了《流动儿童少年就学以流入地管理为主》的指导性政策，但是在具体执行上效果比较差，农民工子女在城市难以获得与城市儿童同等的入学待遇。这在一定程度上削弱了农民工留城的积极性，加速农民工返乡。

农民工在城市付出大量的血汗和劳动后，特别渴望得到一种认同感、成就感。但农民工在城市中受到歧视，孤独、受本地人排挤一直都是我国农民工在城市生活的难题。由于户籍制度的存在，农民工无法享受和城里人一样的待遇，被认为是"另类人种"的"乡下人"。城市农民工与城市居民两个群体之间存在相当程度的社会隔离，农民工在城市中基本以"农民"自居，他们并没有因为自己工作、生活在城市而产生城市认同，认为自己是城市的一分子，而仅仅认为自己是泊来者。户籍带来的城乡隔离使农民工游离在城市的边缘，可能形成城市中外来人和本地人的群体对抗。缺乏城市认同还会加剧农民工的短视行为，从而频繁流动，既无法向城市居民转化，又导致现行的农民工政策难以奏效。例如，职业流动性影响参加社会保险的积极性，导致退保比例偏高，农民工无法得到长远的利益保障。

长期以来，农民工对城市的社会贡献并未受到足够重视，劳动报酬普遍不高，甚至出现扭曲。一是农村外出劳动力平均工资水平整体不高，与城镇居民平均工资水平差距较大。农民工在外务工的工资水平较低，而且工资涨幅不大，如珠三角地区农民工月工资12年来只提高了68元，若考虑通货膨胀等因素，实际工资水平反而下降了。农民工平均工资仅为同期城镇单位在岗职工的60%左右，并且这一比例正在逐渐下降。二是工资拖欠严重，农民工的工资水平整体偏低，然而这些工资还面临企业拖欠的威胁。国务院研究室（2006）的调查显示，60.37%农民工的工资为按月领取，但能按时领取的仅有47.78%，有时延期和经常延期的比例达35.86%和15.68%。企业拖欠农民工工资问题突出。工资水平长期偏低也导致农民工外出迁移的预期收益大大降低，削弱了其外出积极性，这也使农民工无法在城市长期定居，条件一旦允许，农民工必然返乡。

依据劳动迁移新经济学理论，农民工外出务工以获取储蓄、提升技能为目标，一旦达到目标，立即回流。回乡创业无疑是外出务工者的一个重要方向，务工经历和务工积累对返乡农民工创业有显著的积极影响效应，可以说外出务工是农民工返乡创业的"孵化器"。一是外出务工提升了农民工的人力资本，为创业奠定基础。外出务工可以提升农民工的知识阅历、技术能力及创业能力，拥有更多可获取或占有资源的人力资本。二是外出务工为创业提供技术、信息、市场和资金等必要条件，提供了人力和物力资本的积累。大多数外出务工者是在打工企业所从事的工作中获得技术经验的，而且通过在工作实践中观察和学习，积累起市场知识、企业管理和营销方面的经验。同时，打工时的资本积累为创业提供了启动资金。

第二节 回流农民工职业选择研究[*]

近年来，许多劳动经济学者和发展经济学者开始关注劳动力回流原因及其影响效应问题（Stark et al.，1997；Dustmann，2003b；Kirdar，M. G，2009）。但研究很少涉及迁移者回流后的职业选择。Arif and Irfan（1997）探讨了影响巴勒斯坦回流移民（从中东地区回流）职业选择的关键因素，而 Ilahi（1999）也利用巴基斯坦的截面数据研究了移民回流后的职业选择。与 Arif and Irfan 不同，Ilahi 采用一个更清晰的职业分类（工资性就业、农业自雇用和非农业自雇用）来讨论回流者为什么更倾向于创业、哪些机遇或约束条件影响他们的选择。实证研究结果表明，移民回流后会利用在海外的储蓄投资小商业创业活动，但没有证据表明他们的回流能够促进农业创业活动。McCormick and Wahba（2001）对埃及 1988 年劳动力抽样调查数据的分析也揭示，回流者对城市创业活动有积极影响。在该领域，最具代表性的研究是由 Dustmann and Kirchkamp 做出的。Dustmann and Kirchkamp（2002）首先建立了一个回流决策理论模型，并利用来自土耳其的回流移民调查数据，进一步探讨了回流者的职业选择，他们的实证结论与此前的研究一致，即大多数回流者会选择自雇用。

最近的一些探讨回流对创业影响效应的文献也证实，回流者更倾向于创业活动，回流能够推动创业活动。例如，Gubert and Nordman（2008）对摩洛哥、阿尔及利亚和突尼斯回流者创业行为的研究发现，回流者显示出较高的创办中小企业的能力，1/3 的回流者会投资商业项目，虽然这个比例因国家不同而有较大差别。Black and Castaldo（2009）利用加纳和科特迪瓦近 300 名回流者的数据，研究了国际移民回流与创业的关系，最终发现，移民回流有助于创业活动的开展。而 Pedro C. Vicente（2010）利用莫桑比克 4 个省家庭数据的研究也发现，在控制不可观察因素后，有回流者的家庭从事商业活动的概率更高，而劳动力回流的创业效应似乎集中在商业或农业领域，而不是服务业。

在探讨回流与创业关系时，不少学者开始注意到迁移样本的选择性问

---

[*] 本节参考 Wang zicheng, Yang Weiguo. Self-employ ment or Wage-employ ment? on the occupational choice of return migration in Rural China, China Agricultural Economic Review, 2013, Vol. 5 No. 2, PP. 231 – 247（SSCI）。

题，尝试在控制样本选择性偏差后，进一步比较回流者与留守者职业选择的差异。Wahba and Zenou（2009）提出一个理论搜寻模型，并检验了回流者是否比留守者更有可能成为企业家这一预测。在控制迁移样本的选择性偏差后发现，回流移民比留守者更有可能成为企业家。最近的一项贡献是 Piracha and Vadean 做出的，Piracha and Vadean（2010）利用阿尔巴尼亚的数据，通过分析回流者的职业选择来研究回流对阿尔巴尼亚经济的影响，最终发现，与留守者相比，回流者更可能成为企业家，回流者对阿尔巴尼亚的工作创造效应更大。

然而，以上对回流者职业选择的研究仅局限于国际迁移，缺少对国内移民回流的关注，这是后续实证研究可以拓展的方向。20 世纪 90 年代，中国农村劳动力开始大规模向城市迁移，但受户籍制度约束，农民工在城市很难获得永久的城市居民身份，因此，大部分农民工最终还是要返回家乡。特别是近年来，随着中部崛起和西部大开发政策的实施，部分制造业开始从东部沿海地区向中西部地区转移，为农村劳动力在当地就业创造了许多工作机会，也吸引了一部分中西部劳动力开始回流。2009 年，在东部地区务工的外出农民工出现了"双下降"趋势：外出总人数降低了 8.9%，占全国外出农民工人数的比例也降低了 8.5 个百分点。中西部地区吸纳农民工的能力则逐年提升。农民工回流对农户家庭生产经营活动的影响，无疑也值得关注。

较少文献关注农民工回流、创业及职业选择的问题，Zhao（2002）首次利用 1999 年农业部的调查数据，讨论回流者的投资和劳动分配行为，但 Zhao（2002）将职业选择限制为两类——全职务农和非农活动，仅考虑了回流对全职务工和非农活动的影响，没有将自雇用和工资性就业考虑进去。最近的研究是 Sylvie Démurger and Hui Xu（2010）做出的，他们利用在安徽无为县的农村家庭调查数据，探讨了回流者的职业选择。不过 Sylvie Démurger and Hui Xu 研究采用的调查数据可能缺乏代表性，因为无为县是一个在国内有名的创业县，利用在该县的调查数据做出的分析结论可能会产生较大偏差。

基于此，笔者将在 Piracha and Vadean（2010）、Zhao（2002）的基础上，运用二阶段残差估计来检验选择性偏差，然后利用多元 Logit 和平均处理效应法，进一步探讨影响回流者与外出者职业选择的因素及外出经验对职业选择的影响。与现有研究相比，笔者的拓展大致有两个。一是利用 CGSS（2006）这个全国代表性的数据来研究回流者与职业选择的关系，研究结论更具有代表性。二是我们提供了更准确的职业分类：农业就业、自雇用和工资性就业，这可以让我们能够更好地了解农民工回流对农户家庭、农业生产和非农经营活动的影响效应。因为在综合社会调查数据中，无法获得其他家庭成员具有外出经验等信息，但是获得了户主的外出信息。选择户主作为研究对象，可以更好地了解劳动力回流对家庭生产经营活动的影响，因为户主对农户家庭生产经营活动决策可能起着决定性作用。因此，探讨农村劳动力回流与职业选择，可以让我们更好地理解农民工迁移与农户非农经营活动以及农业生产活动之间的关系。

（一）数据来源及说明

本研究及数据来源于中国综合社会调查研究项目（CGSS，2006）。该调查包括详细的个体特征（性别、年龄、教育、职业等）、工作特征（是否外出务工、目前工作等）、家庭特征（家庭规模、孩子数量、土地数量）和社区特征（位置、相关经济条件等），这些信息能够使本文较好地研究回流者职业活动选择。为了区分农村回流者，本文将回流者定义为外出三个月及以上在本县以外从事非农工作后回流的农村劳动力，这样就去掉那些非农村居民和没有从事收入活动的个体样本，以及其他存在数据缺失的样本，最终得到有效样本 3161 人，包括 600 个回流者和 2561 个留守者（见表 8 - 1）。回流者达到总样本的 18.4%，接近 Sylvie Démurger and Hui Xu 的调查（总样本的 22%），说明本文的研究数据是相对可靠的。在这里需要进一步说明的是，由于本文并未得到家庭所有成员的回流相关信息，因此对回流者的定义仅限于对户主的定义。

表 8 - 1　样本选择标准

4138	受访者总户主人数
-91	CGSS 2005 年社区调查未覆盖家庭样本①
-233	具有城市户口者
-593	未从事任何收入挣得活动
70	未报告社区信息
3161	600 个回流者，2561 个留守者

注：①因为 2006 年中国综合社会调查并未包含村庄特征，所以本文中村庄特征使用的是 2005 年抽样调查的信息，这里的村庄信息包括村庄的地理位置、村庄人口情况、村庄基础设施以及其他经济情况。

表 8 - 2 给出了样本中回流者和留守者相关变量的描述性统计，变量排序的类别包括个体特征、家庭特征和社区特征。

表 8 - 2　迁移经历的描述性统计

	全部（均值）	留守劳动力（均值）	回流者（均值）	差距（留守者 - 回流者）
个人特征				
年龄	42.98	44.43	36.77	7.67 ***
性别（男 =1）	0.4986	0.4572	0.675	- 0.2178 ***
婚姻状况（已婚 =1）	0.938	0.9594	0.8467	0.1127 ***
教育年限	5.63	5.31	6.70	- 1.68 ***
职业：工资性就业	0.1079	0.0816	0.22	- 0.1384 ***
职业：自雇用	0.0892	0.0882	0.0933	- 0.0051
职业：农民	0.8029	0.8301	0.6867	0.1435 ***
家庭特征				
人均土地面积（亩①）	1.50	1.57	1.20	0.38 ***
家庭其他成员外出数量	0.65	0.647	0.675	- 0.03
6 岁以下儿童数量	0.32	0.30	0.39	- 0.09 ***
社区特征				
东部（东部 =1）	0.2850	0.2917	0.2567	0.035 *
距县城中心的距离	29.87	29.69	30.61	- 0.92
集体企业和私营企业的数量	2.8	2.90	2.35	0.5560 *
观测值	3161	2561	600	

注：*、**、*** 分别代表在 10%、5%、1% 的水平上显著。
① 一亩等于 0.067 公顷。

从描述性统计来看，回流者比未外出者更可能从事非农活动。31% 回流者选择自雇用或工资性就业作为他们的职业。令人惊讶的是，回流者工资性就业的比例高于自雇用，这与前人研究成果有所不同，如 Piracha and Vadean（2010）和 Sylvie Démurger and Hui Xu（2010），他们的研究均显示回流者更倾向于成为自雇用者，而不是工资性就业。回流者比留守者平均年轻 7.6 岁，受教育年限长 1.68 年，留守者更多的是女性劳动者。这意味着年轻的男性和教育程度高者更易于迁移。从家庭特征来看，回流者的家庭耕地更少，家庭中其他迁移者的数量相似。至于村庄特征的差异，大多数的回流者来自中西部地区，回流者所在村庄通常较少有集体和私营企业，并且远离县城中心。

（二）　计量模型和识别策略

参考 Zhao（2002）和 Piracha and Vadean（2010），笔者采用多元 Logit 模型来分析回流者与留守者的职业选择。在分析中，笔者将职业选择划分为三种类型：自雇用（S）、工资性就业（W）和农业就业（P）。

我们假定回流者的职业选择取决于配对比较的结果，而配对比较的效用函数可以表示为以下形式：

$$
\begin{aligned}
\text{自雇用} \quad & U_s > U_p, \ U_s > U_w \\
\text{工资性就业} \quad & U_w > U_p, \ U_w > U_s \\
\text{农业就业} \quad & U_p > U_w, \ U_p > U_s
\end{aligned}
\tag{1}
$$

回流者面临三个职业选择（j）：自雇用、工资性就业以及农业就业，选择一类职业的效用函数可表示为：

$$
u_{ij} = \varphi_j x_i + \varepsilon_{ij} \tag{2}
$$

u_{ij} 为个体 i 选择职业 j 的效用，而 x_i 为影响职业选择的其他控制变量，φ_j 为估计参数。笔者假定误差项 ε_{ij} 为独立分布，那么回流者的职业选择就可以写成一个多元 Logit 模型（Multinomial Logit），个体选择职业 j 的概率可表示为：

$$
pr(yi = j) = \frac{e^{\varphi_j x_i}}{\sum_{S,W,P} e^{\varphi_k x_i}} \tag{3}
$$

多元 Logit 模型需要另一个重要的假定，就是 ε_{ij} 和 ε_{ik} 独立分布，所以在采用多元 Lgoit 模型前要进行 Hausman and Small-Hsiao 检验。

在估计回流者的职业选择时必然面临一个问题，即样本的选择性偏差问题。实际上，迁移是一个自选择行为，通常能力强和有创业动机的人倾向于迁移（De Coulon, A. and Piracha, M., 2005）。也就是说，回流者高的自雇用率或者工资性就业率可能不是受到外出的技能积累以及资金积累的影响，而是与他们的风险偏好有关。当然，这里还可能存在一个二次选择性偏差问题，因为回流者可能是失败者或者回流者没有达到预期的迁移目标，成功的迁移者很少回流。不过，自 2004 年在东南沿海爆发民工荒以来，周期性的劳动力短缺问题便困扰着东南沿海地区，2006～2007 年劳动力短缺愈发严重，开始波及中西部劳务输出地区。本章样本数据的采集是在 2006 年 9～11 月进行的，这期间农民工在城市找到一份工作相对容易。由于解雇或者失业等原因回流的概率可能相对较低，这在一定程度上弱化了迁移的二次选择偏差问题。

参考 Piracha and Vadean（2010）和 de Coulon and Piracha（2005）的做法，笔者同样假定回流农民工的职业选择可能面临一个样本选择偏差问题。因此在估计前需要进行样本选择性偏差检验，笔者同样使用包含残差的两阶段估计法（2SRI）来识别选择性偏差。

第一步，笔者采用一个 Probit 模型来估计回流的选择性：

$$p\ (m_i = 1)\ = x_i\varphi + z_i\alpha + v_i \tag{4}$$

其中，如果是回流者的话，那么 m_i 等于 1，反之，如果是留守劳动力 m_i 则等于 0。z_i 是外生变量，是影响迁移选择的各种变量集合。

第二步，一般残差 u_i 被引入方程（3）中，同时放入方程（3）右端的变量还有内生变量 m_i 以及影响职业选择的其他特征变量 x_i，一般残差的计算公式如下：

$$u_i = \begin{cases} \varphi\ (x_i\beta_i/v_i)\ /\Phi\ (x_i\beta_i/v_i) & \text{return-migrants} \\ -\varphi\ (x_i\beta_i/v_i)\ /\ [1 - \Phi\ (x_i\beta_i/v_i)] & \text{stayers} \end{cases} \tag{5}$$

其中 φ（．）和 Φ（．）代表概率密度和标准正态分布的累积函数（Gourieroux，Monfort，Renault，and Trognon，1987）。直观来讲，一般残差与那些影响内生变量和因变量的不可观测因素有关。Terza，Bazu and Rathouz（2008）指出这一方法在非线性模型中可以得到一个一致估计，建议在非线性模型中使用这一方法。如果一个有效的外生变量检验显示一般残差与职业选择无关，我们就可以推断不可观测因素与迁移决策无关，可以单独估计回流者和留守者的职业选择方程。

首先，我们看选择性偏差工具变量。一般来讲，这一工具变量与职业选择无关，与迁移选择显著相关。参考 Coulon and Piracha（2004）、Piracha and Vadean（2010）的做法，笔者选择一个外生变量放入迁移方程：2001 年村庄其他家庭的迁移人数。选择这一变量的原因在于：以亲戚、朋友等为基础的社会关系网络对农民工外出工作搜寻有较大的促进作用，村庄外出劳动力越多，给村庄其他留守劳动力带来的有价值信息就会越多，这会提升劳动力外出概率。但是村庄其他家庭的外出情况是不可预期的，同时也不是劳动力个人所能够决定的，这取决于由历史、地缘或者其他因素而形成的迁移习惯。因此，它对回流者的职业选择则没有直接的显著影响。

我们预期工具变量对迁移决策有显著影响，但是与个体职业选择没有关系。因此把工具变量分别放入结果方程和选择方程中，结果显示，在选择方程中工具变量显著（$x^2 = 61.99$，Prob $= 0.0000$），但是在职业选择的结果方程中，变量不显著（$x^2 = 0.604$，Prob $= 0.739$）。因此，我们可以说把2001年村庄其他家庭外出人数作为工具变量来识别样本选择性偏差是合适的。接着，本文进一步做了选择性偏差检验（见表8-3）。笔者把来自迁移选择 Probit 模型中的一般残差与是否回流虚拟变量一起放入结果方程。结果显示，在多元 Logit 模型中一般残差的系数不显著，也就是说，一般残差与职业选择无关，本文推断不可观测因素与迁移决策无关，可以分别估计回流者的职业选择和留守者的职业选择。

表8-3　样本选择性偏差检验

	Probit	Multinomial Logit	
	回流者 vs 留守者	工资性就业 vs 农业就业	自雇用 vs 农业就业
个体特征			
年龄	−0.0381*** (0.0036)	−0.0543*** (0.0112)	−0.0367*** (0.0118)
性别（男=1）	0.6188** (0.0673)	0.9326*** (0.2082)	0.8115*** (0.2080)
婚姻状况（已婚=1）	−0.2653*** (0.1219)	−0.276 (0.2649)	0.5930* (0.3423)
受教育年限	0.0310*** (0.0102)	0.1727*** (0.0267)	0.1394*** (0.0231)
家庭特征			
人均耕地面积	−0.0455*** (0.0171)	−0.2392*** (0.0762)	−0.3156** (0.1423)
家庭其他成员外出数量	0.0671** (0.0306)	0.0242 (0.0869)	−0.162* (0.0857)
家庭6岁以下儿童数量	0.0317 (0.0526)	−0.5138*** (0.1411)	−0.2667** (0.1363)
村庄和区域特征			
东部（东部=1）	−0.1772*** (0.0684)	0.9586*** (0.1449)	0.6057*** (0.1480)
与县城中心的距离	0.0003 (0.0013)	−0.0106*** (0.0036)	−0.0016 (0.0038)
集体和私营企业数量	−0.0062 (0.0050)	0.0434*** (0.0096)	0.0467*** (0.0091)
选择性控制			
村庄其他家庭2001年外出人数	0.0641*** (0.001)		

续表

	Probit	Multinomial Logit	
	回流者 vs 留守者	工资性就业 vs 农业就业	自雇佣 vs 农业就业
回流（回流者 = 1）		− 0.3774（0.8787）	− 0.6414（1.0443）
一般残差（Generalized residual）		0.6223（0.5113）	0.335（0.6089）
常数项	0.3030（0.1685）	− 0.9204（0.6656）	− 2.1602 *** （0.7776）
Sampling weights	yes	yes	
Observations	3261	3261	
Wald chi2（p）	306.92	419.19	
Pseudo R²	0.1492	0.1519	
Log pseudolikelihood	− 1336.26	− 1695.93	

注：括号内为标准差；＊、＊＊、＊＊＊分别代表在 10%、5% 和 1% 水平下显著。

（三）估计结果

在估计前，笔者进行了 LR 配对检验和 Hausman 独立同分布检验（IIA），LR 检验结果显示配对是合理的，在回流者和留守者职业选择的配对组中没有一组是可以删除的。Suest-based Hausman 检验也证实对于留守者和回流者的职业选择是独立同分布的。笔者分别对回流者和留守者的职业选择方程进行估计，具体结果见表 8 - 4。

在比较回流者和留守者的多元 Logit 回归分析结果时，笔者发现很多变量对职业选择的影响相似。表 8 - 4 显示，与农业就业活动相比，男性从事自雇用和工资性就业的比例高于女性。对于回流者来说，男性从事自雇用与农业就业的比率是女性的 2.07 倍，而男性从事工资性就业与农业就业的比率是女性的 1.77 倍。对于留守者来讲，我们可以得到同样的结论，男性从事自雇用或者工资性就业与农业就业的比率分别是女性的 2.18 倍和 2.38 倍。但是，在回流者样本和留守者样本的回归中，笔者均没有发现性别对自雇用和工资性就业选择有显著影响。这些结果与 Zhao（2002）的研究一致，也就是说，女性劳动力从事农业生产活动的概率显著高于男性劳动力。

年龄对回流者和留守者的职业选择均有显著影响。对于回流者而言，年龄每增加 1 岁，从事工资性就业与农业就业的比率就增加 4.01 个百分点，从事自雇用与农业就业的比率也增加 3.62 个百分点。对于留守者而言，年龄每增加 1 岁，从事工资性就业和自雇用与农业就业的比率就会减少 4.61 个百分点和 3.27 个百分点。这些结果与国际移民研究的结论相一致。也就是说，年轻劳动力更倾向于移民，而且年轻劳动力从事非农生产活动的概率相对较低。不过，年龄对留守者和回流者从事自雇用和工资性就业选择的影响并不显著，自雇用和工资性就业的选择并不受年龄变化的影响。

再看，教育程度与职业选择之间的关系，笔者发现教育程度与职业选择之间存在强的正相关，特别是对于留守者而言。留守者受教育程度每增加 1 年，从事工资性就业与农业就业的比例就增加 20.42%，从事自雇用与农业就业的比例也相应地增加 14.95%。对于回流者而言，教育程度仅对工资性就业和农业就业之间的选择比率有正面的积极影响，受教育程度每增加 1 年，回流者从事工资性就业与从事农业就业的比率就增加 11.03%。对于回流者和留守者来讲，受教育程度对自雇佣和工资性就业之间的职业选择没有显著影响。

婚姻状况对职业选择的影响很小。仅对于留守者而言，已婚者从事工资性就业与农业就业的比率是未婚者的 2.98 倍，而已婚者工资性就业与自雇佣的比率仅为未婚者的 29.75%。这一结果预示着，未婚者更倾向于自雇用行为。这与 Sylvie Démurger and Hui Xu（2010）的结论有明显差别，他们的研究指出，已婚者通过婚姻关系可能获得更多的社会关系网络，这有助于他们从事小商业等创业活动。出现这种情况的原因可能有两个：一是未婚者要承担的家庭责任相对较轻，这使得他们能够把精力和资金全部投入创业活动中来；二是未婚者大多是年轻劳动力，他们拥有的职业从业经验较少，这使得他们转换职业需要付出的成本相对较小。另外，年轻人经常富有冒险精神，这些都可能促使更多的年轻未婚者尝试从事一些自雇用的创业活动。

劳动力的职业选择也受家庭特征的影响。对于留守者而言，人均耕地面积每增加 1 亩，就会使留守者从事自雇用与农业就业的比率减少 39.71%，同时人均耕地面积每增加 1 亩，留守者从事工资性就业与农业就业的比率就减少 28.22%，不过人均耕地面积对回流者职业选择的影响并不显著。导致这种差异的原因，我们可以从两个角度来解读。第一，从新迁移经济学视角，外出被视为家庭分散收入风险的一种重要途径，家庭需要通过安排成员迁移来获得一定的汇款收入。与留守者相比，迁移者在非农就业活动方面可能拥有留守者不可比拟的优势，即使劳动力回流，土地也很难影响他们的职业选择。第二，回流者一般是年轻人，受过较好的教育，外出务工使他们更偏向于城市人的生活，而对农业生产和农村生活不感兴趣，所以从事农业生产的可能性相对较低。另外，在农村一些年轻人可能没有耕作经验，也就没有从事农业生产的基本技能，这些使得人均耕地面积对回流者的职业选择影响并不显著。

同样，我们可以发现家庭其他劳动力的外出情况对留守者的职业选择有较大影响。家庭每新增一个外出者，就会导致留守者从事自雇佣与农业就业的比率减少 21.15%，留守者从事工资性就业和农业就业的比率减少 8.54%，但只有前者显著。留守者家庭拥有 6 岁以下儿童越多，他们从事农业生产活动的可能性越大，但家庭特征对自雇用和工资性就业之间的职业选择没有显著影响。对于回流者而言，仅有部分家庭特征变量对其职业选择有显著影响，如家庭拥有 6 岁以下儿童的数量。家庭拥有 6 岁以下儿童的数量越多，回流者从事农业产业活动的可能性越大，这与对留守者的估计一致，但是比率明显高于留守者，说明 6 岁以下儿童的数量对留守的职业选择影响更大。这一点，我们可以从儿童照看角度来理解，因为在中国传统农村，祖父母一般要承担孙子辈的照看责任。在本书的样本中，留守者的平均年龄为 44 岁，大部分是祖父母辈，而回流者的平均年龄为 37 岁，父母辈的居多，即使这些劳动力回流，照看子女的责任可能还是要落在留守劳动力身上，所以导致 6 岁以下儿童数量对留守者的职业选择影响大于回流者。

再看区域影响的差异，不管是留守者还是回流者，东部地区劳动力从事自雇用和工资性就业的概率都高于中西部地区劳动力。村庄与县城中心的距离越远，回流者和留守者从事工资性就业的概率就越低。导致这种情况的原因在于，当地经济发展情况的差异。一般来讲，东部地区的经济比中西部地区发达，因此可以创造更多的非农就业机会，导致在东部地区的劳动力从事自雇用和工资性就业的概率比中西部地区高。另外，距离县城越近，农村劳动力在县城中获得的就业信息和就业机会就越多，所以从事工资性就业的概率也越高。但是到县城中心的距离对自雇用与农业就业之间的选择，以及自雇用与工资性就业之间选择的影响并不显著。

我们再看村庄集体企业和私营企业数量对劳动力职业选择的影响。笔者发现，对于留守者而言，村庄内集体企业和私营企业数量越多，留守者从事非农就业的概率越高。但是村庄集体企业和私营企业数量对回流者的职业选择没有显著影响。同样，不管是留守者还是回流者，集体企业和私营企业数量对自雇用和工资性就业之间选择的影响都不显著。我们可以从两个方面来理解这一问题。第一，在农村当地的企业大部分是家族企业，亲缘和血缘关系在企业的运行中发挥了重要的作用。对于一个与当地企业主是非亲属关系的回流者而言，其很难获得就业机会。特别是外出将会进一步削弱迁移者与村庄之间的关系，这使得回流者在村庄获得就业机会更加困难。第二，有很强社会关系网络的劳动力或者被当地企业雇用的劳动力一般很少参与迁移。这也使得当地企业的发展情况仅对留守者的职业选择有较大影响，而对回流者的职业选择没有显著影响。

表 8 - 4　职业选择 Odds Ratios：留守者和回流者分别估计结果比较

	回流者			留守者		
	RWvs RP	REvs RP	RWvs RE	SW vs SP	SE vs SP	SW vs SE
个体特征						
年龄	0.9599 *** (0.0129)	0.9638 ** (0.0163)	0.996 (0.0192)	0.9539 *** (0.0084)	0.9673 *** (0.0076)	0.9861 (0.0103)
性别（男 =1）	1.7660 ** (0.4689)	2.0722 * (0.80)	0.8523 (0.3649)	2.3754 *** (0.4269)	2.1795 *** (0.3522)	1.0899 (0.2393)
婚姻状况（已婚 =1）	0.8918 (0.3004)	1.4032 (0.7214)	0.6356 (0.3450)	0.8860 (0.2978)	2.9779 *** (1.4147)	0.2975 ** (0.1513)
受教育年限	1.1103 ** (0.0458)	1.1034 (0.0724)	1.0063 (0.0713)	1.2042 *** (0.0387)	1.1495 *** (0.0276)	1.0476 (0.0377)
家庭特征						
人均耕地面积	0.9917 (0.063)	1.0872 (0.0827)	0.9122 (0.08162)	0.7178 *** (0.0813)	0.6029 *** (0.0971)	1.1905 (0.2084)
家庭其他成员外出数量	1.1256 (0.1415)	0.9995 (0.1729)	1.1262 (0.2208)	0.9246 (0.1021)	0.7885 ** (0.0735)	1.1726 (0.157)
家庭 6 岁以下儿童数量	0.6883 * (0.151)	1.0684 (0.3107)	0.6443 (0.21523)	0.50 *** (0.0897)	0.6440 *** (0.0988)	0.7764 (0.1692)
村庄和区域特征						
东部（东部 =1）	3.194 *** (0.7627)	2.6240 *** (0.9156)	1.21723 (0.4461)	2.671 *** (0.4425)	1.812 *** (0.2887)	1.4741 ** (0.3044)
与县城中心的距离	0.9902 * (0.0057)	1.0005 (0.0086)	0.9897 (0.0097)	0.9888 ** (0.0047)	0.9979 (0.0043)	0.9909 (0.0059)
集体和私营企业数量	1.016 (0.0216)	1.037 (0.0252)	0.9797 (0.0171)	1.0542 *** (0.0109)	1.0508 *** (0.0101)	1.0032 (0.0092)

续表

	回流者			留守者		
	RWvs RP	REvs RP	RWvs RE	SW vs SP	SE vs SP	SW vs SE
Sampling weights	yes			yes		
Observations	600			2561		
Wald chi2（p）	77. 88			309. 54		
Pseudo R^2	0. 0958			0. 1624		
Log pseudolikelihood	− 435. 80			− 1234. 87		

注：括号内为标准差；＊、＊＊、＊＊＊分别代表在 10%、5% 和 1% 水平下显著；RE、RW、RP 分别代表回流者自雇用、回流者工资性就业和回流者农业就业；而 SE、SW、SP 分别代表留守者自雇用、留守者工资性就业和留守者农业就业。

迁移经验对职业选择的影响，同样可以用预期选择实际职业的概率与反事实选择职业概率的差值来代表，也就是平均处理效应（ATT）。对于一个回流者而言，R_i 其从事某一职业 j 的实际参与率与在没有外出情况下选择某一职业的概率差，可以表示为以下形式：

$$\Delta_{pr,i_r}^{hyp} = p(y_{i_R} = j_R) - p(y_{i_R} = j_s \mid m = 0)$$

$$= \frac{e^{\varphi_{j_R} x_{iR}}}{\sum_{k_R = RS,RW,RP} e^{\varphi_{k_R} x_{iR}}} - \frac{e^{\varphi_{j_S} x_{iR}}}{\sum_{k_S = SS,SW,SP} e^{\varphi_{k_S} x_{iR}}} \qquad (6)$$

方程（6）的反事实估计系数可以通过方程（2）的估计得到。

关于迁移经验对留守者的职业选择估计，同样可以通过比较反事实概率（假定留守者外出且回流）和实际概率的差值得到。

$$\Delta_{pr,i_S}^{hyp} = p(y_{i_S} = j_S) - p(y_{i_S} = j_s \mid m = 0)$$

$$= \frac{e^{\varphi_{j_R} x_{iS}}}{\sum_{k_R = SS,SW,SP} e^{\varphi_{k_R} x_{iS}}} - \frac{e^{\varphi_{j_S} x_{iS}}}{\sum_{k_S = SS,SW,SP} e^{\varphi_{k_S} x_{iS}}} \qquad (7)$$

估计的实际职业选择概率与反事实的职业选择概率之差（平均处理效应，ATT）证实，迁移对职业选择有重要影响（见表 8 − 5）。

表 8 − 5　平均处理效应（ATT）

	估计概率	反事实	差值（估计 − 反事实）
	回流者	假设回流者未外出过	
工资性就业	0. 2160	0. 1303	0. 0847（0. 00096）＊＊＊

续表

	估计概率	反事实	差值（估计－反事实）
	回流者	假设回流者未外出过	
自雇用	0.0946	0.1172	－0.0226（.00043）***
农业就业	0.6897	0.7525	－0.0621（.00064）***
	留守者	假设留守者外出过	
工资性就业	0.0837	0.1426	0.05924（.0019）***
自雇用	0.0874	0.0722	－.01501（.00079）***
农业就业	0.8289	0.7852	0.0442（.00127）***
	留守者	假设回流者未外出过	
工资性就业	0.0834	0.1314	－0.0480（0.00424）***
自雇用	0.0872	0.1172	－0.0299（0.00325）***
农业就业	0.8294	0.7514	0.0780（0.00711）***

注：括号内为标准差；*、**、***分别代表在10%、5%和1%水平下显著。

回流者选择工资性就业的概率比假设他们不外出高出8.47个百分点，而从事农业就业的比例要减少6.21个百分点，自雇用的也减少2.26个百分点。如果留守者选择迁移，那么迁移经验会导致其工资性就业概率增加5.92个百分点，相应自雇用分别减少1.5个百分点。我们再看另一组反事实比较，如果回流者不选择外出，那么与留守者相比，其从事工资性就业的比例将减少4.8个百分点，而从事农业就业的概率将增加7.8个百分点。平均处理效应的结果可以归结为：迁移经验对工资性就业的影响更大。可能的原因在于：在城市劳动力市场，农民工往往被束缚在次要劳动力市场，从事的工作岗位工资较低、稳定性差，这使得外出农民工很难积累到必要的人力资本和资金来从事自雇用活动。相反，农民工可能因为外出反而减弱了他们在原来村庄的社会关系网络，所以从事创业的可能性并不大。但是外出的工作经验对他们在当地从事工资性就业的帮助很大，回流者的外出经验可能帮助他们在当地得到一个与外出工资水平等差异不大的工作。

笔者的结论与Sylvie Démurger and Hui Xu（2010）的一致，但有所不同的是，他们的研究证实回流者更倾向于自雇用活动，而笔者的研究则证实外出对工资性就业的影响较大，但是对自雇用可能产生负效应。一个可能的原因在于样本选择问题，如Sylvie Démurger and Hui Xu（2010）在研究中提到的"无为是一个有长期劳务输出历史和当地政府鼓励回流创业的地方"。而实际上，无为无疑是一个典型的农民工创业大县，在 2009 年曾经获得"全国十大创业强县"的称号。它有悠久的劳务输出史，也较早起步实施鼓励农民工回流创业的政策。早在 1995 年，无为县就实施了"凤还巢"工程，给予回流者与当地外商投资者同等的政策。到 2008 年底，无为有超过 16200 名回流者选择创业，占总外出人数的 4.9%。这些回流者创立了 1113 家公司，接近整个县内企业总数的 38.1%。由此可见，无为是一个农民工回流创业的典型县。因此，采用无为农民工回流数据来研究其职业选择，可能会产生较大的样本偏误，导致结果出现回流者更多地选择自雇用活动。

（四） 结论与讨论

本部分利用中国综合社会调查数据，从职业选择角度探讨回流对劳务输出地经济发展的影响效应。笔者最终发现，劳动者个体特征（年龄、性别和受教育程度）对非农就业和农业就业选择有显著影响，但除了婚姻状态外，对自雇用和工资性雇用间的选择并没有显著影响。仅有部分农户家庭特征对职业选择有显著影响。对于留守者来讲，人均耕地面积越多，家庭 6 岁以下儿童的数量越少，劳动力选择从事非农就业的概率越高。而对于回流者来说，大部分家庭特征对其职业选择的影响并不显著，仅有 6 岁以下儿童的数量对其农业就业活动有显著影响。来自东部的劳动力从事工资性就业和自雇用的可能性更高。离县城中心的距离越远，劳动力从事非农就业的概率越低。而村庄集体和私营企业的数量越多，留守者从事非农就业的概率越高。

平均处理效应的结果进一步显示，回流者从事工资性就业的概率远高于从事自雇用的概率，迁移经验对工资性就业活动有积极显著影响，但对自雇用活动可能有负的影响。这一现象明显不同于对国际移民回流的影响（Gubert and Nordman，2008；Black and Castaldo，2009；Wahba and Zenou，2009；Piracha and Vadean，2010），他们的研究均证实，回流者从事创业的可能性远高于工资性就业。

不过，本研究也存在一定的不足，如笔者没有足够的数据区分不同的自雇用状态，如拥有雇工和不适用雇工的差异，后续研究需要更详尽的数据来进行进一步分析。

第三节　县域经济发展与农民工返乡创业
——以安徽无为为例

无为县地处皖中，濒临长江，总人口 140 万，总面积 2433 平方公里，名取"思天下安于无事，无为而治"之意。改革开放之初，无为县是农业大县、国家级贫困县。改革开放 30 年，到 2008 年，该县连续八九年进入全省十强县行列，名列全省科学发展先进县一类县第 6 位。无为县的县域经济与无为外出务工人员返乡创业有紧密关联。

（一）农民工返乡创业特征

20 世纪 80 年代初期，无为农民开始走出家门在外务工经商，"无为保姆"一时名满天下。从 1996 年起，外出务工人员出现返乡创业现象，该县政府对这一现象加以引导和激励，在全省率先提出并实施"凤还巢"政策，"凤还巢"从此勃然而兴。从走南闯北的"无为保姆"到"凤还巢"，从"打工潮"到"创业潮"，从"劳务经济"到"故乡经济"，劳务大军华丽转身，使该县实现了从输出劳动力到带回生产力的历史性转变。该县劳务人员返乡创业呈现以下特点。

第一，返乡创业人数持续扩大。截至 2009 年，全县已有 16200 多名外出人员回乡创业，约占外出劳动力的 4.9%。在返乡创业的人数中，1998 年以前返乡创业的人数为 3200 人，1999～2003 年返乡创业的人数为 4900 人，2004～2006 年返乡创业的人数为 6090 人，返乡创业人数呈逐年上升趋势。

第二，返乡创业投资规模大。截至 2009 年，外出人员返乡创办企业或参股兴办企业共 1113 家，占全县 2920 家企业的 38.1%；从事个体经营 6199 户，占全县 18341 户个体工商户的 33.8%；在 1113 家回乡创办企业中，规模以上工业企业 51 家，占全县 145 家规模以上工业企业的 35.2%；实现产值 79.9 亿元，占规模以上工业企业总产值 235 亿元的 34%。在该县回乡创办的企业中，投资最大的是总投资 6.42 亿元、占地 750 亩的安徽楚江铜导体产业园。返乡创业者已成为当地经济建设的主力军。

第三，返乡创业行业相对集中。从该县回乡创办的企业类型来看，一是工业，主要是电线电缆行业、船舶制造、化工，还有一些小型机械行业；二是涉农的轻工产品行业，主要是羽毛羽绒加工，包括羽绒服装、羽毛的半成品等；三是农副产品的深加工，订单农业。其中主要原因是这些产业是该县传统的优势产业，具备一定产业基础，返乡人员回乡后多数选择现有的优势产业进行投资，这些劳动密集型企业也改善了该县劳动就业格局，如高沟电线电缆企业接纳1.6万名农民进厂务工。

第四，外出创业成功人士回乡投资渐成趋势。无为的劳务输出突出的表现是时间早、人数多、规模大，且大多数是外出经商的。经过多年的发展，一些外出人员已在外创业成功，不少拥有了自己的企业。随着这些企业规模的扩张、产业结构的升级和发达地区成本、要素的约束趋紧，他们把家乡作为增资扩模的首选之地，新办企业纷纷在家乡落户，目前已成一大趋势。比如北京希玛集团在无为投资的希玛南方工业园项目，四川明星电缆公司在无为投资的超高压电缆项目，比亚迪公司在无为投资的手机储能材料项目，浙江萧山羽毛制品厂在无为投资的羽毛羽绒工业园等。

第五，返乡创业理念持续提升。返乡创业的形式由过去单纯的个体私营，逐步发展到以股份制为主的现代化经营模式，企业管理制度不断创新，呈现产权多元化、治理结构规范化、经营管理层非家族化、发展集团化的健康发展趋势，如亚洲保龄球王何帮喜创办的希玛集团。无为县这种独具特色的经济发展路径为县域经济的发展不断注入新的活力。

（二）返乡创业者成为无为县域经济发展的主力军

无为积极引导外出农民工带技术资金返乡创业，政府的大力支持，使农民工返乡创业呈现良好的发展态势，也促进了无为县域经济实现跨越式发展。

第一，促进经济增长与结构调整。2008年，无为县实现地方生产总值157.4亿元，同比增长18.1%；规模以上工业总产值216亿元，增长28.3%；财政收入13.3亿元，增长21%。到2009年6月底，该县非公有制经济完成增加值45.8亿元，增长8.6%，占全县GDP的71%，比上年提高1个百分点。非公经济上交税金5.2亿元，同比增长10.2%，占全县财政收入的79%。

第二，返乡创业带动了城乡就近就业。目前，全县共有非公企业2209家，个体工商户20061户，其中2008年新登记各类企业205家、个体工商户2398户，新增规模以上非公工业企业16家、创业园3个、省级产业集群专业镇1个。城镇新增就业岗位3313个，实现农村富余劳力向非农转移

17683 人，动态消除了"零就业"家庭。2009 年 7 月，无为县当选"全国十佳全民创业示范县"，也是安徽省唯一获此殊荣的县区。

第三，有利于主导产业的培育。大批电缆销售人员和羽毛羽绒经销人员回乡创业，加速了电线电缆和羽毛羽绒产业的规模扩大和聚集，已经成为无为县经济发展的主导力量。2007 年，仅电线电缆产值就高达 135.2 亿元，上缴税金 6.8 亿元；另外羽毛羽绒产业集群有企业 41 家，实现产值 15 亿元。

第四，促进当地消费水平的提高。近几年，该县社会消费品零售总额一直保持较快增长，绝对值在全省名列前茅，其中以汽车、住房消费最为明显。目前全县拥有的数千辆私家车中，有 95% 是外出人员购置的；无为每年商品房销售总面积约 25 万平方米，其中有 80% 是外出回乡人员购买的。

第五，推动新农村的建设。无为县外出人员返乡创业的企业有 70% 属于劳动密集型企业，为当地富余劳动力的就地转移提供了广阔的平台。高沟镇主要靠外出农民回乡创办电缆企业，带动一批相关企业的发展，成为有名的"电缆之乡"。全镇企业就地吸纳了 1.2 万名农民进厂务工，农民在家门口就可以轻而易举地当工人。仅此一项，企业每年为农民提供的工资就达 1 亿余元。返乡创业人员对新农村建设作用更大的方面表现在发展生产上。当年外出当保姆的邓立翠返乡创办了三缘养殖实业有限公司，带动 3 万名农民从事白鹅产业。短短的几年时间，无为县一跃成为安徽省第一养鹅大县。高沟镇农民返乡创办了超飞乳业公司，使农民在种植饲草上获得巨大收益，带动了 5 万多农户致富。外出务工人员在回乡创业的同时，也积极参与新农村建设和扶贫济困等社会事业，返乡创业者李广元将 100 万元捐赠给无为县慈善协会。在短短的 5 年时间里，李广元用于公益事业的投资就近千万元。新亚特电缆集团 2006 年捐资修建了环村公路，沿路还安装了 120 盏电控式路灯。该企业几年来，已先后向社会各界捐资 600 多万元。

第六，实现与沿海发达地区的对接。无为外出人员大多在沿海地区务工，回乡创业不仅带回了资金和技术，而且带回了发达地区的先进理念、思维和管理方式，大大拉近了无为与沿海地区的时空距离，加快了开发开放步伐。同时，不少回乡人员主动牵线搭桥，为家乡建设引进外商外资，带动全县外向型经济的发展。

（三）无为引导农民工返乡创业的举措

无为一直把推动外出人员回乡创业、发展劳务经济作为县域经济发展的一项重要举措。

第一，亲情感召。无为县每年都要召开外出务工人员座谈会，通报全县经济发展情况，请回乡创业人员讲述在家乡成功创业的亲身经历，增强外出人员回乡创业的信心。帮助解决外出人员家中的实际困难，包括照顾家中老人、子女上学、土地流转等问题，切实解决外出务工人员的后顾之忧，增强外出人员对家乡的认同感，并且在全县所有乡镇建立就业和社会保障事务所，在北京、上海、南京等地建立无为商会和同乡会，在温州、广州等 12 个经济发达城市设立驻外办事处，重点做好无为外出人员工作。乡镇、村以亲情感召做好返乡创业工作。几年来，先后有 72 名返乡创业人员当选为劳动模范和全国、省、市、县人大代表及政协委员，有 6 人被全国政协授予"创业之星"的称号。

第二，环境吸引。为吸引外出人员回乡创业和"凤还巢"企业落地生根，2005 年，无为县在全省首批实施"村村通"水泥路工程，两年时间共开工建设 344 公里。自筹资金近 3 亿元建设了通江大道和高新大道，目前两条道路两侧已形成多个工业集中区，开工建设近百家企业，其中大多数是外出人员回乡创办的，两条道路已经成为无为县对外开放的主通道和重要的工业经济走廊，构成了全县工业经济的"金三角"。雍南、高沟、姚沟等多座变电所，有效地缓解了回乡企业的用电困难。县政府投入 3000 多万元资金建设无城、高沟、二坝三大工业园区基础设施。2006 年，该县针对无为羽毛羽绒资源丰富、在外从业人员较多、经济实力较强的实际情况，在无为城污水处理厂附近规划建设了无城羽毛羽绒工业园，并积极到浙江萧山开展产业招商，目前该园区已引进相关企业 7 家。

第三，政府支持。一是项目支持。自 1996 年来，无为县相继出台了鼓励投资和加快民营经济发展的若干政策，明确规定对外出人员返乡创业的，一律不带条条框框限制，除国家法律法规明令禁止的产业和产品外，在符合安全生产和环保条件的前提下，能发展什么就发展什么，视同招商引资企业，真正做到外出返乡人员与外来投资者一视同仁。此外，县政府还积极搭建银企合作平台。2004 年以来，连续四年召开"凤还巢"企业与金融界对接会，累计签约贷款 62.6 亿元。其中，2006 年，该县为两个"凤还巢"企业——三缘养殖公司、超飞乳业公司争取项目资金 310 万元。二是人才支持。对机关干部实行 3 年内停薪留职，鼓励、推荐机关干部和国有集体企业管理人员到"凤还巢"企业任职，满足企业对管理人员的需求。几年来，全县累计有 50 多名干部和国有集体企业管理人员被聘请到企业工作，成为企业生产管理的骨干力量。同时，利用清华大学远程教育培训资源，对回乡企业管理人员进行培训，提高企业的管理水平。加强县人才服务中心建设，通过定期组织招聘活动和劳动、农业、教育、扶贫等部门进行定向培训的方法，企业对熟练工、技术工的需求予以满足。同时，充分利用国家"再就业工程"等政策，与用工企业签订代培协议，学员结业后进入委培企业就业。2007 年，县职中就一次性为明星电缆公司培养 40 名学生，为该企业提供用工保障。三是金融支持。无为县成立了中小企业担保公司，为成长期企业提供资金贷款和担保，并配合金融机构对企业进行信用等级评定，促进银行增加对企业的资金支持。创新金融品种，组建农户小额信用联保贷款组织 8 个，发放贷款 5100 万元；争取省建行现场审批贷款 1.5 亿元，省农行一次性集中授信 4.1 亿元。在全省成立首家县金融办，加强对金融工作的协调和考核，在鼓励本地金融机构扩大信贷规模的同时，积极引导县外金融机构到无为开展业务，提高全县信贷投放总量。针对全县高达 60 多亿元的民间资金储蓄，无为广泛倡导新的投资理念，搅动民间投资市场，促使民间资金向产业资本转移。

（四）农民工返乡创业存在的问题

无为县外出人员返乡创业取得了显著成效，并且在实践中摸索出一些成功的经验和失败的教训。

一是资金短缺，融资难。资料显示，农民工虽然在返乡时积累了一定资金，但远无法满足创办企业、搞生产经营的资金需要。无为县积极促成金融支持，但银行放贷毕竟有限，额度小且利息高，更多的时候靠企业自身融资。资金的缺乏迫使部分有创业愿意而实力不足的农民工放弃返乡创业的打算。

二是素质不高影响创业效果。不少返乡创业农民工小老板，由于受自身教育程度低、专业技能知识和管理水平的限制，缺乏企业管理的能力和经验。一些创业者营销理念落后，市场开拓能力差，缺乏长远眼光，其所办的企业不少都处于小规模低效益状态，很难做大做强。一些创业者所办企业管理不够规范，很多是夫妻、父子家庭管理方式，存在生产效率不高，产量质量不过硬等问题。企业抗风险能力不强，很难在激烈的市场竞争中取胜。

针对上述情况，笔者就进一步加大对农民工返乡创业扶持力度提出几项建议。

一是为返乡创业提供融资优惠政策。包括鼓励和引导城镇中小金融机构把农民工返乡创业者作为专门的目标客户群，提供贷款服务；支持其他商业银行到农村地区设立营业网点，为返乡创业提供信贷服务；考虑设立行业协会基金担保公司或政府设立农民工返乡创业专项扶助基金，为返乡创业提供信贷担保。

二是加大基础设施建设投入。突出抓好交通运输基础设施建设，小城镇道路、水电、通信等基础设施及其配套设施建设，积极创建工业园、返乡创业园，增强县域创业项目承载能力，减轻返乡创业者的额外投资压力，同时降低入居园区的门槛。

三是为返乡创业解决人才缺乏的难题。政府为返乡创业者及员工提供免费培训，主要可以通过与大学社会实践合作吸收大学生进企业实践，并积极吸收人才指导企业更好地发展。

第九章　农民工城乡迁移政策的联动机制设计

第一节　研究结论

农民工已成为推进工业化和城市化进程不可或缺的重要力量，国家统计局抽样调查结果显示，2013 年全国农民工总量达到 26894 万人。不过，受制于户籍等制度，农民工很难在城市安家定居，形成了独特的往返于城乡之间的循环流动模式，这种模式具有明显的暂迁特性：有流动无迁移或迁移很少，且外出、回流和留城过程分割。不过随着农村劳动力迁移进程的推进，农民工流动模式出现了新的变化。一是在务工地工作居住趋于长期化。常年在外务工已经成为农民工外出的主要形式之一，举家外出的数量也在稳步增加，而回流大部分是暂时性的，永久回流的概率不高。二是农民工流动方向多元化，省内流动趋势加强。

"留城还是回流？再次外出还是留乡发展？"这不仅是当前农民工就业选择面临的重要问题，也会对劳务输入地和输出地经济发展产生较大冲击。基于此，本研究试图在新迁移经济学的分析框架下，利用实证计量方法，以农村家庭劳动力最优配置决策与家庭资金最优配置决策为核心，探讨农民工迁移与回流的动态决策及其影响效应，重点对农民工迁移模式的动态决定、农民工城市消费与家乡住房投资行为、汇款与农民工回流、迁移与农户发展、回流职业选择与创业等几个问题进行探讨，最后构建农民工城乡迁移政策的联动机制，为统筹农村劳动力城乡配置和劳务输出地与劳务输入地经济协调发展提供政策建议。

研究的实证分析及结论主要体现在六个方面。

第一，对于农民工迁移模式的动态选择及其决定因素。假定农民工外出就业依次经历外出、回流与再迁移三个次序决策，纠正选择性偏差后的估计发现：常年在外务工已经成为农民工迁移的主要模式，而回流是暂时性的，大部分回流农民工会选择再迁移，留乡发展的概率并不高；年龄、教育程度、婚姻状况、家庭劳动力禀赋等对外出和回流决策均有显著影响，不过土地资源禀赋仅影响劳动力的外出决策；外出务工特征如外出持续时间等对回流和再迁移有显著影响，务工收入占家庭总收入的比重越高，再迁移的可能性也越高，而失败的回流者再迁移的可能性更低。

第二，农民工工资收入与城市消费行为研究。在城市农民工劳动力市场上，人力资本已成为决定农民工工资收入的关键影响因素，文化程度、技能水平、工作经验，直接影响农民工工资水平。以亲友关系为基础的社会网络、中介与职介搜寻、工作满意度都无助于提升农民工工资。处于次要劳动力市场的新生代农民工，跳槽无助于提升他们的工资水平，特别是频繁跳槽，跳槽次数越多，工资反而越低。农民工家庭消费与城镇住户消费存在显著差异，农民工家庭消费显著低于城镇住户。Oaxaca-Blinder 分解进一步揭示，农民工家庭与城镇住户消费差异大部分是不可解释的，不可解释部分主要是户籍歧视。对于农民工分类消费的分析发现，农民工家庭食品、医疗保健、教育文化支出比例显著低于城镇住户，家庭设备和交通通信支出比例显著高于城镇住户，不过在衣着支出上两者的差异并不显著。

第三，农民工汇款的关键影响因素及汇款动机。迁移目标是农民工汇款量的核心决定因素，有回流意愿农民工的汇款明显高于没有回流意愿的农民工。有回流意愿农民工和无回流意愿农民工的汇款动机有较大差异，有回流意愿农民工汇款的利己动机更强，而无回流意愿农民工汇款更多地表现为利他主义动机以及部分偿贷动机。居留时间与农民工汇款量之间呈倒 "U" 形关系。在初期，农民工的汇款量会随着当地工作时间的增加而增加，当达到峰值后，如果当地工作时间继续增加，农民工的汇款就出现递减趋势，不支持 "汇款衰退" 假说。工资、当地生活成本是影响农民工汇款的关键因素。工资越高，农民工的汇款能力越强，对家乡的支持力度越大。但这种支持随着当地生活成本的上升，受到较大削弱。

第四，农民工家乡住房投资。由于外出农民工的工资水平普遍偏低，大多数农民工在务工城市很难买得起住房，大部分人会选择在家乡进行住房投资。成员权利、身份认同与留守家庭福利提升等是农民工家乡住房投资的主要原因，而农民工家乡住房投资与务工地就业状况、务工地生活成本显著相关，务工地就业状况越好，生活成本越高，农民工进行住房投资的可能性越低。

第五，农民工流动模式对中西部地区农户生产经营活动的影响。研究结果发现，劳动力外出提升了土地边际产出。不过，稳健性检验也发现，劳动力外出对农业效率的影响存在衰退效应，其在外出前 3 年对农业产出的影响较大，3 年后出现了不同程度的递减。通过追加化肥等投资来替代劳动，则是农户维持粮食生产、提升农业效率的主要途径。不过，劳动力外出对农业生产和非农经营活动具有负面影响，不过对非农经营活动的影响并不显著。农民工流动模式不同，对农户生产经营活动产生的影响差异较大。具体来说，常年在外务工会带来较强的劳动力流失效应，对农业收入和非农经营活动的负面冲击都强于循环流动；跨省流动对农业生产的负面影响大于省内流动，不过，跨省流动对非农经营活动产生的负效应小于省内流动带来的负面效应。迁移在家庭投资和消费中充当了比较复杂的角色，农村劳动力外出模式的差异造成了农户支出结构的差异，劳动力外出对农户家庭生产性支出有显著负效应。与无外出农户相比，常年外出农户其家庭生产性支出的边际份额会显著降低 13.15%，而循环流动农户其家庭生产性支出份额会显著降低 2.57%。相反，参与外出务工可以显著提升农户家庭消费性支出的边际份额，而常年外出对家庭消费性支出边际份额的影响更大。

第六，农民工回流职业选择与创业行为。家庭原因，如照料父母、孩子等是农民工回流的主要动因，而创业因素在回流决策中的作用并不显著。从回流者的职业选择来看，回流者从事工资性就业的概率远高于从事自雇用的概率，迁移经验对工资性就业活动有积极显著影响，但对自雇用活动可能有负的影响，融资难等问题依然是阻碍农民工返乡创业的主要因素。

第二节　农民工城乡迁移政策的联动机制设计

当前，在继续推进农村劳动力外出转移就业的同时，也要考虑农村劳动力外出务工对劳务输出地农村经济发展所带来的负面影响。这意味着必须采取相应的政策措施来缓解大规模农村劳动力外出务工对劳务输出地农村经济发展带来的不利影响，要解决这一问题，需要整合输出地和输入地两方面的政策，建立一个能够统筹协调城乡迁移的政策联动机制（见图 9-1）。

从图 9-1 可以看出，农民工城乡迁移政策联动机制分为三大部分：户籍及其福利政策调整、就业与技能培训政策调整、土地改革与财政

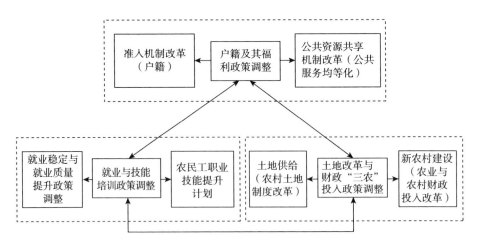

图 9 - 1　农民工城乡迁移政策联动机制设计

"三农"投入政策调整。其中户籍及其福利政策调整为最终实现目标,
包括准入机制改革和公共资源共享机制改革,而就业与技能培训政策调
整、土地改革与财政"三农"投入政策调整是户籍及其福利政策调整的
支撑,为户籍及其福利政策调整创造必需的就业岗位基础、人力资本基
础、土地资源等。同时,户籍及其福利政策调整也会影响农民工就业与
技能提升政策,对土地改革及财政"三农"投入也会产生影响。因为一
旦放开户籍及实现公共服务均等化,农民工就会彻底实现身份的转换,
这会进一步加强他们对自身技能提升的重视及获得稳定工作岗位的期
待,促使相应的就业政策及培训政策调整。而实现身份的转变也就意味
着农民工不再返回农村定居,其在农村的承包责任田、宅基地等财产权
利就需要进行处理,这会进一步推动农地改革,同时也会促使财政调整
对"三农"的投入结构。就业与技能培训政策调整、土地改革与财政
"三农"投入政策调整之间也存在相互促进关系,就业与技能培训政策
调整会提升农民工的城市生存能力,促使他们调整在农村的劳动力、资
金等投入,推动土地改革及财政"三农"投入政策调整,而土地改革与
财政"三农"投入政策的调整会进一步释放外出农民工的劳动潜力,促
使他们更多地选择提升技能、寻找更稳定的就业机会,促使就业与技能
培训政策的调整。

　　具体来讲,农民工城乡迁移政策机制包括六个方面。

（一）稳步推进户籍制度改革，创新流动人口管理，解决农业转移人口市民化准入机制问题

农民工的迁移进程，受户籍制度以及其他因素的制约，他们虽然实现了职业的转变，从农民转变为工人，即农民工，但没有成为市民。虽然农民工为城市和工业发展做出了不可替代的贡献，但在现行户籍制度和社会管理体制下，农民工基本上享受不到与城市居民同等的社会保障、子女受教育等权利，也就是说，城市分享了农民工所带来的福利和贡献，但在城乡二元分割的户籍制度下城市不必为农民工的子女受教育等基本权利保障支付成本，这显然是有失公允的。这种制度隔离也使得大量农民工只能寄居在城市，无法实现持久性迁移，不得不往返于城乡之间进行循环流动。这不仅对劳务输出地经济发展有较大的冲击，而且也给城市发展带来诸多问题，例如，由于季节性迁移导致节前节后的用工紧张等问题，已经给城市经济运行造成了不小的负面影响。

现阶段，如何推进户籍制度改革，有序推进农民工市民化，逐步实现城镇基本公共服务覆盖常住人口，无疑已成为政府关注的焦点问题。这主要分为两个方面。

一是改革户口迁移政策，放宽户籍准入，对不同类型的城市实行差异化落户政策，使常年在外农民工先实现市民化。常年在外农民工在城市的生存能力较强，而且大多获得了稳定的工作岗位和就业机会，由于不能实现持久性迁移他们不得不把老家作为自己最后的归宿。这要求务工地政府实时开放户籍，实现农民工的永久性迁移，以留住这些人才。当前可通过稳步实施准入政策，让那些有能力或者有稳定收入者通过绿卡等政策获得与常住人口同等权利，实现在城市定居。对于建制镇和小城市，全面放开户口准入；对于中等城市，根据城市综合承载能力，可通过对合法稳定就业的范围、年限和合法稳定住所（含租赁）的范围、条件等做出具体规定，有序放开落户限制；对于大城市，可通过积分落户及落户条件等限制，合理解决农民工落户问题；对于特大型城市，要严格控制人口规模，通过积分落户政策解决流动人口落户问题。

二是创新流动人口管理模式，包括取消农业户口与非农业户口的区分，建立城乡统一的户口登记制度。建立居住证制度，以居住证为载体，建立健全与居住年限等条件挂钩的基本公共服务机制。

（二）以公共服务均等化为重点，解决农民工公共资源共享机制问题

户籍制度拥有两个基本的功能，即"保护当地常住户籍人口就业优先"和"排斥农民工均等享受城市公共服务"，而排斥农民工均等享受城市公共服务也成为阻止农民工市民化最根本的障碍。所以，实现农民工市民化，必须以公共服务均等化为重点，解决农民工公共资源共享机制问题，让农民工享受与城镇居民同等质量的公共服务，即子女教育、居住、医疗、养老保险和精神文化生活。这需要从以下几个方面入手。

第一，劳务流入地重点调整财政支出结构。劳务流入地财政支出应强化对公共教育、公共卫生、公共文化体育、公共交通四项"基础服务"以及对生活保障、住房保障、就业保障、医疗保障等四项"基本保障"方面的投入，建立健全城乡、不同地区和社会群体间多层次、差别化的基本公共服务体系，使基本公共服务加速覆盖农民工群体。

第二，构建中央对农民工流入地的转移支付制度。公平的城市基本公共服务保障需要从财政体制层面深层次调整政府间财政关系。养老保障、基本医疗保障、义务教育等基本公共服务需要全国性统筹，中央应提高在这些方面的财政支出占比，根据农民工跨区流动特点，中央政府应合理解决跨省农民工公共服务均等化的成本，地方政府应重点考虑解决省内流动农民工公共服务供给成本。

第三，构建输入地与输出地农民工公共服务成本共担机制。农民工虽然在输入地工作生活，但无法均等享有当地的基本公共服务，大部分仍由输出地政府承担其新农村养老保险、新农村合作医疗、子女义务教育以及留守老人养老等公共财政支出，反而导致落后地区（输出地）补贴发达地区（输入地）公共服务的现象。这需要统筹解决，在全国范围内统筹建立与居住证人口数量匹配的跨省财政资金转移支付制度，加大对转移农民工的社保、医疗、教育等实施专项补助补贴，实现跨省跨地区无缝转续。

（三）以实现稳定就业、提升就业质量为基础，解决农业迁移人口市民化的内生动力问题

总体上，大部分农民工仍在次要劳动力市场上实现就业，就业空间小，工资水平普遍偏低且劳动权益得不到有效保障，劳动力价格扭曲，农民工

成为社会最廉价但对经济发展贡献最大的群体，这无疑是不公平的，这也成为限制农民工实现持久性迁移的主要原因。稳定就业机会和工资收入是农民工在城市持久迁移的基础，在高房价、高公共服务支出的双重压力下，农民工在现有的工资水平下很难在城市购房安居。这需要政府做好三项工作。

一是保持合理的经济增长区间和经济结构。经济增长是实现就业稳定的前提，保持合理的经济增长区间，有利于为农民工创造更多的就业机会。经济结构布局与调整对就业规模及其结构有较大影响。一方面，可积极推动高技术产业和先进制造业加快发展、促进传统产业优化升级，创造出更多高质量的就业岗位；另一方面，也要加大对服务业、小微型企业的扶持力度，扩大就业空间。同时，区域产业布局应考虑地区之间资源禀赋的差异，为产业梯次转移创造空间和条件，在东部地区发展高端制造业，为高素质农民工就业创造条件，在中西部地区承接传统制造业，解决低技能农村劳动力就业问题。

二是在制度和政策上，建立有效的机制，增加农民工劳动所得在总收入中的比重，保障农民收入稳定增长，至少要与城镇居民收入同步增长。现阶段大致有两种方式：一是发挥政府和工会在农民工工资决定机制中的作用，构建国家主导型劳动者维权机制；二是提高和严格执行最低工资制度，改善劳资分配，切实有效提升农民工工资水平。

三是以集体协商和集体谈判为基础，通过建设协商平台和完善协商机制，提升农民工集体协商的覆盖率和集体协商成效，切实保障农民工权益，特别是收入权益，以逐步建立工资增长长效机制。目前，在劳动力市场上，农民工仍处于弱势地位，"议价能力"较低，以工资增长为核心的集体协商和集体谈判制度会面临更多的困难和阻力，这需要政府出台相应的政策，如推动劳动者薪酬保护制度的完善，只有加大对工资协商制度、工资谈判制度、同工同酬等保障劳动者利益政策的推行与执行力度，才能真正保障农民工收益权。

（四）加大农民工人力资本开发的投入，通过提升农民工技能水平来提高农民工就业创业能力，培育新型产业工人，解决劳动力技能结构与产业发展不匹配问题

经济发展进入新常态，必然要求产业从中低端向中高端方向发展、企业从劳动密集型向资本技术密集型转变、生产模式从加工贸易向自主品牌生产转变，低技能农民工的劳动供给与产业调整转型的需求存在明显不匹配，这对农民工提出了新的挑战，要求农民工提升其技能水平，否则就会在劳动力市场上被逐步替代。在今后一段时间内，政府需要通过进一步加大对农民工技能培训的投入，加强农民工职业技能培训，提高其就业创业能力和职业素质。今后一段时间还需要实施《农民工职业技能提升计划》。《国家新型城镇化建设规划（2014～2020 年）》明确提出实施"农民工技能提升计划"，开展就业技能培训、岗位技能提升培训、高技能人才和创业培训、农村预备制培训、社区公益性培训 5 种类型的培训，并明确规定到2020 年城镇失业人员、农民工、新成长劳动力免费接受基本职业技能培训覆盖率达 95% 的目标。在实际执行中，应注意以下几个方面。

一是鼓励和支持职业教育和培训资源参与农民工培训，并通过政府购买或者补贴的方式进行扶持。

二是对于企业开展的农民工在职技能培训，应通过出台政策、指导意见等方法，强制企业在农民工教育培训上投入足额费用。

三是鼓励农民工通过自学或者社会学系等方式获得职业技能，取得职业资格和职业技能认证的，可给予一定的财政补贴。

四是加大对农民工创业基地和创业培训的投入，提升农民工创业技能。

（五）以农村土地管理制度改革为突破口，推进农民财产权利市场化和城乡要素平等交换，解决城镇化中土地资源紧缺与农民工住房瓶颈问题

在现有的土地制度下，农村集体土地不能直接入市交易，必须通过政府统一征用，转为建设用地后，才能进入国有土地市场进行挂牌公开出让。这一制度安排，政府成为建设用地的唯一供给主体。一方面，导致建设用地资源紧张，城市用地价格持续上涨；另一方面，外出农民工在农村大量宅基地闲置，在城市却无法购房定居。解决这一双重体制问题，需要以农村土地管理制度改革为突破口，推进农民财产权利市场化和城乡要素平等交换，解决城镇化中土地资源紧缺与农民工住房瓶颈问题。

一是建立农村产权流转交易公开市场体系，引导农户财产优化配置。把农民工从农村彻底释放出来，赋予农民更多的财产权利。对耕地承包、农村宅基地、集体资产确权，赋予农民占有、使用、转让等权利，让外出农民工可以交易其在农村与成员资格相关的财产权，以免除后顾之忧，另

外也可以获得一笔在务工城市购买住房的资金，实现持久迁移。

二是加大农民工保障性住房建设的支持力度，在资金、政策等方面重点倾斜。一方面，将农民工住房纳入城镇住房保障体系，加大保障房建设和供给力度，放宽申请条件，保障房政策更多向农民工群体倾斜；另一方面，把农民工纳入住房公积金的覆盖范围之内，给他们提供稳定的资金，保障他们购买住房的基本能力。

（六）以新农村建设为契机，增强政府对农业和农村投入，形成劳动力需求经济拉力，解决农村劳动力流失与农村经济持续发展问题

解决农村劳动力特别是青壮年劳动力流失问题，需要通过加大对农业和农村的投入，提高农村经济对劳动力的吸引力，这样才能留住农业和农村发展必要的优质劳动力资源。现阶段需要做好以下几个方面的工作。

一是在推进工业化、信息化、城镇化的过程中同步推进农业现代化，推广农业先进技术，加大对基层农业技术推广的财政支持力度，同时加大农村基础水利设施的财政投入，兴修水利，增强农业产业竞争力。

二是继续推行和提高粮食补贴等惠农、益农政策，强化实施粮食收购保护价政策，保障农民粮食增产增收，提高农民从事农业生产的积极性。

三是强化农村水、电、路、气等基础设施建设和基本公共服务体系建设，引导农民适度集中居住，把公共服务向中心镇、村延伸，实现公共服务城乡均等化，创造适宜的农村人居环境，让农民在当地过上现代生活。

四是建立更灵活的新型农业经营体系。鼓励土地承包经营流转，鼓励和扶持多层次、多形式的农民合作组织发展，促进农业的集约化、规模化、专业化，提升农业生产率，以稳定农业生产经营队伍，培育新型农民。

五是完善并落实返乡农民工创业扶持政策。在税费减免、金融信贷、政策扶持、创业服务等方面予以支持。另外，也可通过农民工创业园建设，集中为农民工提供创业平台，鼓励他们返乡创业。

参考文献

［1］ Abizadeh, S. & Ghalam, N. Z. , 1994, Immigrants and Canadian-born: A Consumption Behavior Assessment. Social Indicators Research, Vol. 32, pp. 49 – 72.

［2］ Acosta, P. , Calderón, C. , Fajnzylber, P. &Lopez, H. , 2008, What is the Impact of International Remittances on Poverty and Inequality in Latin America? World Development, Vol. 36, pp. 89 – 114.

［3］ Adams, J. R. & A. Cuecuecha. , 2013, The Impact of Remittances on Investment and Poverty in Ghana, World Development, Vol. 50, pp. 24 – 40.

［4］ Adams, Jr, R. H. , 1998, Remittances, Investment and Rural Asset Accumulation in Pakistan, Economic Development and Cultural Change, Vol. 47, No. 1, pp. 155 – 173.

［5］ Adams, Jr. &Richard H. , 2003, International Migration, Remittances, and the Brain Drain: A Study of 24 Labor-Exporting Countries, World Bank Policy Research Working Paper No. 3069.

［6］ Adams, R. H. & H. Alderman, 1992, Sources of Inequality in Rural Pakistan: A Decomposition Analysis, Oxford Bulletin of Economics and Statistics, Vol. 54, No. 4, pp. 591 – 608.

［7］ Adams, R. H. , 1991, The Economic Uses and Impact of International Remittances in Rural Egypt, Economic Development and Cultural Change, Vol. 39, pp. 695 – 722.

［8］ Aggarwal, R. &A. W. Horowitz, 2002, Are International Remittances Altruism or Insurance? Evidence from Guyana Using Multiple-migrant Households. World Development, Vol. 30, pp. 33 – 44.

［9］ Ahlburg, D. A. &R. P. C. Brown, 1998, Migrants' Intentions to Return Home and Capital Transfers: A Study of Tongans and Samoans in Australia.

Journal of Development Studies, Vol. 35, No. 2, pp. 125 – 151.

[10] Akyeampong, E. , 2000, Africans in the Diaspora: the Diaspora and Africa, African Affairs, Vol. 99, No. 395, pp. 183 – 215.

[11] Alonso, J. A. , 2011, International Migration and Development: A Review in Light of the Crisis, CDP Background Paper No. 11, E.

[12] Amuedo-Dorantes, C. and S. Pozo, 2002, Precautionary Savings by Young Immigrants and Young Natives. *Southern Economic Journal*, Vol. 69, No. 1, pp. 48 – 71.

[13] Amuedo-Dorantes, C. & Pozo, S. , 2006, Remittances as Insurance: Evidence from Mexican Immigrants. *Journal of Population Economics*, Vol. 19, No. 2, pp. 227 – 254.

[14] Arif, G. M. & Irfan, M, 1997, Return Migration and Occupational Change: The Case of Pakistani Migrants Returned from the Middle East, The Pakistan Development Review, Vol. 36 No. 1, pp. 1 – 37.

[15] Aydemir, A. and C. Robinson, 2006, Return and Onward Migration among Working Age Men, Working Paper, Paper is available on Internet: www. statcan. ca.

[16] Banerjee, B. The Probability, Size and Uses of Remittances from Urban to Rural Areas in India. *Journal of Development Economics*, 1984, Vol. 16, No. 3, pp. 293 – 311.

[17] Barham, B. &Boucher S. , 1998, Migration, Remittances, and Inequality: Estimating the Net Effects of Migration on Income Distribution, *Journal of Development Economics*, Vol. 55, No. 2, pp. 307 – 331.

[18] Barnes, S. T. , 1974, Becoming a Lagosian, Ph. D. diss. , University of Wisconsin—Madison.

[19] Bauer, T. K. & M. G. Sinning, 2009, The Purpose of Remittances: Evidence from Germany. *Journal of Economics and Statistics*, Jahrbuecher fuer Nationaloekonomie und Statistik, Vol. 229, No. 6, pp. 730 – 742.

[20] Beaudouin P. , 2006, Economic Impact of Migration on a Rural Area in Bangladesh, http://team. univ-paris1. fr/seminaire/2006_Beaudouin. pdf.

[21] Bellemare, C. , 2007, A Life-cycle Model of Outmigration and Economic Assimilation of Immigrants in Germany, The European Economic Review,

Vol. 51, pp. 553 – 576.

[22] Benerjee, B., 1984, The Probability, Size and Uses of Remittances of Urban to Rural Areas in India, *Journal of Development Economics*, Vol. 16, pp. 293 – 311.

[23] Besley, T., 1995, Nonmarket Institutions for Credit and Risk Sharing in Low-income Countries, *The Journal of Economic Perspectives*, Vol. 9, No. 3, pp. 115 – 127.

[24] Bijwaard, G. E., 2005, Migration Dynamics of Immigrants: Who Leaves, Who Returns and How Quick? Paper provided by Erasmus University Rotterdam, Econometric Institute in its series Econometric Institute Report with number EI 2005 – 53.

[25] Black R. & Castaldo A., 2009, Return Migration and Entrepreneurship In Ghana And Côte D'Ivoire: The Role Of Capital Transfers, *Journal of Economic and Social Geography*, Vol. 100, pp. 44 – 58.

[26] Black, R., 1993, Migration, Return and Agricultural Development in Serra de Alvao, Northern Portugal, Economic Development and Cultural Change, Vol. 41, pp. 563 – 585.

[27] Blue, S., 2004, State Policy, Economic Crisis, Gender, and Family Ties: Determinants of Family Remittances to Cuba. *Economic Geography*, Vol. 80, No. 1, pp. 63 – 82.

[28] Borjas, G. J. 2006. The Impact of Immigration and the Labour Market. Paper Presented at the Conference on Labor and Capital Flows, International Monetary Fund, Jointly Hosted by the Vienna Institute and National Bank of Poland, Warsaw, Poland, January, pp. 30 – 31.

[29] Borjas, G. J. and B. Bratsberg, 1996, Who Leaves? The Outmigration of the Foreign Born, The Review of Economics and Statistics, Vol. 78, pp. 165 – 176.

[30] Borjas, G. J., 1985, Assimilation, Changes in Cohort Quality, and the Earnings of Immigrants, Journal of Labor Economics, Vol. 3, pp. 463 – 489.

[31] Borodak, D. & Piracha, M, 2010, Occupational Choice of Return Migrants in Moldova, IZA Discussion Paper No. 5207.

[32] Branislav Pelević, 2010, The Microeconomics of Migration's Remittances,

Serbian Scientific Society, Vol. 7, No. 1, pp. 279 – 294.

[33] Brown, R. P. C., 1997, Estimating Remittance Functions for Pacific Island Migrants, World Development, Vol. 25, No. 4, pp. 613 – 626.

[34] Cai, Q., 2003, Migrant Remittances and Family Ties: A Case Study in China, International Journal of Population Geography, Vol. 9, No. 6, pp. 471 – 483.

[35] Cappellari, L. & S. P. Jenkins, 2006, Calculation of Multivariate Normal Probabilities by Simulation, with Applications to Maximum Simulated Likelihood Estimation, Stata Journal, Vol. 6, pp. 156 – 189.

[36] Carroll, Christopher D., Byun g-Kun Rhee, & Changyong Rhee. 1994. Are There Cultural Effects on Saving? Some Cross-Sectional Evidence. Quarterly Journal of Economics, Vol. 109, No. 3, pp. 685 – 699.

[37] Castaldo, A. & Reilly B., 2007, Do Migrant Remittances Affect the Consumption Patterns of Albanian Households? South-Eastern Europe Journal of Economics, Vol. 1, pp. 25 – 54.

[38] Catia Batista, Tara McIndoe-Calder, & Pedro C. Vicente (2010) Return Migration and Entrepreneurship in Mozambique, available at http://www. csae. ox. ac. uk/conferences/2011 – EDiA/ Papers/616 – Batista. pdf.

[39] Chami, R., F., Connel &J., Samir., 2003, Are Immigrant Remittance Flows a Source of Capital for Development? International Monetary Fund, IMF Working Paper 03/189. Washington, DC.

[40] Charles, Kerwin Kofi, Erik Hurst, & Nikolai Roussanov. 2009. Conspicuous Consumption and Race. Quarterly Journal of Economics, Vol. 124, No. 2, pp. 425 – 67.

[41] Chen, Y. Y., Jin, G. Z. and Y. Yue, 2010, Peer Migration in China, NBER Working Paper Series, w15671.

[42] Chiodi, V., Jaimovich, E. & Rojas, G. M., 2012, Migration, Remittances and Capital Accumulation: Evidence from Rural Mexico, Journal of Development Studies Vol. 48, No. 8, pp. 1139 – 1155.

[43] Constant, A. & K. F. Zimmermann, 2007, Circular Migration: Counts of Exits and Years Away from the Host Country, IZA Discussion Paper, No. 2999.

[44] Constant, A. & K. F. Zimmermann, 2003, The Dynamics of Repeat Migration: A Markov Chain Analysis, IZA Discussion Paper, No. 885.

[45] Cotton, Jeremiah, 1988, On the Decomposition of Wage Differentials. Review of Economics and Statistics, Vol. 70, pp. 236 – 243.

[46] Cox, D., 1987, Motives for Private Transfers, *Journal of Political Economy*, Vol. 95, No. 3, pp. 508 – 546.

[47] Cox, D. & Jimenez, E., 1998, Risk Sharing and Private Transfers: What about Urban Households? Economic Development and Cultural Change, Vol. 46, No. 3, pp. 621 – 637.

[48] Cox, D. & Stark, O., 1994, Intergenerational Transfers and the Demonstration Effect. Boston College Working Papers in Economics 329.

[49] Dalgleish, Kimberley J., 2008, The Wealth of Immigrants: Expanding our Understanding of Immigrant Economic Integration in Canada. Theses and dissertations. Paper 115.

[50] DaVanzo, J. S. and P. A. Morrison, 1981, Return and Other Sequences of Migration in the United States, Demography, Vol. 18, pp. 85 – 101.

[51] DaVanzo, J. S., 1983, Repeat Migration in the United States: Who Moves Back and Who Moves On? The Review of Economics and Statistics, Vol. 65, pp. 552 – 559.

[52] De Brauw, A. & Rozelle, S., 2008, Migration and Household Investment in Rural China, *China Economic Review*, Vol. 19, No. 2, pp. 320 – 335.

[53] De Brauw, A. & Giles, J. T., 2012. Migrant Labor Markets and the Welfare of Rural Households in the Developing World: Evidence from China, IZA Discussion Papers 6765, Institute for the Study of Labor, IZA.

[54] De Coulon, A. & Piracha, M, 2005, Self-selection and the Performance of Return Migrants: the Source Country Perspective, *Journal of Population Economics*, Vol. 18 No. 4, pp. 779 – 807.

[55] De Haas, H., 2010, Migration and Development: A Theoretical Perspective International, *Migration Review*, Vol 44, No. 1, pp. 227 – 264.

[56] De La Brière, B., E. Sadoulet, A. de Janvry and S. Lambert, 2002, The Roles of Destination, Gender, and Household Composition in Explaining Remittances: An Analysis for the Dominican Sierra, *Journal of Development Economics*, Vol. 68, No. 2, pp. 309 – 328.

[57] Démurger, Sylvie & Hui, Xu, 2010, Return Migrants: The Rise of New

Entrepreneurs in Rural China, GATE Working Paper No. 1008, available at SSRN: http://ssrn. com/abstract = 1597691.

[58] Djajic, S. & R. Milbourne. , 1988, A General Equilibrium Model of Guest-Worker Migration. *Journal of International Economics*, Vol. 25, pp. 335 – 351.

[59] Docquier, F. , Lohest, O. &Marfouk, A. , 2007, Brain Drain in Developing Countries, *World Bank Economic Review*, Vol. 21, No. 2, pp. 193 – 218.

[60] Donato, K. M. , Durand, J. and D. S. Massey, 1992, Stemming the Tide? Assessing the Deterrent Effects of the Immigration Reform and Control Act, Demography, Vol. 29, pp. 139 – 157.

[61] Du, Y. , Park, A. & Wang, S. , 2005, Migration and Rural Poverty in China, Journal of Comparative Economics, Vol. 33, No. 4, pp. 688 – 709.

[62] Durand, J. & Kandel, W. & Parrado, E. A. & Massey, D. S. , 1996, International Migration and Development in Mexican Communities, Demography, Vol. 33, pp. 249 – 264.

[63] Dustmann C. , 2003, Return Migration, Wage Differentials, and the Optimal Migration Duration, European Economic Review, Vol. 47, No. 2, pp. 353 – 369.

[64] Dustmann, C. & O. Kirchkamp. 2002. The Optimal Migration Duration and Activity Choice after Remigration. *Journal of Development Economics*, Vol. 67, No. 2, pp. 351 – 72.

[65] Dustmann, C. & Y. Weiss, 2007, Return Migration: Theory and Empirical Evidence from the UK, *British Journal of Industrial Relations*, Vol. 45, pp. 236 – 256.

[66] Dustmann, C. , 1997, Return Migration, Uncertainty and Precautionary Savings, *Journal of Development Economics*, Vol. 52, pp. 120 – 138.

[67] Dustmann, C. , 2003, Children and Return Migration, *Journal of Population Economics*, Vol. 16, pp. 815 – 830.

[68] Dustmann, C. , A. Glitz. & T. Frattini, 2008, The Labour Market Impacts of Immigration. *Oxford Review of Economic Policy*, Vol. 24, No. 3, pp. 477 – 494.

[69] Dustmann, C. , Y. Weiss, 2007, Return Migration: Theory and Empirical Evidence from the UK. British *Journal of Industrial Relations*, Vol. 45,

pp. 236 – 256.

[70] Eldridge, H. T., 1965, Primary, Secondary, and Return Migration in the United States, 1955 – 60, Demography, Vol. 2, pp. 444 – 455.

[71] Entzinger, H., 1985, Return Migration in Western Europe: Current Policy Trends and Their Implications, in Particular for the Second Generation, International Migration, Vol. XXIII, No. 2, pp. 263 – 290.

[72] Felipe F. & Dizon, J., 2009, Rural Out-Migration and Farm Asset Accumulation: The Case of Guatemala, The Pacific Development Conference.

[73] Fletcher, P. L., 1997, Building from Migration: Imported Design and Everyday Use of Migrant Houses in Mexico, in Benjamin Orlove, ed., The Allure of the Foreign: Foreign Goods in Postcolonial Latin America, University of Michigan Press, Ann Arbor.

[74] Friedberg, R. M. & J. Hunt, 1995, The Impact of Immigrants on Host Country Wages, Employment and Growth. *Journal of Economic Perspectives*, Vol. 9, pp. 23 – 45.

[75] Funkhouser, E., 1995, Remittances from International Migration: A Comparison of El Salvador and Nicaragua, Review of Economics and Statistics, Vol. 77, No. 1, pp. 137 – 146.

[76] Galor, O. &O. Stark, 1990, Migrants' Savings, the Probability of Return Migration and Migrants' Performance. International Economic Review, Vol. 31, No. 2, pp. 463 – 467.

[77] Ger, G. & P. Ostergaard, 1998, Constructing Immigrant Identities in Consumption: Appearance among the Turko-Danes. Advances in Consumer Research, Vol. 25, ed. Joseph W. Alba and J. Wesley Hutchinson, Provo, UT: Association for Consumer Research, pp. 48 – 52.

[78] Germenji, E., Beka, I. & Sarris, A. Estimating remittance functions for rural-based Albanian emigrants, R. Working paper, ACE research project, P97 – 8158 – R. 2001.

[79] Gilani, I., Khan, M. F. & Iqbal, M., 1982, Labour Migration from Pakistan to the Middle East and its Impact on the Domestic Economy, Part III, Sample Design & Field-work. Working Papers & Research Reports, RR-No.

［80］ Gourieroux, C. , Monfort, A. , Renault, E. & Trognon, A, 1987, Gener-alised Residuals, *Journal of Econometrics*, Vol. 34, No. 1/2, pp. 5 – 32.

［81］ Gubert, F. , 2002, Do Migrants Insure Those who Stay behind? Evidence from the Kayes area, Western Mali, J. Oxford Development Studies, Vol. 30, No. 3, pp. 267 – 287.

［82］ Gubert, F. , Nordman C. , 2008, Return Migration and Small Enterprise Development in the Maghreb, Background Paper, The World Bank, February.

［83］ Guest P. , 1998, Assessing the Consequences of Internal Migration: Methodological Issues and a Case Study on Thailand Based on Longitudinal Household Survey Data, In R. Bilsborrow, ed. , Migration, Urbanization and Development: New Directions and Issues, Norwell MA, United Nation.

［84］ Hajivassiliou, V. , M. , Daniel & R. Paul, 1996, Simulation of Multivariate Normal Rectangle Probabilities and their Derivatives Theoretical and Computational Results, *Journal of Econometrics*, Vol. 72, pp. 85 – 134.

［85］ Harris J. , Todaro M. , 1970, Migration, Unemployment, and Development: A Two-Sector Analysis, *American Economic Review*, Vol. 60, pp. 126 – 142.

［86］ Hill, J. K. , 1987, Immigrant Decisions Concerning Duration of Stay and Migration Frequency. *Journal of Development Economics*, Vol. 25, pp. 221 – 234.

［87］ Hoddinott, J. , 1994, A Model of Migration and Remittances Applied to Western Kenya, J. Oxford Economic Papers, Vol. 46, pp. 450 – 475.

［88］ Hoddinott, J. , 1992, Modelling Remittance Flows in Kenya, J. *Journal of African Economies*, Vol. 1, No. 2, pp. 206 – 232.

［89］ Hu, F. , Xu, Z. Y. &Y. Y. Chen, 2011, Circular Migration, or Permanent Stay? Evidence from China's Rural-urban Migration, China Economic Review, Vol. 22, pp. 64 – 74.

［90］ Ilahi, N. , 1999, Return Migration and Occupational Change, Review of Development Economics, Vol. 3, No. 2, pp. 170 – 186.

［91］ Isabel Ruiz & Carlos Vargas-Silva, 2009, To Send, or not to Send: that is the Question. A Review of the Literature on Workers' Remittances, J. *Journal of Business Strategies*, Vol. 26, No. 1, pp. 73 – 98.

[92] Jenkins, S. P., 2005, Survival Analysis, unpublished lecture notes manuscript, Institute for Social and Economic Research, University of Essex.

[93] Jones, R. C., 2013, Migration Stage and Household Income Inequality: Evidence from the Valle Alto of Bolivia, *The Social Science Journal*, Vol. 50, pp. 66 – 78.

[94] Josh DeWind & Jennifer Holdaway, 2008, Migration and Development Within and Across Borders: Research and Policy Perspectives on Internal and International Migration, Geneva: International Organization for Migration.

[95] Kapur D., 2005, Remittances: The New Development Mantra? From: Remittances Development Impact and Future Prospects, No 7339 in World Bank Publications from The World Bank.

[96] Keely, C. & B. N. Tran, 1989, Remittances from Labor Migration: Evaluations, Performance, and Implications, International Migration Review, Vol. 23, No. 3, pp. 500 – 525.

[97] Kirdar, M., 2004, An Estimable Dynamic Model of Asset Accumulation and Return Migration, http://www.erc.metu.edu.tr/menu/series04/0416.pdf.

[98] Kirdar, M. G., 2009, Labor Market Outcomes, Savings Accumulation and Return Migration, Labor Economics, No. 16, pp. 418 – 428.

[99] Knowles, J. C. & R. B. Anker, 1975, Economic Determinants of Demographic Behaviour in Kenya, Population and Employment, Working Paper No. 28, International Labour Office, Geneva.

[100] Korcelli P., 1994, On Interrelations between Internal and International migration, Innovation, Vol. 7, No. 2, pp. 151 – 163.

[101] Lahiri, K. and J. G. Song, 2000, The Effect of Smoking on Health Using a Sequential Self-selection Model, Health Economics, Vol. 9, pp. 491 – 511.

[102] Lawless, R., 1986, Return Migration to Algeria: the Impact of State Intervention, In: Return Migration and Regional Economic Problems, edited by Russell King. London, England, Croom Helm, 1986. 213 – 242.

[103] Lee, E. S., 1966, A Theory of Migration, Demography, Vol. 3, pp. 47 – 57.

[104] Lee, Sanglim, 2008, Racial and Ethnic Comparison of Migration Selectiv-

ity: Primary and Repeat Migration, All Graduate Theses and Dissertations. Paper 201. http://digitalcommons. usu. edu/etd/201.

[105] Lee, Sanglim, 2010, Effects on Migration Schedule by Migration Type: Primary, Repeat, and Return Migration. http://paa2010. princeton. edu/download. aspx? submissionId = 101435.

[106] Leng Lee & Albert Park, 2010, Parental Migration and Child Development in China, http://repository. upenn. edu/cgi/viewcontent. cgi? article = 1023& context = gansu_papers.

[107] Lewis, W. A. , 1954, Economic Development with Unlimited Supplies of Labour, Manchester School, Vol. 28, pp. 139 - 191.

[108] Liang Zai & Toni Zhang, 2004, Emigration, Housing Conditions, and Social Stratification in China, International Migration Review, Vol. 38, No. 2, pp. 686 - 708.

[109] Liang, Z. & Y. Wu, 2003, Return Migration in China: New Methods and Findings, paper presented at the Annual Meeting of the Population Association of America, Minneapolis, MN.

[110] Lianos, T. P. & Cavounidis, J. Propensity of Migrants in Greece to Remit. In Economic Systems, Development Policies and Business Strategies in the Era of Globalisation, ed. V. Angelis and L. Maroudas, pp. 609 - 622. Athens: Papazisis Publishers. 2006, in Greek.

[111] Lin Wang. 2001. Household Operations and Furnishings Consumption Patterns of Canadian and Foreign-born Consumers. Working Paper Series. No. 01 - 18 September, Vancouver Centre of Excellence. Research on Immigration and Integration in the Metropolis.

[112] Lipton, M. , 1980, Migration from the Rural Areas of Poor Countries: The Impact on Rural Productivity and Income Distribution, World Development, Vol. 8, pp. 1 - 24.

[113] Liu, Q. & B. Reilly, 2004, Income Transfers of Chinese Rural Migrants: Some Empirical Evidence from Jinan, Applied Economics, Vol. 36, pp. 1295 - 1313.

[114] López R. , Schiff, M. Migration and the Skill Composition of the Labour Force: the Impact of Trade Liberalization in LDCs [J] . *The Canadian*

Journal of Economics, 1998 (2): 318 – 336.

[115] Lucas, R. E. B. Stark, O., 1985, Motivation to Remit: Evidence from Botswana, *Journal of Political Economy*, Vol. 93, pp. 901 – 918.

[116] Lucas, R. E. B., 1987, Emigration to South Africa's Mines, American Economic Review, Vol. 77, pp. 313 – 330.

[117] Ma, Z., 2002, Social-capital Mobilization and Income Returns to Entre-preneurship: the Case of Return Migration in Rural China, Environment and Planning A, No. 34, pp. 1763 – 1784.

[118] Ma, Z., 2001. Urban labor-force Experience as a Determinant of Rural Occupation Change: Evidence from Recent Urban-rural Return Migration in China, Environment and Planning A, No. 33, pp. 237 – 255.

[119] Maddala, G. S., 1983, Limited-dependent and Qualitative Variables in E-conometrics, M. Cambridge, Cambridge University Press, pp. 372.

[120] Mamun, K. A. & Nath, H. K., 2010, Workers' Migration and Remittances in Bangladesh, *Journal of Business Strategies*, Vol. 27, No. 1, pp. 29 – 52.

[121] Massey, D. S. & Basem, L. C., 1992, Determinants of Savings, Remit-tances, and Spending Patterns among U. S. Migrants in Four Mexican Communities, Sociological Inquiry, Vol. 62, No. 2, pp. 185 – 207.

[122] Massey, D. S., 1987, Understanding Mexican Migration to the United States, *American Journal of Sociology*, Vol. 92, pp. 1372 – 1403.

[123] Massey, D. S. & K. E. Espinosa, 1997, What's Driving Mexico-U. S. Migration? A Theoretical, Empirical, and Policy Analysis, *American Journal of Sociology*, Vol. 102, pp. 939 – 999.

[124] Massey, D. S. & Parrado E., 1994, Migradollars: The Remittances and Savings of Mexican Migrants to the USA, Population Research and Policy Review 13: 3 – 30.

[125] Massey, D. S., 1994, International Migration: The North American Case, Population and Development Review 20, 4: 699 – 751.

[126] McCormick, B., & Wahba, J., 2001, Overseas Work Experience, Sav-ings and Entrepreneurship amongst Return Migrants to LDCs, Scottish Journal of Political Economy, Vol. 48, No. 2, pp. 164 – 178.

[127] Medina, C. & C., Lina., 2010, The Effects of Remittances on House-

hold Consumption, Education Attendance and Living Standards: the Case of Colombia. Lect. Econ. , Medellín, n. 72.

[128] Mendola M. , 2008, Migration and Technological Change in Rural Households: Complements or Substitutes? *Journal of Development Economics*, Vol. 85, pp. 150 – 175.

[129] Mezger, C. and Beauchemin, C. , 2010, The Role of International Migration Experience for Investment at Home: The Case of Senegal, Entre parcours de vie des migrants et attentes politiques, quel codéveloppement en Afrique subsaharienne, pp. 168 – 214.

[130] Mines, R. and De Janvry, A. , 1982, Migration to the United States and Mexican Rural Development: A Case Study, *American Journal of Agricultural Economics*, Vol. 64, No. 3, pp. 444 – 454.

[131] Mohapatra, S. , Rozelle, S. & Huang, J. , 2006, Climbing the development ladder: Economic development and the evolution of occupations in rural China, Journal of Development Studies, Vol. 42, pp. 1023 – 1055.

[132] Montserrat. Rue, Maria-Catalina. Serna, Jorge. Soler-Gonzalez, Anna. Bosch, Maria-Cristina Ruiz-Magaz. , & Leonardo. Galvan, 2008. Differences in Pharmaceutical Consumption and Expenses Between Immigrant and Spanish-born Populations in Lleida, Spain: A 6 – months prospective observational study. BMC Health Services Research, 8 : 35 doi: 10. 1186/1472 – 6963 – 8 – 35.

[133] Mooney, M. , 2003, Migrants' Social Ties in the US and Investment in Mexico, Social Forces, Vol. 81, No. 4, pp. 1147 – 1170.

[134] Murphy, R. , 1999, Return Migrants and Economic Diversification in Two Countries in South Jiangxi, China, *Journal of International Development*, Vol. 11, pp. 661 – 672.

[135] Murphy, R. , 2002, How Migrant Labor is Changing Rural China, Cambridge University Press.

[136] Nawata, K. & N. Nagase, 1996, Estimation of Sample Selection Bias Models, Econometrics Reviews, Vol. 15, pp. 387 – 400.

[137] Newbold, B. & M. Bell, 2001, Return and Onwards Migration in Canada and Australia: Evidence from Fixed Interval Data, International Migra-

tion Review, Vol. 35, pp. 1157 – 1184.

[138] Nyberg, A. &Rozelle, S. D., 1999, Accelerating China's Rural Trans-formation, Washington, D. C. : World Bank.

[139] Oberai, A. S. &H. K. M. Singh, 1980, Migration, Remittances and Rural Development: Findings of a Case Study in the Indian Punjab, International Labor Review, Vol. 119, pp. 229 – 241.

[140] Oberai, A. S. &P. H., Prasad& M. G. Sardana, 1989, Determinants and Consequences of Internal Migration in India, Delhi: Oxford University Press.

[141] Osaki, K., 2003, Migrant remittances in Thailand: Economic necessity or social norm. Journal of Population Research, Vol. 20, No. 2, pp. 203 – 222.

[142] Osili, U. O., 2004, Migrants and Housing Investments: Theory and Evidence from Nigeria, Economic Development and Cultural Change, Vol. 52, No. 4, pp. 821 – 849.

[143] Özden, Coglar and Maurice Schiff, 2006, Overview In Coglar? zden and, Eds., International Migration, Remittances, and the Brain Drain, New York: Palgrave Macmillan.

[144] Pendakur. K., 2001, Consumption poverty in Canada, 1969 – 1998. Canadian Public Policy, Vol. 27, pp. 125 – 149.

[145] Piracha, M. & Vadean, F., 2010, Return migration and occupational choice: Evidence from Albania, World Development, doi: 10. 1016/ j. worlddev. 2009. 12. 015.

[146] Poirine B., 1997, A Theory of Remittances as an Implicit Family Loan Arrangement, World Development, Vol. 25, No. 5, pp. 589 – 611.

[147] Portes, A. & R. G. Rumbaut, 1990, Immigrant America: A Portrait, Berkeley and Los Angeles : University of California Press.

[148] Quinn M. A., 2009, Estimating the Impact of Migration and Remittances on Agricultural Technol, Journal of Developing Areas, Vol. 43, No. 1, pp. 199 – 216.

[149] Radu, D. C. and G. Epstein, 2007, Returns to Return Migration and Determinants of Subsequent Moves, EALE Conference Paper, EALE Annual Conference, pp. 20 – 22 September 2007, Oslo.

[150] Ranis G. &Fei J. C. , 1961, A Theory of Economic Development. The American Economic Review, Vol. 51, No. 4, pp. 533 – 565.

[151] Rapoport, H. Docquier, F. , 2005, The Economics of Remittances, IZA Discussion Paper No. 1531.

[152] Rapoport, H. and Docquier, F. , 2006, The Economics of Migrants Remittances, In Serge-Christophe Kolm and Jean Mercier Ythier, Eds. , Handbook on the Economics of Reciprocity, Giving and Altruism, Vol. 2. Amsterdam: Elsevier-North Holland.

[153] Reagan, P. B. and R. J. Olsen, 2000, You Can Go Home Again: Evidence from Longitudinal Aata, Demography, Vol. 37, pp. 339 – 350.

[154] Reichert, J. S. , 1981, The Migrant Syndrome: Seasonal U. S. Wage Labor and Rural Development in Central Mexico, Human Organization, Vol. 40, pp. 56 – 66.

[155] Richard H. and Adams, Jr. , 1991, The Economic Uses and Impact of International Remittances in Rural Egypt, Economic Development and Cultural Change, Vol. 39, No. 4, pp. 695 – 722.

[156] Roberts, Kenneth, 2001, The Determinants of Occupational Choice of Labor Migrants to Shanghai, J. China Economic Review, Vol. 12, No. 1, pp. 15 – 39.

[157] Rozelle, S. , Taylor, J. E. & De Brauw, A, 1999, Migration, Remittances, and Agricultural Productivity in China, The American Economic Review, Vol. 89, No. 2, pp. 287 – 291.

[158] Rubenstein, H. , 1992, Migration. Development and Remittances in Rural Mexico, International Migration, Vol. 30, No. 2, pp. 127 – 153.

[159] Sari Pekkala Kerr & William R. Kerr. 2011. Economic Impacts of Immigration: A Survey. NBER Working Paper, No. 16736.

[160] Schrieder, G. & Knerr, B. , 2000, Labour Migration as a Social Security Mechanism for Smallholder Households in Sub-Saharan Africa: The Case of Cameroon. Oxford Development Studies, Vol. 28, No. 2, pp. 223 – 236.

[161] Secondi, G. , 1997, Private Monetary Transfers in Rural China: Are Families Altruistic?, J. Journal of Development Studies, Vol. 33, No. 4, pp. 487 – 511.

［162］ Shahrokh, Shahabi-Azad. 2001. Immigrant Expenditure Patterns on Transportation. Working Paper Series #01 – 01. Vancouver Centre of Excellence. Research on Immigration and Integration in the Metropolis.

［163］ Sindi, K. & K. , Lilian, 2006, A Test of the New Economics of Labor Migration Hypothesis: Evidence from Rural Kenya, Annual meeting, July 23 – 26, Long Beach, CA 21257, American Agricultural Economics Association.

［164］ Smith, L. , and Mazzucato, V. , 2009, Constructing Homes, Building Relationships: Migrant Investments in Houses, Tijdschrift voor economische en sociale geografie, Vol. 100, No. 5, pp. 662 – 673.

［165］ Stark O. , Helmenstein C. , Yegorov Y. , 1997, Migrants Saving, Purchasing Power Parity and the Optimal Duration of Migration, International Tax and Public Finance, No. 4, pp. 307 – 324.

［166］ Stark, O. , 1991, The Migration of Labor, Basil Blackwell, Cambridge, MA.

［167］ Stark, O. & Katz, E. , 1986, Labor Migration and Risk Aversion in Less Developed Countries, Journal of Labor Economics, Vol. 4, No. 1, pp. 134 – 149.

［168］ Stark, O. and Levhari, D. , 1982, On Migration and Risk in LDCs, Economic Development and Cultural Change, Vol. 31, pp. 191 – 96.

［169］ Stark, O. & J. E. , Taylor &Yitzhaki, S. , 1986, Remittances and Inequality, *The Economic Journal*, Vol. 96, pp. 722 – 40.

［170］ Stark, O. , 1991, The Migration of Labor. Basil Blackwell, Oxford.

［171］ Stark, O. , 1982, Research on Rural-to-Urban Migration in Less Developed Countries: The Confusion Frontier and Why We Should Pause to Rethink Afresh, World Development, Vol. 10, pp. 70 – 73.

［172］ Stark, O. , Bloom D. E. , 1985, The New Economics of Labor Migration, The American Economic Review, Vol. 75, No. 2, pp. 173 – 178.

［173］ Stolzenberg, R. M. & D. A. Relles, 1997, Tools for Intuition about Sample Selection Bias and Its Correction, American Sociological Review, Vol. 62, pp. 494 – 507.

［174］ Sturino, F. , 1990, Forging the Chain: a Case Study of Italian Migration to North America, 1880 – 1930, p. 168. Toronto: Multicultural History Society of Ontario.

[175] Taylor, J. E. & T. J., Wyatt, 1996, The Shadow Value of Migrant Remittances, Income and Inequality in a Household-Farm Economy, *The Journal of Development Studies*, Vol. 32, No. 6, pp. 899 – 912.

[176] Taylor J. E. & Lopez-Feldman, A., 2010, Does Migration Make Rural Households More Productive? Evidence from Mexico, Journal of Development Studies, Vol. 46, No. 1, pp. 68 – 90.

[177] Taylor, J. E. & Mora, Jorge & Adams, Richard H., Jr. & Lopez-Feldman, Alejandro., 2005, Remittances, Inequality and Poverty: Evidence from Rural Mexico, Working Papers 60287, University of California, Davis, Department of Agricultural and Resource Economics.

[178] Taylor, J. E., 1999, The New Economics of Labor Migration and the Role of Remittances in the Migration Process, International Migration, Vol. 37, No. 1, pp. 63 – 88.

[179] Taylor, J. E. & López-Feldman, A., 2010, Does Migration Make Rural Households More Productive? Evidence from Mexico, *The Journal of Development Studies*, Vol. 46, No. 1, pp. 68 – 90.

[180] Taylor, J. E., Arango, J., Hugo, G., Kouaouci, A., Massey, D. S. & Pellegrino, A., 1996, International Migration and Community Development, Population Index, 62, pp. 397 – 418.

[181] Taylor, J. E., Rozelle, S. & De Brauw, A., 2003, Migration and Incomes in Source Communities: A New Economics of Migration Perspective from China, Economic Development and Cultural Change, Vol. 52, No. 1, pp. 75 – 101.

[182] Taylor, J. Edward & Rozelle, Scott, 2003, Migration and Incomes in Source Communities: A New Economics of Migration Perspective from China, Economic Development and Cultural Change, Vol. 52, No. 1, pp. 75 – 101.

[183] Taylor, J., 1992, Remittances and Inequality Reconsidered: Direct, Indirect and Intertemporal Effects, *Journal of Policy Modeling*, Vol. 14, pp. 187 – 208.

[184] Taylor, J. E. & Martin, P. L. , 2001, Human capital: migration and rural population change, in: B. Gardener and G. Rausser, eds Handbook of Agricultural Economics, Volume I, Amsterdam: Elsevier, pp. 457 – 511.

[185] Terza, J. V. A. Basu, P. J. Rathouz, 2008, Two-stage Residual Inclusion Estimation: Addressing Endogeneity in Health Econometric Modeling, *Journal of Health Economics*, No. 27, pp. 531 – 543.

[186] Thom, K. , 2010, Repeated Circular Migration: Theory and Evidence from Undocumented Migrants, working paper, http://economics. uwo. ca/centres/cibc/workshop2011/Kevin_Thom. pdf.

[187] Todaro M. P. , 1969, A Model of Labor Migration and Urban Unemployment in Less Developed Countries, American Economic Review, Vol. 69, pp. 486 – 499.

[188] Vadean, F. and M. Piracha, 2009, Circular Migration or Permanent Return: What Determines Different Forms of Migration?, IZA Discussion Papers No. 4287.

[189] Vargas-Silva, C. , 2009, Crime and Remittance Transfers. Eastern Economic Journal, Vol. 35, No. 2, pp. 232 – 247.

[190] Wahba, J. & Zenou, Y. , 2009, Out of Sight, out of Mind: Migration, Entrepreneurship and Social Capital, IZA Discussion Paper No. 4541.

[191] Wang, W. and C. Fan, 2006, Success or Failure: Selectivity and Reasons of Return Migration in Sichuan and Anhui, China, Repeated Circular Migration: Theory and Evidence from Undocumented Migrants, Environment and Planning A, Vol. 38, pp. 939 – 958.

[192] World bank, 2010, Outlook for Remittance Flows 2011 – 12, www. worldbank. org.

[193] Wouterse, F. , 2010, Migration and Technical Efficiency in Cereal Production: Evidence from Burkina Faso, Agricultural Economics, Vol. 41, No. 5, pp. 385 – 395.

[194] Yang, D. , 2006, Why Do Migrants Return to Poor Countries? Evidence from Philippine Migrants' Responses to Exchange Rate Shocks, The Review of Economics and Statistics, Vol. 88, pp. 715 – 735.

[195] Yeboah, I. E. , 2003, Demographic and Housing Aspects of Structural

Adjustment and Emerging Urban form in Accra, Ghana, Africa Today, Vol. 50, No. 1, pp. 107 – 119.

[196] Zachariah, K. C., Mathew E. T., & Rajan S. I., 2001, Impact of Migration on Kerala's Economy and Society, International Migration, Vol. 39, No. 1, pp. 63 – 88.

[197] Zahonogo, P. (2011), Migration and Agricultural Production in Burkina Faso, *African Journal of Agricultural Research*, Vol. 6, No. 7, pp. 1844 – 1852.

[198] Zarate-Hoyos G. A., 2004, Consumption and Remittances in Migrant Households: Toward a Productive Use of Remittances, Contemporary Economic Policy, Vol. 22, No. 4, pp. 555 – 565.

[199] Zhao, Y. H., 2002, Causes and Consequences of Return Migration: Recent Evidence from China. *Journal of Comparative Economics*, Vol. 30, No. 2, pp. 376 – 394.

[200] Zhu, N. & Luo, X., 2010, The Impact of Remittances on Rural Poverty and Inequality in China : A Case Study in China, *Journal Agricultural Economics*, Vol. 41, No. 2, pp. 191 – 204.

[201] Zhu, Nong, 2002, The Impact of Income Gaps on Migration Decisions in China, China Economic Review, Vol. 13, pp. 213 – 230.

[202] 蔡昉:《刘易斯转折点及其政策挑战——2007 中国人口与劳动问题报告》,社会科学文献出版社,2008。

[203] 蔡禾、王进:《"农民工"永久迁移意愿研究》,《社会学研究》2007年第 6 期。

[204] 曾旭晖:《非正式劳动力市场人力资本研究——以成都市进城农民工为个案》,《中国农村经济》2004 年第 3 期。

[205] 陈斌开、陆铭、钟宁桦:《户籍制约下的居民消费》,《经济研究》2010 (增刊)。

[206] 陈锡文:《需为新生代农民工融入城镇提供条件》,《农村工作通讯》2009 年第 15 期。

[207] 陈锡文:《构建新型农业经营体系刻不容缓》,《求是》2013 年第 22 期。

[208] 程名望、潘烜:《中国农村劳动力转移的历史回顾与特点分析》,《社会科学战线》2008 年第 3 期。

[209] 杜鑫:《劳动力转移对农户消费和投资水平的影响》,《财经理论与实践》2010 年第 3 期。

[210] 高文书:《进城农民工就业状况及收入影响因素分析——以北京、石家庄、沈阳、无锡和东莞为例》,《中国农村经济》2006 年第 1 期。

[211] 郭继强:《中国城市次级劳动力市场中民工劳动供给分析——兼论向右下方倾斜的劳动供给曲线》,《中国社会科学》2005 年第 5 期。

[212] 郭新宇、薛建良:《农民工住房选择及其影响因素分析》,《农业技术经济》2011 年第 12 期。

[213] 国家人口和计划生育委员会流动人口服务管理司:《中国流动人口发展报告 2011》,中国人口出版社,2011。

[214] 国家统计局:《2008 - 2012 年全国农民工监测调查报告》,国家统计局网站,2013。

[215] 韩俊、崔传义、金三林:《现阶段我国农民工流动和就业的主要特点》,《发展研究》2009 年第 4 期。

[216] 侯风云:《农村外出劳动力收益与人力资本状况相关性研究》,《财经研究》2004 年第 4 期。

[217] 胡枫、史宇鹏、王其文:《中国的农民工汇款是利他的吗?——基于区间回归模型的分析》,《金融研究》2008 年第 1 期。

[218] 胡枫、史宇鹏:《农民工汇款与输出地经济发展——基于农民工汇款用途的影响因素分析》,《世界经济文汇》2013 年第 2 期。

[219] 黄春燕:《择业渠道、就业经历对农民工工资影响分析》,《求索》2010 年第 4 期。

[220] 黄乾:《工作转换对城市农民工收入增长的影响》,《中国农村经济》2010 年第 9 期。

[221] 姜洋、邓翔:《居民消费行为的收入决定论——中国城乡居民消费函数的省际验证》,《中央财经大学学报》2011 年第 11 期。

[222] 乐章、刘苹苹:《人力资本与收入水平——关于外出务工农民的一个实证分析》,《中南财经政法大学学报》2007 年第 2 期。

[223] 李培林:《流动民工的社会网络和社会地位》,《社会学研究》1996 年第 4 期。

[224] 李强、毛学峰、张涛:《农民工汇款的决策、数量与用途分析》,《中国农村观察》2008 年第 3 期。

[225] 李强：《中国外出农民工及其汇款之研究》，《社会学研究》2001 年第 4 期。

[226] 李树茁、李聪、梁义成：《外出务工汇款对西部贫困山区农户家庭支出的影响》，《西安交通大学学报》（社会科学版）2011 年第 1 期。

[227] 李长安：《农民工职业流动歧视及对收入影响的实证分析》，《人口与经济》2010 年第 6 期。

[228] 梁雄军、林云、邵丹萍：《农村劳动力二次流动的特点、问题与对策——对浙、闽、津三地外来务工者的调查》，《中国社会科学》2007 年第 3 期。

[229] 刘建波、王桂新、魏星：《基于嵌套 Logit 模型的中国省际人口二次迁移影响因素分析》，《人口研究》2004 年第 4 期。

[230] 刘林平、张春泥：《农民工工资：人力资本、社会资本、企业制度还是社会环境？——珠江三角洲农民工工资的决定模型》，《社会学研究》2007 年第 6 期。

[231] 刘士杰：《人力资本、职业搜寻渠道、职业流动对农民工工资的影响》，《人口学刊》2011 年第 5 期。

[232] 卢志刚、宋顺锋：《农民工收入微观影响因素统计分析》，《现代财经》2006 年第 10 期。

[233] 盛来运：《流动还是迁移——中国农村劳动力流动过程的经济学分析》，上海远东出版社，2008。

[234] 田永坡：《劳动力市场分割与保留工资决定》，《人口与经济》2010 年第 5 期。

[235] 王美艳：《农民工汇款如何影响农户的生活消费支出——来自江苏和安徽农户调查数据的分析》，《贵州财经学院学报》2012 年第 1 期。

[236] 王子成：《外出务工、汇款对农户家庭收入的影响——来自中国综合社会调查的证据》，《中国农村经济》2012 年第 4 期。

[237] 王子成、赵忠：《农民工迁移模式的动态选择：外出、回流还是再迁移》，《管理世界》2013 年第 1 期。

[238] 谢勇：《农民工就业流动的工资效应研究——以南京市为例》，《人口与发展》2009 年第 4 期。

[239] 熊易寒：《"半城市化"对中国乡村民主的挑战》，《华中师范大学学报》（人文社会科学版）2012 年第 1 期。

［240］杨俊玲、谢嗣胜：《农民工住房现状研究》，《农业经济问题》2012年第 1 期。

［241］苑会娜：《进城农民工的健康与收入——来自北京市农民工调查的证据》，《管理世界》2009 年第 5 期。

［242］姚先国、赖普清：《中国劳资关系的城乡户籍差异》，《经济研究》2004 年第 7 期。

［243］张泓骏、施晓霞：《教育、经验和农民工的收入》，《世界经济文汇》2006 年第 1 期。

［244］张建武、明娟：《农村外出劳动力工资决定机制研究》，《经济问题探索》2008 年第 9 期。

［245］张车伟、蔡翼飞：《中国劳动供求态势变化、问题与对策》，《人口与经济》2012 年第 4 期。

［246］张占贞、王兆君：《我国农民工资性收入影响因素的实证研究》，《农业技术经济》2010 年第 2 期。

［247］章元、陆铭：《社会网络是否有助于提高农民工的工资水平》，《管理世界》2009 年第 3 期。

［248］郑思齐、廖俊平、任荣荣、曹洋：《农民工住房政策与经济增长》，《经济研究》2011 年第 2 期。

［249］中国社科院农民工返乡机制研究课题组：《徘徊在城乡之间的中国农民工》，《光明日报》2009 年 4 月 9 日。

后　记

本书是国家社会科学基金项目"劳动迁移与农民工回流动态决策机制研究"（项目编号：10CJL029）研究成果。该成果以微观调查数据为主，采用实证计量方法，以农民工家庭劳动力最优配置决策与家庭资金最优配置决策为分析基准，研究农民工迁移与回流的动态决策及影响效应，提出构建农民工城乡迁移政策的联动机制设计。

本书着重探讨了农民工迁移模式的动态决定、农民工城市消费与家乡住房投资行为、汇款与农民工回流、迁移与农户发展、回流职业选择与创业等。本书的大部分章节已在各种学术刊物上发表过，在审稿过程中，有关杂志的编辑和匿名审稿人提出了许多宝贵的意见，使得本书不断得以修改和完善，在此一并表示感谢。

本书是我在中国人民大学读博士期间完成的，感谢我的导师曾湘泉教授对我的帮助，感谢赵忠教授提供的部分数据和技术支持，当然文责自负。感谢我的家人一直以来的默默付出，他们是我前进的不竭动力。

本书借鉴和吸收了大量相关研究成果，参考了几大数据库资源，并以正文、脚注或参考文献的方式进行了标注，在此表示衷心感谢。

明　娟

2016 年 11 月写于广州

图书在版编目(CIP)数据

劳动迁移与农民工回流动态决策机制研究 / 明娟，

王子成著 . -- 北京：社会科学文献出版社，2017.1

ISBN 978 - 7 - 5097 - 9917 - 8

Ⅰ.①劳…　Ⅱ.①明…　②王…　Ⅲ.①民工 - 劳动力

流动 - 研究 - 中国　Ⅳ.①F323.6

中国版本图书馆 CIP 数据核字（2016）第 261174 号

劳动迁移与农民工回流动态决策机制研究

著　　者／明　娟　王子成

出 版 人／谢寿光

项目统筹／邓泳红

责任编辑／陈晴钰

出　　版／社会科学文献出版社·皮书出版分社（010）59367217

地址：北京市北三环中路甲 29 号院华龙大厦　邮编：100029

网址：www. ssap. com. cn

发　　行／市场营销中心（010）59367081　59367018

印　　装／三河市东方印刷有限公司

规　　格／开　本：787mm×1092mm　1/16

印　张：14　字　数：235 千字

版　　次／2017 年 1 月第 1 版　2017 年 1 月第 1 次印刷

书　　号／ISBN 978 - 7 - 5097 - 9917 - 8

定　　价／69.00 元

本书如有印装质量问题，请与读者服务中心（010 - 59367028）联系